Knaur.

Knaur.

Im Knaur Taschenbuch Verlag ist bereits folgendes Buch der Autorin erschienen:
Sternendiebe. Mein Leben in Afrika

Über die Autorin:
Nicole Mtawa wurde 1979 in Schwäbisch Gmünd geboren. Schon während ihres Studiums der Bekleidungstechnik bereiste sie über längere Zeit Australien, Indien und Afrika. Statt in ihrem Beruf zu arbeiten, entschied sie sich 2005 dazu, nach Tansania zu gehen und dort Straßenkindern zu helfen, wo sie auch ihren Mann Juma kennenlernte. 2010 gründete sie den Verein Human Dreams e. V., mit dem sie ihr neues Projekt, ein Heim für voll pflegebedürftige Kinder in Indien, finanziert.
www.sternendiebe.com
www.humandreams.org

NICOLE MTAWA

Sonnenkinder

Mein Leben für die Armen in Indien

Knaur Taschenbuch Verlag

Besuchen Sie uns im Internet:
www.knaur.de

FSC
www.fsc.org
MIX
Papier aus verantwortungsvollen Quellen
FSC® C083411

Originalausgabe Dezember 2011
Knaur Taschenbuch

Ein Unternehmen der Droemerschen Verlagsanstalt
Th. Knaur Nachf. GmbH & Co. KG, München

Alle Fotos: Archiv Mtawa
Umschlaggestaltung: ZERO Werbeagentur, München
Umschlagabbildung: © Gettyimages/Robert Harding
Satz: Adobe InDesign im Verlag
Druck und Bindung: CPI – Clausen & Bosse, Leck
Printed in Germany
ISBN 978-3-426-78451-8

2 4 5 3 1

Für Raju, Ganesh und Jalia.
Die Sonnenkinder in meinem Herzen

Der Mensch ist dort zu Hause, wo sein Herz ist,
nicht dort, wo sein Körper ist.
Mahatma Gandhi

»Vieles lässt sich planen, aber meist kommt es dann doch ganz anders«, schrieb ich am Ende meines ersten Buches Sternendiebe.
Ich war mir sicher, ich würde auch weiterhin Kinder in Not betreuen, denen ich auf meinem Weg begegne. Doch erst die vielen Anfragen von bewegten Leserinnen und Lesern, wie sie mich bei meiner Arbeit unterstützen könnten, brachten den Wunsch in mir auf, ein Pflegeheim für voll pflegebedürftige Kinder in Indien zu errichten. Mit diesem Ziel vor Augen und der unterstützenden Kraft meiner Leser war ich bereit für dieses große Projekt und den damit verbundenen Lebenswandel.
Als mich mein Mann Juma vor sechs Jahren bat, die Geschichte unseres Kampfes gegen das Straßenleben aufzuschreiben, konnte ich noch nicht wissen, dass ich aufgrund der positiven Reaktionen auf unser Buch den Verein Human Dreams e. V. *gründen würde, um so noch mehr Menschen helfen zu können.*
In meinem zweiten Buch möchte ich nun erzählen, wie ich mit Juma noch viele weitere Sterne vom Himmel holte und wie ich in Indien den ersten pflegebedürftigen Kindern ein Leben voller Sonnenschein ermöglichte.

Nicole Mtawa

Prolog

Frische Bergluft und zarte Sonnenstrahlen empfangen mich, als ich am Morgen die Hüttentür aufmache. Freiheit und Glück, das ist es, was ich beim Anblick der mächtigen Bergketten um mich herum verspüre, während ein Steinadler über die tiefen Täler gleitet und dabei immer wieder einen gellenden Schrei ausstößt.
Auf einmal kommt ein braun-weißes Fellknäuel um die Ecke geschossen. Jacky, der muntere Hüttenhund, hat mich entdeckt und will sogleich mit mir spielen. Also springe ich los und klatsche Jacky dabei immer wieder auffordernd zu, der mir mit Freudensätzen auf dem schmalen, steilen Schotterweg zur nahen Bergkuppe folgt. Kurz wälzt er sich im noch verbliebenen Schnee, doch dann schießt er an mir vorbei und erreicht wenig später als Erster den höchsten Punkt der Kuppe, wo er sich stolz und hechelnd neben dem mit Steinen aufgetürmten Pfahl ins strohige Gras setzt.
Ich knie mich neben Jacky, um ihn ausgiebig zu kraulen, und genieße den Ausblick auf die prächtige Kulisse des niederösterreichischen Bergmassivs, das mich umgibt. In solchen

Momenten, hoch oben auf einem Berg und mitten in der Natur, spüre ich deutlich, wie neue Kräfte in mir aufsteigen, die mich für alles stark machen, was kommen mag. Noch eine ganze Weile sitze ich, berauscht von der Natur, einfach so da, lausche einer Stille, die wir in unserem Zuhause in Afrika höchstens tief in der Nacht finden können.

Doch dann wird es Zeit, dass ich Juma wecke. Erst gestern Abend sind wir zusammen mit Wolfgang, dem stämmigen Hüttenwirt, mit einer Materialseilbahn in einem breiten und auch etwas wackligen Holzkasten auf die auf über 1800 Metern Höhe liegende Alm gefahren. Zu neu und aufregend für Juma, um Augen für die Schönheit der Alpen und die Natur um uns herum zu haben. Zum Glück ist er wenigstens schwindelfrei, auch wenn er sich zum ersten Mal in seinem Leben auf eine solche Höhe begibt. Sicher, in seinem Heimatland Tansania gibt es auch Berge, der Kilimandscharo ist mit seinen 5893 Metern sogar der höchste Berg Afrikas. Doch Juma ist seit frühester Kindheit nur mit den Straßen der Großstadt Dar es Salaam vertraut und hatte in seinem Überlebenskampf ganz andere Sorgen, als an Freizeitaktivitäten wie eine Bergwanderung zu denken.

Hoffentlich fühlt er sich heute schon ein wenig wohler, schließlich soll die Wanderhütte hier oben für die nächsten fünf Monate unser Arbeitsplatz sein. Zimmer putzen, Matratzenlager herrichten, in der Küche aushelfen und bedienen – als Allrounder würde es besonders während der Wandersaison im Sommer mehr als genug für uns beide zu tun geben. Hier würde es niemanden stören, dass Juma weder schreiben noch lesen kann, keine Ausbildung hat und noch nicht so gut Deutsch spricht. Nun würden eben noch ein paar österreichische Ausdrücke dazukommen, so wie sich die ersten Wander-

gäste gestern Abend mit »Pfiati« und »Baba« vom Hüttenteam verabschiedet hatten.
Noch ist es still in der über hundert Jahre alten Hütte, nur Wolfgang scheint schon auf zu sein, um in der Werkzeugscheune Holz zu hacken. Strom oder eine Heizung gibt es nicht, und gerade jetzt im April kann es auf dem ungeschützten Hochplateau noch bitterkalt werden. Das Hüttendach sei mit Stahlseilen am Boden befestigt worden, damit es bei einem Sturm nicht weggerissen würde, meinte Wolfgang gestern zu uns, und im Winter komme es sogar vor, dass man bei meterhohem Schnee nur durch die Fenster im zweiten Stock Zugang zum Inneren habe. Er redete auch von Stürmen, die Betten verschieben können, und von senkrechten Blitzen, die Telefone explodieren lassen.
Solche Geschichten schrecken mich jedoch nicht ab. Zum einen würde nun bald der alpine Sommer beginnen, und schließlich wollte ich dem grauen Arbeitsalltag in Deutschland entgehen, um etwas Neues zu erleben, Erfahrungen zu sammeln und eine andere Welt zu sehen. Also hatte ich so lange im Internet nach einem Job für uns beide gesucht, bis wir auf Wolfgang gestoßen waren, der uns neben einem stattlichen Gehalt auch noch freie Kost und Logis versprochen hatte.
Eine steile und enge Holztreppe, die bei jedem Schritt knarrt, führt hinauf zu den Gästezimmern und dem Matratzenlager. Insgesamt kann die Hütte siebzig Personen beherbergen. Juma und ich haben ein winziges Zimmerchen bekommen, das so klein ist, dass es sich für Gäste nicht eignet. Dennoch finde ich es richtig gemütlich darin, mit den dunklen Holzwänden und den rot-weiß karierten Bettüberzügen, die so typisch für eine Wanderhütte sind.

»Hey, du Langschläfer, aufstehen! Die Sonne scheint, und unser erster Arbeitstag auf dem Berg beginnt«, wecke ich Juma fröhlich, doch der murmelt nur Unverständliches und zieht sich die Decke über den Kopf. Es wird ein paar Tage dauern, bis er sich eingelebt und sich an das Hüttenteam gewöhnt hat. Bestimmt wünscht er sich bis dahin wieder in die Kolbenfabrik in Deutschland zurück, in der wir letztes Jahr gemeinsam sechs Monate gearbeitet hatten, damit Juma sich in Tansania ein Haus kaufen konnte. Damit war sein größter Traum in Erfüllung gegangen, schließlich hatte das Haus nur 3500 Euro gekostet. Doch ich wollte nicht noch einen Sommer lang vor den lauten Maschinen stehen und in Schichtarbeit neun Stunden lang monotone Tätigkeiten ausführen.

Nachdem ich Juma eine Weile gut zugeredet habe, traut er sich doch mit mir hinunter in die Stube, wo Toni in Kniebundhosen seinen Tee schlürft und Elisa mit einem Lappen die Theke wischt. Toni ist unser Schankwirt, und Elisa ist für die Bedienung der Wanderer zuständig. Durch das Küchenfenster können wir die mollige Magdalena, die Almköchin, beobachten, wie sie in einem großen dampfenden Kessel rührt. Kaum sitzen wir am Frühstückstisch, kommt auch schon Wolfgang zur Tür herein, begrüßt uns und meint, dass wir nach dem Frühstück beginnen können, in der Stube Staub zu wischen, und dass danach die Toiletten im Eingangsbereich dran sind.

»Hier habt ihr noch Gummihandschuhe. Das Wasser holt ihr aus dem Wasserhahn in der Küche, das ist nämlich der einzige im ganzen Haus«, sagt er und erklärt noch, dass das Wasser von einem Regenauffangbecken unter dem Haus stammt und man sparsam damit umgehen muss. Sollte sich dort während des Jahres nicht genug Regenwasser angesammelt haben,

müsse er Wasser in einzelnen Stahlflaschen mühsam mit der Materialseilbahn vom Dorf heraufholen.
Ich muss innerlich über die Zustände schmunzeln. Obwohl wir uns mitten im fortschrittlichen Österreich befinden, erinnert mich so vieles an unser einfaches Leben in Afrika, wo wir mit Eimern Wasser aus dem Brunnen vor dem Haus holen und abends im schwachen Licht einer Petroleumlampe zusammensitzen. Aber es gibt auch Unterschiede. So wirft Wolfgang zwar abends den Generator an, damit wir immerhin ein paar Stunden Elektrizität haben, doch das Duschen bei tropischen Temperaturen mit Brunnenwasser ist um einiges angenehmer, als sich bei nahezu null Grad über einer winzigen Schüssel mitten in unserem engen Zimmerchen zu waschen, weil es keine Duschräume auf der Hütte gibt. Aber ich bin es gewohnt, mich an die einfachsten Verhältnisse anzupassen, und so ändert das nichts an meiner guten Stimmung.
Nachdem wir die ersten Aufgaben am Vormittag erledigt haben, nimmt uns Elisa mit auf die Gästezimmer, um uns auch hier den Ablauf zu erklären. Im Anschluss daran richte ich das Matratzenlager her, während Juma zum Holzhacken hinter die Hütte geschickt wird. Obwohl es unser erster Tag ist, haben wir mehr als genug zu tun, kurz vor zweiundzwanzig Uhr gehen wir noch Magdalena in der Küche zur Hand. Auch am nächsten Tag schuften wir von morgens bis spätabends, doch ich fühle mich so voller Energie wie schon lange nicht mehr. Es muss wohl die Höhenluft sein, die mich beflügelt, und das siegreiche Gefühl, das erreicht zu haben, was ich mir gewünscht habe – den Sommer in den Bergen zu verbringen.
Nur Juma kann ich selbst in den folgenden Tagen nicht von unserem Glück überzeugen. Immer häufiger spricht er davon,

wie unwohl er sich hier fühlt. Zwar schmerzt auch mir von der ungewohnten Arbeit mittlerweile der Rücken, aber die alpine Umgebung entschädigt einiges. Juma allerdings kann mit der kargen Natur hier wenig anfangen und würde am Wegrand lieber Geschäfte und Läden sehen anstelle von Krokussen und Schneerosen. So abgeschieden von der materiellen Welt zu sein findet er gar nicht gut. Letztes Jahr in Deutschland war es gerade er gewesen, der regelmäßig zu einem Stadtbummel gerufen hatte.
Darüber hinaus ist er mit Wolfgang und den anderen immer noch nicht warmgeworden, unter anderem auch deshalb, weil sie nach Feierabend gerne einen über den Durst trinken. Wir hingegen trinken beide nicht. Ich habe mich grundsätzlich dagegen entschieden, und Juma verbindet damit schlimme Kindheitserinnerungen.
Aber es hilft alles nichts, schließlich brauchen wir ja auch das Geld, um davon in Afrika leben zu können. Juma braucht noch Kapital, um in seinem Haus einen Lebensmittelladen zu eröffnen, und ich möchte weiterhin Menschen in Not betreuen, ohne nebenbei einer bezahlten Arbeit nachgehen zu müssen. Bei den maximal hundert Euro, die ich in Tansania monatlich brauche, hat sich dieser Lebensrhythmus für mich als ideal erwiesen. So beißen wir die Zähne zusammen und kämpfen uns durch unsere ersten Wochen auf der Alm.

Am Montagabend ist es ruhig auf der Hütte, und Wolfgang meint, wir könnten heute schon früher Schluss machen. Juma zieht sich gleich auf unser Zimmer zurück. Mit Elisa, die schon das vierte Jahr auf der Hütte mit anpackt, laufe ich daraufhin bis zum Rand des Hochplateaus vor, wo der Berg steil ins Tal abfällt. Sie liebe die Arbeit, sagt Elisa, auch wenn im

Sommer so viel Betrieb sei, dass man manchmal nicht mehr weiß, wo einem der Kopf steht.

»Und schau, immer wieder gibt es Bergsteiger, die sich hier das Jawort geben«, erzählt sie, als wir unweit der Hütte an einem Bergkirchlein vorbeikommen. »Vielleicht komme ich so auch noch unter die Haube!«, lacht sie mit ihrer frischen Art, aber auch einer Spur Wehmut in der Stimme, mit vierzig immer noch nicht den passenden Mann gefunden zu haben.

Immer wieder wundere ich mich über das Schicksal. Ich, die nie heiraten wollte und auch nicht nach einem Mann gesucht habe, bin nun schon seit über zwei Jahren mit Juma verheiratet. Meine Lebensplanung hat ganz anders ausgesehen. Nachdem ich so viele kranke und pflegebedürftige Kinder in den ärmsten Ländern der Erde gesehen hatte, wollte ich meine Energie für diese Menschen einsetzen. Daher habe ich mich zunächst innerlich gegen die Liebe zu Juma gewehrt.

Als wir uns 2005 in Tansania kennengelernt haben, war auch Juma ein junger Mann, der meiner Hilfe bedurfte. Er lebte seit seinem siebten Lebensjahr auf der Straße, hatte keine Perspektive, und aufgrund von Krankheit und Drogen hing sein Leben damals am seidenen Faden. Je näher wir uns kennenlernten, desto mehr musste ich schließlich zugeben, dass ich mich in ihn verliebt hatte. Die Liebe ist mir also einfach so zugeflogen, ohne dass ich danach gesucht hätte. Und auch wenn uns von Anfang an klar war, dass wir recht verschiedene Lebensziele haben, versuchen wir, uns gegenseitig keine Grenzen zu setzen und die Zeit miteinander zu genießen.

Zum Glück kann ich Elisa mit meiner Geschichte ein wenig aufmuntern. Vielleicht kommt die Liebe ja immer dann, wenn man sie am wenigsten erwartet?

Als wir uns schließlich auf den Rückweg zur Hütte machen, ist es bereits dämmrig. Zu meiner Überraschung begegnen wir wilden Gemsen, die völlig furchtlos auf der Alm weiden. Selbst als wir direkt an ihnen vorbeilaufen, schrecken sie nicht auf. Ihr Fell ist rotbraun, am Bauch und an den Schenkeln fast weiß, doch von den langen Ohren verläuft eine schwarze Längsbinde über die Augen. Die friedvolle Stimmung, die sie ausstrahlen, erinnert mich an eine fünf Jahre zurückliegende Safari in der Serengeti, als ich mein erstes halbes Jahr in Tansania verbracht hatte. Auch dort waren die Antilopen, Giraffen und Elefanten, als ich mit Freunden in einem Geländewagen im Schritttempo an ihnen vorbeifuhr, fast ohne jegliche Scheu.

Doch keine Stunde später ist abrupt Schluss mit meinem Frieden. Ich kann nicht glauben, was Wolfgang mir da gerade eben mitgeteilt hat. Es ist Monatsende, und er sitzt am Stammtisch über der Abrechnung, vor sich einen Bierkrug und einen vollen Aschenbecher. Er hat uns zu sich gerufen, und mir fällt auf, dass die anderen Hüttenarbeiter sich trotz noch halbvoller Gläser zurückgezogen haben. Und dann eröffnet Wolfgang uns unverfroren, er könne uns in den ersten drei Monaten nur ein Drittel des Lohns auszahlen, aber das wäre wohl kein weiteres Problem, da sich das ganze Hüttenteam am Ende der Saison das erwirtschaftete Geld teilen würde und wir so auf den Betrag kommen würden, den er uns anfangs am Telefon versprochen hatte.

»Wolfgang, ist das dein Ernst? Jetzt sind wir den weiten Weg von Deutschland mit dem Zug gekommen und haben keine Garantie, wie viel Geld uns am Ende bleiben wird? Das sind ja nicht einmal zwei Euro Stundenlohn, die du uns momentan für die knochenharte Arbeit bezahlen willst!«

Als ich für Juma übersetze, zögere ich mit meiner Einschätzung einen Moment. In einem mir völlig fremden Land wäre ich von vornherein vorsichtiger gewesen, aber ich hatte nicht damit gerechnet, dass es in Österreich Probleme geben würde. Und zugegeben, mit der üblichen Abrechnungsweise von Hüttenmitarbeitern kenne ich mich nicht aus. Es leuchtet mir zwar ein, dass jetzt zu Beginn der Saison kaum Wandergäste kommen und sich deshalb die Kasse erst im Hochsommer füllen wird, aber schließlich war bei allen ausgeschriebenen Hüttenjobs stets die Rede von einem festen monatlichen Gehalt gewesen.

Wolfgang hingegen spielt alles herunter und macht keine Anstalten, auf meine Bedenken einzugehen. Sein plötzliches Aufbrausen macht mir zudem klar, dass er nicht mit sich reden lassen will. Auf einmal sehe ich nicht mehr einen ehrenhaften Hüttenwirt vor mir, sondern einen miesen Ausbeuter mit langen strähnigen Haaren, wulstiger Nase und gläsernen Augen, dessen Plan von Anfang an feststand. Da wir keinen schriftlichen Vertrag in den Händen halten, haben wir hinterher keine Möglichkeit, unseren gerechten Lohn einzufordern. Wolfgang zieht unruhig an seiner Zigarette, die Diskussion scheint ihn nervös zu machen. Hatte er wirklich gedacht, wir würden uns mit einem Hungerlohn zufriedengeben und wie Sklaven stillschweigend weiterschuften?

Juma sitzt geknickt da. In seinem Gesicht lässt sich ablesen, wie ihm zumute ist. Jetzt, wo ihm selbst die Aussicht darauf genommen wird, ordentlich Geld verdienen zu können, hält ihn nichts mehr auf diesem Berg. Und auch ich muss unsere Situation neu überdenken. Ausnutzen lassen werden wir uns ganz bestimmt nicht, auch wenn damit mein Traum vom Hüttenjob erst mal geplatzt ist. Und das mache ich Wolfgang

auch unmissverständlich klar. Unter diesen Bedingungen würden wir unsere Taschen packen und uns einen anderen Job suchen, so viel steht fest.
Aber so einfach scheint die Sache für Wolfgang nicht zu sein. Auf einmal lenkt er ein und meint beschwichtigend, uns wie versprochen die 1200 Euro monatlich zu bezahlen. Nur müssten wir uns dann selber um unser Essen kümmern.
Der Diskussion müde, gehen Juma und ich schließlich auf unser Zimmer, ohne eine endgültige Entscheidung getroffen zu haben. Zwar ist wieder neue Hoffnung in mir entflammt, dass wir doch noch jeden Monat unser Gehalt cash auf den Tisch ausbezahlt bekommen, doch die Einschränkung, nicht mehr wie sonst mit dem Hüttenteam gemeinsam zu essen, sondern wöchentlich extra mit der Materialseilbahn ins Dorf zum Einkaufen zu fahren, erscheint mir lächerlich. Vielleicht würde sich alles mit der Zeit einrenken, schließlich sind Arbeitskräfte in diesen Höhen rar. Aber jetzt, wo Wolfgang uns bereits seine dunkle Seite offenbart hat, würde ich Juma kaum mehr zum Bleiben motivieren können.
Trotz der Sorge, wie es nun weitergehen soll, steht unsere Entscheidung am nächsten Morgen fest. Wir packen unsere Taschen, und ich rufe Katrin, meine Kindergartenfreundin, die vor zwanzig Jahren mit ihrer Familie von Deutschland nach Österreich gezogen ist, an. Der Zufall wollte es, dass unser Berg nur wenige Kilometer von ihrem Zuhause entfernt ist. So hatten wir vor zwei Wochen bereits ein paar schöne Tage bei ihr verbringen können, bevor sie uns zur Talstation fuhr. Mit ihr verbindet mich eine ganz besondere Freundschaft, die trotz der vielen Jahre und der großen Entfernung nie unterbrochen war, auch wenn wir uns nur sehr selten sehen.

Katrins Stimme zu hören ist mir ein kleiner Trost. Schließlich sind wir mit dem Kontakt zu ihr nicht ganz verloren inmitten von Österreich, auch wenn ich momentan noch keine Ahnung habe, wo wir zu zweit auf die Schnelle einen neuen Job finden sollen. Katrin macht mir Mut und verspricht, uns um zehn mit dem Auto im Tal abzuholen. Sie bedauert, wie es uns mit dem Hüttenwirt ergangen ist, freut sich aber auch, uns so schnell wiederzusehen. Wir können erst mal bei ihr bleiben und uns sogar beim Renovieren ihres zukünftigen Heims ein paar Euro verdienen. Ihr Mann Fredi sei schon völlig überfordert von den noch anstehenden Arbeiten an dem baufälligen Haus seiner verstorbenen Oma.

Juma lauscht mit sichtbarer Erleichterung unserem Gespräch.

»Nicky, bin ich froh, dass wir wieder runter vom Berg gehen«, meint er, als ich mein Handy beiseitelege. »Ich arbeite gerne, nur muss es das nächste Mal nicht wieder auf einer Berghütte sein.«

»Schade, ich wäre gerne wieder auf einen Berg gegangen«, antworte ich enttäuscht. »Na ja, wenigstens habe ich für eine kurze Zeit diesen Traum leben können. Zugegeben, es wäre ganz schön stressig geworden, während der Hochsaison ununterbrochen Betten zu machen, zu schrubben, zu putzen, abzuwaschen und die vielen Wanderer bedienen zu müssen.«

Juma fegt zum Schluss noch das Zimmer, und dann begeben wir uns mit unserem Gepäck nach unten, um Wolfgang unsere Entscheidung mitzuteilen. Wir hören ihn im Flur vor sich hin pfeifen, doch als er uns so abreisefertig sieht und ich ihn noch einmal darum bitte, uns für die letzten Tage gerecht zu entlohnen, damit wir wenigstens unsere Reisekosten decken können, schlägt seine Stimmung augenblicklich um.

»Jetzt muss ich mich auch noch nach neuem Personal umschauen, nein, das Geld, das ihr bekommen habt, ist genug, mehr gibt es für euch nicht«, entgegnet er mir schroff.
Nun werde ich richtig wütend. Was denkt er sich eigentlich dabei, uns auch noch die Schuld zuzuschieben? Als alles nichts hilft, drohe ich ihm schließlich mit der Polizei, was ihn fuchsteufelswild macht. Er scheint allen Grund zu haben, die Polizei zu fürchten, denn er greift tatsächlich in die Kasse, knallt uns 200 Euro auf den Tisch und verlässt wutentbrannt die Stube.
Ich stecke das Geld ein und gehe mit Juma in die Küche, wo wir uns von Elisa und Magdalena verabschieden wollen, um dann diesem Alptraum ein Ende zu machen. Toni wartet bereits draußen, um uns mit der Materialseilbahn hinunterzubringen. Elisa wirft uns einen vielsagenden Blick zu und schüttelt traurig den Kopf. Und während Magdalena mich fest an ihre Brust drückt, flüstert sie mir noch zu, dass wir nicht die Einzigen sind, denen es so ergangen ist. Auf einmal poltert Wolfgang daher, brüllt, dass wir sofort seine Küche verlassen sollen, und schiebt uns grob zur Tür hinaus. Doch der Höhepunkt ist, dass er Toni befiehlt, von uns fünf Euro für den Transport den Berg hinunter zu kassieren.
Ich komme mir vor wie in einem schlechten Film. Wie kann sich ein erwachsener Mann nur so kindisch verhalten? Juma schlägt vor, zu laufen, also fragen wir einen Wanderer vor der Hütte nach dem Weg hinunter ins Tal. Ohne uns noch einmal umzudrehen, machen wir uns an den Abstieg. Die geschotterten Serpentinen fallen steil ab, und wir müssen uns sehr darauf konzentrieren, mit unserem Gepäck nicht auszurutschen. Zum Glück verläuft der Weg nach einer halben Stunde bereits auf festem Boden an blühenden Bergwiesen entlang.

Unsere Mienen hellen sich allmählich wieder auf, und statt zu fluchen, lachen wir jetzt über die grotesken Szenen mit Wolfgang. Unser abenteuerlicher Ausflug in die Berge hat uns wieder um einige Erfahrungen reicher gemacht. Ich muss an eine tibetische Weisheit denken, die ich irgendwo einmal gelesen habe: »Denke daran, dass das Nichterreichen von etwas, das du möchtest, manchmal ein Glücksfall ist.«
Gerade dann, wenn etwas nicht so klappt, wie ich es mir gewünscht habe, stelle ich mir einfach vor, dass alles seinen guten Grund hat. Man kann so viel erreichen, wenn man an sich glaubt und immer das Positive sieht. Würden wir hingegen wochenlang Trübsal blasen und uns über den missglückten Hüttenaufenthalt ärgern, bräuchten wir uns nicht zu wundern, wenn das Unglück seinen Lauf nimmt und wir keinen Schritt vorwärtskommen.
So leicht würde ich mich nicht unterkriegen lassen. Irgendwo wird es eine neue Arbeit für uns geben, die wie für uns gemacht ist, da bin ich mir sicher. Denn seit ich mich damals auf meinen Reisen in die ferne Welt, nach Australien, Tansania und Indien, gegen ein geregeltes Leben in Deutschland entschieden habe, um mich für Kinder in Not zu engagieren, habe ich gelernt, wie ich mit neuen Herausforderungen umgehen muss, damit sich doch noch alles zum Guten wendet. Ich habe nie aufgegeben und deshalb diese Entscheidung bis heute nicht bereut, auch wenn es nicht immer einfach war. Ja, meine Vergangenheit hat mich stark gemacht für alles, was da noch kommen mag.

1.

*Wer mit Flügeln geboren wird, sollte alles dazu tun,
sie auch zum Fliegen zu benutzen.*
Florence Nightingale

Hebamme wollte ich einmal werden. Doch trotz meines guten Abiturzeugnisses, eines mehrwöchigen Praktikums im Kreißsaal des Margaritenhospitals in Schwäbisch Gmünd und eines sozialen Jahres in einem Internat für gehörlose Kinder kam eine Absage nach der anderen von Hebammenschulen in ganz Deutschland. Tausend Bewerber auf fünfzig Ausbildungsplätze, hieß es damals im Jahr 1998 als Begründung.

Meine Enttäuschung war groß. Bereits bei fünf Geburten hatte ich während meines Praktikums dabei sein dürfen und die wundervollen Momente miterleben können, wenn eine Mutter ihr Neugeborenes im Arm hält und der Geburtsschmerz mit einem Mal vergessen ist. Konnte es einen schöneren Beruf geben, als Geburtshelferin zu sein, wo ich sowohl für das Baby als auch für die frischgebackenen Eltern bei diesem emotionalen Ereignis da sein könnte?

Soziale Arbeit hat mir schon immer Freude bereitet. Als Teenager besuchte ich in meiner Freizeit Menschen in einem Altenheim, fuhr sie im Rollstuhl in der Stadt spazieren und hör-

te mir ihre Sorgen an, die sich meist um die Einsamkeit und das Alleinsein drehten. Damals gab es auch ein neues Mädchen in unserer Klasse, mit dem niemand etwas zu tun haben wollte. Es wurde getuschelt über Denise, dass ihre Mutter öfter mit der Polizei zu tun habe und ihr Bruder wegen Drogen bereits im Gefängnis sitze. Denise verhielt sich anders als die anderen, und das machte sie zur Außenseiterin. Sie fehlte oft unentschuldigt und hatte für die unangenehmen Nachfragen der Lehrer stets erfundene Geschichten parat.
Denise interessierte mich erst als Mensch und schließlich auch als Freundin, doch dann flog sie noch im selben Jahr von der Schule und zog mit ihrer Mutter in eine andere Stadt. Wenn ich an sie denke, wird mir bewusst, dass ich nicht erst Jahre später in Tansania und Indien meine Lebensaufgabe gefunden habe, sondern dass es noch nie anders gewesen war: Menschen in Not zogen mich regelrecht an, und ich suchte gerne nach Lösungen, wie es ihnen wieder bessergehen konnte.
Dass ich einen sozialen Beruf erlernen wollte, stand für mich daher außer Frage. Für meine Zukunft stellte ich mir außerdem ein ruhiges und geregeltes Leben an der Seite meiner Jugendliebe Jens vor. Jens hatte ich bereits mit sechzehn kennengelernt, und wir galten unter Freunden jahrelang als unzertrennlich. Wir verbrachten jede freie Minute miteinander, planten alles gemeinsam und glaubten, dass es für immer so bleiben würde. Ich mochte seinen blonden Wuschelschopf, und durchtrainiert wie er war, hätte er mit seinem Waschbrettbauch locker für eine Jugendzeitschrift Modell stehen können. Aber nicht nur sein Aussehen gefiel mir. Jens war fürsorglich, bereitete mir immer wieder mit kleinen Aufmerksamkeiten eine Freude und schenkte mir seine aufrichtige Liebe.

Manchmal denke ich, es muss eine Fügung des Schicksals gewesen sein, dass dennoch alles ganz anders gekommen ist. Dass gerade Jens mir nach sechs gemeinsamen Jahren den nötigen Schubs geben würde, der mich schließlich in die weite Welt und zu den ärmsten Menschen führen sollte, ahnten wir damals beide nicht. Bis dahin waren die armen Länder dieser Welt so weit von meinem wohlhabenden Leben in Deutschland entfernt gewesen, dass ich meine innere Stimme zunächst unterdrückt hatte. Vor Entwicklungshelfern, die in solchen Ländern leben und helfen konnten, hatte ich aber große Hochachtung, und insgeheim beneidete ich sie sogar ein wenig dafür.

Wie unterschiedlich Jens und ich im Grunde waren, bemerkten wir lange nicht. Jens kaufte sich gerne teure Markenkleider, hatte Schuhe im Überfluss und schaffte sich immer wieder mal etwas Neues an. Zwar habe ich auch damals schon auf das Maß und den Preis geachtet, aber ich ließ mich dennoch von der Konsumwelt gefangen nehmen. Den Druck, ständig auf neue Kleidersuche zu gehen, um sich wohl zu fühlen und in der Gesellschaft mithalten zu können, empfand ich als normal, wenngleich er auch viel Frust mit sich brachte. Oft kam es vor, dass ich entweder nichts Passendes gefunden hatte oder mir etwas gekauft hatte, das mir schon wenige Tage später doch nicht mehr gefiel und schließlich kaum benutzt im Schrank lag.

Erst in Afrika sollte ich später erfahren, wie unbeschwert sich Freiheit von materiellen Dingen anfühlt, wenn im Kopf endlich Platz für die wichtigen Dinge im Leben ist. Ich sollte Kindern begegnen, deren Leid mich dazu brachte, mein Leben von Grund auf in Frage zu stellen und mich schließlich zu einer konsequenten und drastischen Lebenswandlung bewegte.

Doch bis dahin gab es für mich nichts Wichtigeres, als meine Zeit mit Jens zu verbringen, an dessen starke Schulter ich mich immer anlehnen konnte. Mir gefielen der Schutz und die Liebe, die er mir gab, und wenn ich bei einem handwerklichen oder technischen Problem Hilfe brauchte, konnte ich mir sicher sein, dass Jens eine Lösung fand.
Damals merkte ich es nicht, aber heute sehe ich mich in diesem Lebensabschnitt wie hinter einer Nebelwand verborgen. Es kommt mir so vor, als hätte ich geträumt, und wäre ich nicht aufgeweckt worden, würde ich vielleicht noch heute das Leben weiterführen, das ich gewohnt war. War es reine Bequemlichkeit gewesen, die mich lange Zeit zurückhielt, meinen eigenen Weg zu suchen?
Mit der Liebe, die mich so fest an Jens band, stellte ich mir solche Fragen nicht. Ich glaubte lange Zeit, das wahre Glück gefunden zu haben.
Bevor ich Jens kennengelernt hatte, war ich mit meinen Freundinnen an den Wochenenden meist in die Stadt etwas trinken oder in eine Disco gegangen. Anders als ich es später in Afrika kennenlernen sollte, versuchte man sich in Deutschland immer zu beschäftigen, um der Langeweile zu entgehen oder etwas Aufregendes zu erleben. Oft wussten wir dennoch nicht, wohin wir sollten. Viele der jungen Leute, die ich kannte, betranken sich häufig, um gute Stimmung zu haben, egal ob auf einer Party, einem Ausflug oder einem Stadtfest.
Alkohol war mir schon immer ein Dorn im Auge gewesen, und obwohl ich immer wieder dazu aufgefordert wurde, mitzutrinken, lehnte ich konsequent ab. Einem Gruppenzwang zu unterliegen war das Letzte, was ich wollte. Alkohol kam mir gegenüber dem realen Leben wie eine Lüge vor. Menschen fanden darin Spaß, taten aber oft Dinge, die sie später

bereuten, oder verloren gar die Kontrolle über sich. Mein Entschluss wurde nur bestärkt, als ich mit der Jugendkapelle, in der ich damals Querflöte spielte, eine Woche im wunderschönen Kleinwalsertal verbrachte. Statt sich auf die gemeinsame Freizeit inmitten der Natur und der Berge zu freuen, stopften die anderen Jugendlichen ihre Rucksäcke mit Bierdosen voll und hatten nichts anderes im Sinn, als sich auf ihrem Zimmer zu betrinken und sich mit ihren alkoholbedingten Eskapaden zu rühmen.

Jens war anders. Da auch er nicht trank, fand ich in ihm einen Gleichgesinnten. Die Zeit in verrauchten Kneipen und vollgestopften Discos nahm damit ein Ende, und ich schwebte mit Jens wie auf Wolken.

Er hatte zudem das coolste Auto weit und breit, einen komplett in Regenbogenfarben lackierten Suzuki Jeep, mit dem wir im Sommer mit offenem Verdeck und flatternden Haaren ins Freibad fuhren. Doch »Suzy«, wie wir sein Auto liebevoll nannten, sollte nicht lange alleine bleiben. Pünktlich zur Volljährigkeit kaufte ich mir von meinem ersparten Geld – trotz der Bedenken meiner Eltern über dessen Tauglichkeit – einen Rover Mini Cooper in Schwarz. Mit elf Jahren war der englische Kleinwagen zwar schon in die Jahre gekommen, wodurch sich nach einer Weile die unter Kennern verbreitete Bezeichnung »British Elend« bewahrheiten sollte, doch ich war stolz, mir meinen Traum durch viele Stunden Ferienarbeit in Fabriken verwirklicht zu haben. Welch ein Bild mussten wir abgegeben haben, wenn Mini und Suzy hintereinander herfuhren!

Alles hätte perfekt sein können, denn im Grunde fehlte es Jens und mir an nichts. Und trotzdem machte sich nach ein paar Jahren immer mehr ein Gefühl der Unzufriedenheit in mir breit. Wir hatten mit der Routine zu kämpfen, die sich langsam und unaufhaltsam in unsere Beziehung eingeschlichen hatte. Irgendwann wussten wir nicht mehr, welches Video wir noch nicht ausgeliehen hatten, um uns am Wochenende die Zeit zu vertreiben, oder was wir gegen die Langeweile tun konnten. Wir begannen, uns über Kleinigkeiten zu streiten, und störten uns an den Eigenheiten des anderen.

Jens trainierte immer häufiger im Fitnessstudio, so dass ich mich eines Tages auch dort anmeldete, in der Hoffnung, ein gemeinsames Hobby zu finden. Aber bald schon merkte ich, dass das nicht meine Welt war. Der Wahn vom makellosen Körper und der Wettkampf um das beste Aussehen begegneten mir nirgends mehr als dort.

Und dann, als ich eines Tages lustlos auf einem Indoorbike über imaginäre Hügel radelte und gleichzeitig in einem Magazin blätterte, stieß ich auf die Postkarte einer Hilfsorganisation, die für Patenschaften in Afrika warb. Es war wie eine Antwort auf meine negativen Empfindungen, mit denen ich mich immer häufiger in Verbindung mit diesem äußerlich schönen und wohlhabenden Leben konfrontiert sah. Der Gegensatz hätte nicht krasser sein können: Während man hier versuchte, durch Fitness schlank zu werden, kämpfte man in Afrika mit dem Hunger.

Entschlossen steckte ich die Karte ein und hielt eine Woche später bereits das Foto von Faustine in der Hand. Mit kritischen Augen und einem Schmollmund blickte mich der dreijährige Afrikaner an. Er war barfuß, seine Beine von Staub bedeckt und sein Bauch aufgebläht. Außer einer Hütte aus Lehm war nichts als Dürre um ihn herum. Tansania hieß das Land, von dem ich bis dahin nicht einmal gewusst hatte, dass es in Ostafrika lag. Mit den fremden Namen, die Faustines Wohnort beschrieben, tat ich mich anfangs schwer: In Mwa-

bagalu im Shinyanga-Distrikt, irgendwo im Norden Tansanias, sollte er mit seinen Eltern und einem Bruder wohnen. Die Eltern waren Bauern, stand in der Broschüre des Patenkindvorschlags. Sie pflanzten Süßkartoffeln im trockenen Boden neben ihrer Hütte an, aber zum Leben reichte das nicht aus. Mit dem monatlichen Betrag, den ich fortan für diese Patenschaft überwies, unterstützte ich die Hilfsorganisation dabei, innerhalb eines sieben Jahre dauernden Projekts den Bewohnern des Dorfes durch Bildung, den Bau von Brunnen und medizinische Versorgung zu einem besseren Leben zu verhelfen. Ziel dabei war es, dass das Dorf im Anschluss daran für sich selbst sorgen konnte.
Feuer und Flamme von dieser mir fremden Welt, setzte ich mich schon bald an meinen ersten Brief an Faustines Familie, der von der Hilfsorganisation später übersetzt werden würde. Und tatsächlich, sechs Wochen später erhielt ich eine Antwort. Mein erster Brief aus Afrika! Geschrieben auf Suaheli von Faustines Tante, übersetzt von einem Mitarbeiter der Hilfsorganisation.
Wir schrieben noch viele Briefe hin und her, schickten uns kleine Geschenke wie beispielsweise ein gemaltes Bild oder ein Foto und stellten uns gegenseitig viele Fragen über das jeweils andere Land. In den Berichten, die ich regelmäßig von der Hilfsorganisation über die Fortschritte bekam, las ich, dass man sein Patenkind sogar besuchen konnte. Wenige Jahre später, mit dreiundzwanzig, würde ich genau das tun, doch bis dahin würde sich mein Leben gravierend verändern.

Nach all den Absagen der Hebammenschulen hatte ich mich schließlich in Bezug auf die Berufswahl neu orientiert. Im Berufsinformationszentrum war ich auf eine Broschüre über das

Studium der Bekleidungstechnik in Albstadt-Ebingen gestoßen. Laut Internet-Routenplaner sollte die Kleinstadt nur zwei Autostunden von meinem Elternhaus entfernt auf der Schwäbischen Alb liegen. Nicht zu weit also, aber weit genug, um mein eigenes Leben entdecken zu können.

Das Fachhochschulstudium versprach viel praktischen Unterricht, zum Beispiel Nähen, Zeichnen und Design, und technische oder wissenschaftlich ausgerichtete Seminare für den theoretischen Hintergrund. Bis dahin hatte ich zu Hause mit einer simplen Hausnähmaschine bereits die verschiedensten Dinge ausprobiert und in der Schule Bildende Kunst als Leistungsfach neben Latein gewählt. Nun sah ich einen Weg, wie ich die kreative Seite in mir weiterentwickeln konnte. Auch naturwissenschaftliche Fächer sollten nicht zu kurz kommen, denn nach Beendigung des Studiums würde ich eine Diplomingenieurin der Bekleidungstechnik sein, um beispielsweise in der Produktionsplanung oder Qualitätssicherung einer Firma eingesetzt zu werden.

Was den Beruf betrifft, hätte ich damals schon erkennen müssen, dass er mich nicht glücklich machen würde. Aber das Studium war in der Tat interessant und abwechslungsreich, zumal ich mich schon immer gerne mit Handarbeiten beschäftigt hatte. Besonders zu Geburtstagen war es mir wichtig, etwas Selbstgemachtes schenken zu können, und nun würde ich nicht wie früher nur Teddybären mit Herzkissen, Clown-Puppen und Strohfiguren herstellen können, sondern richtige Kleidungsstücke.

Meinem Umzug nach Albstadt-Ebingen blickte ich mit Freude entgegen. Die Aussicht auf die Freiheit, mein Leben nun zum ersten Mal vollkommen selbst gestalten zu können, beflügelte mich. Während sich meine Mutter, Sparkassenangestellte, und mein Vater, ein pensionierter Goldschmied, noch Gedanken darüber machten, was so ein Studium wohl kosten würde, hatte ich bereits BAföG beantragt und mir eine günstige Unterkunft in einer Wohngemeinschaft besorgt.

So ließ ich im Herbst 1999 mein Elternhaus voller Tatendrang hinter mir. In Albstadt-Ebingen zog ich frohgemut, den Mini vollbepackt bis obenhin, in ein älteres Reihenhaus, das mit Möbeln aus Omas Zeiten eingerichtet war. Dort lernte ich auch gleich Biggi kennen, die ebenfalls zwanzig und Studentin war und mit der ich mir fortan das ganze Haus inklusive einem kleinen Garten mit Hängeschaukel teilen würde. Wir verstanden uns auf Anhieb blendend, und einer aufregenden Studentenzeit stand somit nichts mehr im Wege. Noch war ich zuversichtlich, dass der räumliche Abstand zu Schwäbisch Gmünd auch meiner Beziehung zu Jens neuen Schwung verleihen würde.

Das Erste, was ich an Albstadt lieben lernte, waren die Berge. Sie waren gerade so hoch, um sie ohne große Anstrengung besteigen zu können, aber dennoch mit einer grandiosen Aussicht auf die Alb belohnt zu werden. Albstadt war für mich das reinste Naturparadies. Duftende Heidewiesen und wunderschöne Hochebenen luden zum Wandern und Fahrradfahren ein. Meine Abenteuer bestanden darin, die vielen Wanderpfade zu erkunden, immer neue Wege zu entdecken und unter anderem auch nachts über die Felder der Hochebenen zu spazieren.

Ich liebte die intensive Stimmung in der Dunkelheit, mit dem Zirpen der Grillen und dem ganz besonderen Duft der Bäume. Meine Eltern hätten sich vor Sorge natürlich alle möglichen Horrorszenarien ausgemalt, wenn ich bei ihnen in

Schwäbisch Gmünd mitten in der Nacht meine Stiefel angezogen hätte. In Albstadt hingegen brauchte ich niemanden zu beunruhigen und konnte das tun, zu dem ich mich gerade berufen fühlte.
Selbst im Winter bot mein Studienort mehr Abenteuer als meine Heimatstadt. Nicht umsonst verpasste man der Stadt den Namen »Klein-Sibirien«. Minus 27 Grad Celsius zeigte das Thermometer in meinem ersten Winter dort oben an. Wir hatten so viel Schnee, dass die Massen mit Lastwagen wegtransportiert werden mussten. Mein kleiner Mini Cooper war neben den riesigen Schneehaufen nicht mehr zu erkennen. Biggi half mir jedoch in einer heiteren Befreiungsaktion, das Auto freizuschaufeln. Und um uns aufzuwärmen, machten wir es uns anschließend in warme Decken eingehüllt bei einer heißen Tasse Tee im Wohnzimmer gemütlich.
Während Biggi Wirtschaftsingenieurwissenschaft studierte, nähte ich mit meinen zwanzig Kommilitonen die ersten Röcke, lernte das Innenleben einer Industrienähmaschine kennen und wurde unter anderem in Schnitt- und Designprogrammen am Computer unterrichtet. Mir gefiel die familiäre Atmosphäre an unserer Fachhochschule, und auch das Studium war leicht zu bewältigen.
Es dauerte nicht lang, bis sich eine Clique von Studenten gebildet hatte, die sich bei den ersten sommerlichen Temperaturen zu regelmäßigen Grillabenden traf. Unzählige Abende verbrachten wir auf dem nahegelegenen Ochsenberg, wo es eine Feuerstelle direkt an einem Wanderparkplatz gab. Und selbst bei schlechter Witterung ließen wir uns nicht davon abhalten, unter einer breiten Felshöhlung, geschützt vorm Regen, zusammenzusitzen und ein knisterndes Lagerfeuer zu entfachen.

Nicht nur, dass es Spaß machte, ungewöhnliche und spontane Dinge zu tun, wir trotzten damit auch dem Großteil der Studentenschaft, die sich über die »langweilige« Kleinstadt beschwerte und sich in eine lebendige Großstadt wünschte.
Nur einmal überspannten wir den Bogen, als wir zu fünft über den Dächern der Stadt ein Picknick auf dem Hochschulparkhaus veranstalteten. Dazu hatten wir auf der obersten Etage ein Gittertor überwinden müssen, um über die Drahtstufen eines Betonpfeilers auf das grasbewachsene Flachdach zu steigen. Doch irgendjemand musste uns verpetzt haben. Mit Bangen sahen wir, wie ein Polizeiauto Etage um Etage höher kam, und als uns die beiden Polizisten vom Dach pfiffen, mussten wir wohl oder übel unsere Studentenausweise zur Aufnahme der Personalien vorzeigen und versprechen, uns das nächste Mal einen geeigneteren Ort als »Campus-Ersatz« auszusuchen.

An den Wochenenden fuhr ich regelmäßig zu meinen Eltern und freute mich auf Jens. Zwar telefonierten wir oft, aber es war dennoch ungewohnt, nach all den Jahren, in denen wir uns beinahe täglich gesehen hatten, eine Wochenendbeziehung zu führen. Allerdings musste ich schon bald feststellen, dass wir uns falsche Hoffnungen gemacht hatten. Trotz des Abstands schafften wir es einfach nicht, so glücklich wie früher miteinander zu sein, und ich bekam immer mehr das Gefühl, dass wir uns in verschiedene Richtungen entwickelten. Ein Leben ohneeinander konnten wir uns jedoch genauso wenig vorstellen, und so verging noch einige Zeit, bis sich etwas ändern sollte.
Der erste große Bruch mit meinem Leben in Deutschland muss wohl während meines Praxissemesters stattgefunden ha-

ben. Nach den ersten beiden Semestern verließ ich Albstadt für ein halbes Jahr, um in einer renommierten Bekleidungsfirma in Stuttgart praktische Erfahrungen zu sammeln.
Frühmorgens musste ich dazu einen langen Weg in der S-Bahn auf mich nehmen und in ein dichtbesiedeltes Industriegebiet fahren, das an Trostlosigkeit kaum zu übertreffen war. In der Bahnsteigunterführung, in der meist ein kalter Wind pfiff, waren die Wände wild mit Neonspray beschmiert, und draußen reihte sich ein grauer Betonblock an den anderen. Die Menschen passten sich ihrem trüben Umfeld an, indem sie mit ausdruckslosem Gesicht und strengem Schritt zu ihrem Arbeitsplatz eilten. Nirgends konnte ich ein wenig Freundlichkeit entdecken.
War es die Gesellschaft, die einen dazu bewegte, sich in dunkle Anzüge zu kleiden, um damit Unnahbarkeit oder Überlegenheit zu vermitteln? Täuschten die noblen Aktenkoffer eventuell über die Machtlosigkeit hinweg, mit der die Menschen sich täglich diesem uniformen Alltagsstrom anschlossen?
Mit jedem weiteren Tag, den ich in der grauen Einheitsmasse verbringen musste, wurde es mir klarer: Ich stellte fest, dass Geld, Leistung und Macht das Menschsein verdrängten. Hinzu kam, dass das Arbeitsklima in der Musternäherei meiner Firma, in der ich die meiste Zeit verbrachte, nicht gerade angenehm war. Das Desinteresse an den Kollegen dort hatte solche Ausmaße angenommen, dass niemand den Namen von Margarita, der rumänischen Putzfrau, kannte, die seit Jahren täglich das Reinigen der Räume übernahm, geschweige denn je ein Wort mit ihr gewechselt hätte. Als Margarita jedoch eines Tages viel zu spät und auffallend bedrückt zur Arbeit erschien, musste sie schnippische Kommentare der Näherinnen

über sich ergehen lassen, die nun endlich einen Grund gefunden hatten, über sie zu reden.
In meinem Abschlussbericht am Ende des Praktikums kritisierte ich schließlich die Ignoranz und das unkollegiale Verhalten der Putzfrau gegenüber. Doch meine Praktikumsleiterin war empört und bestand darauf, dass ich diesen Satz vor Abgabe des Berichts unbedingt herausnehmen müsse.
Ich war glücklich, als ich endlich wieder zurück nach Albstadt konnte, doch auch wenn der Horror im grauen Industriegebiet damit für mich ein Ende nahm, blieben mir Zweifel, wie ich in so einer kalten Berufswelt jemals Erfüllung erfahren sollte. Einen Ausweg sah ich zu jener Zeit aber noch nicht.
Es folgte ein Sommersemester, in dem ich mit anderen Studenten das Leben in vollen Zügen genoss. Meine Kommilitoninnen Alexandra und Jessica trommelten immer ein paar Freundinnen zusammen, aber auch der Vietnamese Duc, ein witziger Alleinunterhalter, und Informatikstudent Charly, der immer an neuen Robotern und fliegenden Objekten tüftelte und uns mit seinem künstlerischen Talent begeisterte, durften in unserer Runde nie fehlen. Manchmal fuhren wir gemeinsam zu einem See, holten die Gitarre heraus oder gingen auf Studentenpartys, wo man immer wieder neue Leute aus anderen Studiengängen kennenlernen konnte. Ich fühlte mich lebendig wie schon lange nicht mehr und hatte immer weniger Lust dazu, am Wochenende die zweistündige Fahrt nach Schwäbisch Gmünd auf mich zu nehmen, wo Jens neben Fitnessstudio und anderen Aufgaben wenig Zeit für mich fand. Doch dann, als er mir plötzlich eines Tages mitteilte, er wolle für ein halbes Jahr nach Kanada gehen, war ich wie vor den Kopf gestoßen.
Nach sechs Jahren Beziehung so lange ohne ihn zu sein, das wollte ich mir gar nicht vorstellen. Eigentlich hätte ich mich

für Jens freuen müssen, dass er Erfahrungen im Ausland für sein Bauingenieursstudium sammeln würde, doch stattdessen war ich enttäuscht, dass er mich nicht mit eingeplant hatte. Meine einseitige Sichtweise führte mir vor Augen, wie abhängig ich gefühlsmäßig von ihm war. Natürlich hatte ich Angst, dass wir uns über die Ferne entfremden würden und es das Ende unserer Liebe sein könnte. Gleichzeitig musste ich mich aber selbst fragen, ob wir immer noch aus Liebe zusammen waren oder einfach, weil wir es so gewohnt waren.

Jens' Entschluss rüttelte mich wach. Ich wollte auf keinen Fall im nächsten Semester einen langen Winter voller Sehnsucht in Deutschland verbringen. Ich stellte mir unzählige, finstere Tage vor, die kein Ende nehmen würden. Was lag also näher, als ebenfalls meine Taschen zu packen und einfach in ein warmes Land zu reisen, wo ich durch viele neue Eindrücke und Erlebnisse die Zeit ohne Jens besser überbrücken könnte? Der Gedanke war geboren, und so begann ich eifrig zu recherchieren.

Nachdem ich tagelang das Internet durchstöbert hatte, stand meine Auswahl fest: Australien, der rote Kontinent, war es, der mich von Anfang an faszinierte. Ich würde Aborigines begegnen, die unendliche Weite des dünnbesiedelten Landes spüren und Kängurus und Koalas beobachten können. Dort, *down under,* auf der anderen Seite der Welt, wollte ich im sonnenverwöhnten Australien dem kalten Winter in Deutschland entfliehen und völlig neue Erfahrungen sammeln.

An einem verregneten Tag Ende August 2001 brachte Jens mich zum Frankfurter Flughafen. Für ihn sollte es erst eine Woche später nach Toronto gehen, wo er von einem Onkel abgeholt werden würde, der vor über vierzig Jahren als junger Mann nach Kanada ausgewandert war. Mit dem Geld, das er sich damals in Kupferminen verdient hatte, hatte sich der Onkel eine kleine Insel auf einem See in der Provinz Ontario gekauft, wo ich mit Jens' Familie schon einmal einen dreiwöchigen Urlaub verbracht hatte.

Während Kanada für Jens eine Art Zuhause war, würde meine Reise ins Ungewisse führen. Niemand würde mich abholen, und außer einer Internetbekanntschaft, die ich bereits mit Fragen über Land und Leute gelöchert hatte, hatte ich noch keinen Kontakt zu Australiern geknüpft. Mein Schulenglisch, das ich seit dem Abitur nicht mehr wirklich gebraucht hatte, ließ zudem zu wünschen übrig.

Um mir Mut zu machen, hatte ich mir zu Hause noch ein paar Zeilen aufgeschrieben, eine Art Begleitzettel für schwierige Zeiten, mit all den positiven Dingen, die ich mir von meiner Zeit in Australien erhoffte. Mit Sätzen wie etwa: »Nicky, du wirst viele Freunde finden und tolle Erfahrungen machen« und »Alles wird gutgehen«, wollte ich mich für die sechsmonatige Reise stark machen. Meinen Eltern war es auch nicht unbedingt wohl dabei, mich ganz alleine ans andere Ende der Welt ziehen zu lassen, doch sie wussten, was ich mir in den Kopf gesetzt hatte, das zog ich auch durch. Um sie zu beruhigen, hatte ich ihnen versprochen, sie regelmäßig mit E-Mails auf dem Laufenden zu halten.

Je näher der Abflug nun kam, umso mehr verdrängte die Vorfreude auf Australien das mulmige Gefühl in meinem Bauch. Ich war ja gut vorbereitet: In meinem Reisepass klebte der Sticker eines Working-Holiday-Visums, das mich dazu berechtigte, in Australien sowohl reisen als auch arbeiten zu dürfen. Da ich ein Urlaubssemester eingelegt und kaum Rücklagen hatte, musste ich in Australien finanziell für mich selbst sorgen.

Doch darüber machte ich mir keine Gedanken. Schließlich war ich als Schwäbin immer sehr sparsam gewesen und hatte als Schülerin schon alle möglichen Jobs gemacht: Zeitungen austragen, in der Bäckerei aushelfen und Nachhilfeunterricht geben. Um mir die sechs Monate in Australien leisten zu können, nahm ich mir vor, mich wie die anderen Backpacker mit gelegentlichen Saisonjobs, wie etwa als Obstpflücker, über Wasser zu halten.

»Ich hab dich lieb. Du wirst mir sehr fehlen«, hauchte Jens mir ins Ohr, während er mich am Flughafen ein letztes Mal fest an sich drückte.

»Du mir auch«, erwiderte ich mit einem dicken Kloß im Hals.

»Grüße Onkel Ferdinand von mir!«

»Mach ich, und pass auf dich auf!«

Noch ein letzter Kuss, doch dann zwang uns ein Blick auf die Uhr dazu, einander loszulassen. Jens hatte Tränen in den Augen und kniff die Lippen zusammen, als ich mich das letzte Mal zu ihm umdrehte und schließlich im Zugangsbereich zu den Gates verschwand. Bis nach Adelaide würde ich nun fünfundzwanzig Stunden unterwegs sein. Ich hatte mir extra diese Stadt im Süden Australiens ausgesucht, die mit einer Million Einwohnern klein war im Gegensatz zu Sydney oder Melbourne. Großstädte waren mir nicht so ganz geheuer und viel zu unpersönlich.

Nach zwölf Stunden Flug hatte ich einen sechsstündigen Aufenthalt in Singapur. Zum ersten Mal war ich jetzt allein in der Fremde, um mich herum die verschiedensten Nationalitäten, vorwiegend Asiaten, aber auch Araber mit Turban und einzelne Europäer entdeckte ich. Etwas verloren und mit einem beklemmenden Gefühl in der Magengrube stand ich im

Transitbereich des Flughafens neben meinem Rucksack und beobachtete die anderen Reisenden, die mit ihrem Partner oder gar der ganzen Familie verreisten. Dann fiel mein Blick auf einen jungen Mann, der vom Aussehen her Deutscher sein konnte. Er stand unweit von mir direkt an der Tafel, die meinen Flug nach Adelaide anzeigte, und verglich etwas unbeholfen die Flugnummer mit seinem Flugschein. In Deutschland hätte ich wohl Hemmungen gehabt, einen Fremden einfach so anzusprechen. Aber jetzt, wo ich zum ersten Mal meinen gewohnten Freundeskreis verlassen hatte, befand ich mich in einer neuen Situation.

Ich nahm meinen Mut zusammen und ging auf ihn zu. »Entschuldigung, bist du zufällig auch aus Deutschland?«

»Ja, ich fliege nach Adelaide, und du?«, antwortete er und blickte mich freundlich an.

»Ich auch. Warst du denn schon mal in Australien?«

Es stellte sich heraus, dass Norbert sich auch das erste Mal auf eine so weite Reise begab und zusätzlich noch das Problem hatte, kaum ein Wort Englisch zu können. Er kam aus Dresden und wollte in Adelaide einen zweimonatigen Sprachkurs besuchen, während er in einer australischen Gastfamilie untergebracht sein würde.

Unsere Reiseunerfahrenheit verband uns im Nu miteinander, und da uns vor dem Abflug noch einige Stunden blieben, beschlossen wir, gemeinsam durch die Duty-Free-Shops zu schlendern. Als wir eine halbe Stunde später an einem Infostand erfuhren, dass für Transitgäste eine kostenlose Bootsfahrt durch Singapur City angeboten wurde, nahmen wir spontan daran teil. Mit fünf anderen Reisenden aus China und Japan fuhren wir auf dem Wasser an Singapurs Skyline entlang, staunten über die blitzblank gefegten Straßen und erfuh-

ren von dem einheimischen Bootsführer, dass in Singapur selbst das Wegwerfen eines Kaugummis mit einer Gefängnisstrafe geahndet wird.
Unzählig viele neue Eindrücke prasselten auf mich ein, die tropisch schwüle Luft, die asiatischen Beschriftungen auf den Straßenschildern, die malaiische Sprache und so weiter und so fort. Bereits hier befand ich mich in einer völlig fremden Welt, doch mit Norbert an meiner Seite fühlte ich mich entspannt.
Norbert war ein gemütlicher Kerl, mit dunkelbraunen Haaren, einem Dreitagebart und Birkenstock-Sandalen. Der Umgang mit ihm war vollkommen unkompliziert, und so war ich von meiner ersten Reisebegegnung begeistert. Dass es so leicht sein würde, Anschluss zu finden, hätte ich wirklich nicht gedacht.
Aber als wir schließlich nach weiteren sieben Stunden Flug erschöpft am Flughafen in Adelaide ankamen, hieß es erst einmal Abschied nehmen. Norbert wurde von seiner Gastfamilie abgeholt, und ich machte mich mit meinem Gepäck auf den Weg zu dem Backpacker Hostel, in dem ich mich über das Internet für die ersten drei Nächte eingebucht hatte.
Todmüde und etwas eingeschüchtert von der fremden Umgebung verkroch ich mich schon bald darauf in meinen Schlafsack. Ich teilte mir ein fensterloses, knallorange gestrichenes Zimmer mit vier anderen Mädchen aus England und Schweden, die sich noch lautstark bis tief in die Nacht miteinander unterhielten. Ich jedoch hatte Hemmungen, mich mit meinem eingerosteten Englisch an ihrem Gespräch zu beteiligen. Auch schienen sie alle dermaßen routiniert im Reisen und gegenseitigem Austausch zu sein, dass ich mich wie eine unerfahrene Außenseiterin fühlte. Sechs lange Monate lagen nun vor mir, in denen ich das ändern konnte, doch daran wollte ich in meinem übermüdeten Zustand lieber gar nicht erst denken.

Am nächsten Morgen machte ich mich mit meinem dicken Lonely-Planet-Reiseführer in der Tasche schnurstracks auf den Weg ins Stadtzentrum. Als Erstes wollte ich bei *Cannon Street Travel* am Busbahnhof vorbeischauen, einer Anlaufstelle für Rucksacktouristen, die Mitglied in der *WWOOF Organisation (Willing Workers On Organic Farms)* werden mochten. Ich hatte im Internet gelesen, dass man als WWOOFer auf Farmen mitanpacken konnte und dafür freie Unterkunft und Verpflegung bekam. Ideal also, um am wahren Leben der Australier fernab der Touristenpfade teilzunehmen und gleichzeitig auch noch das Budget möglichst niedrig zu halten. Sicher hatte Australien einiges mehr zu bieten als diese fensterlose Unterkunft in einem heruntergekommenen Backpacker Hostel. Alle Wege waren mir offen, jetzt musste ich sie nur noch gehen.
Sobald ich das WWOOF-Buch mit über tausend Adressen australischer Farmen und einer Mitgliedschaft inklusive Unfallversicherung für 30 Australische Dollar erstanden hatte, war ich nicht mehr zu bremsen. Mit leuchtenden Augen las ich von Orten mit den Namen Rainbow Region, Kangaroo Valley, Possum Creek oder Adventure Bay. Es gab Farmen, die Litschis, Macadamianüsse, Wildblumen, Eukalyptusbäume oder australische Buschbäume pflanzten. Eine andere Farm nahm sich auf zwei Hektar Land der Honigproduktion an, und wieder andere hielten Hunderte Schafe, Rinder, Pferde und sogar Emus, riesengroße flugunfähige Laufvögel.
Irgendwann stieß ich auf die Adresse von Dhyan Marga McKenzie, die laut Beschreibung nur fünfzehn Minuten von Adelaides Stadtzentrum entfernt, am Fuße des Black Hill Conservation Parks, wohnte. Sie schrieb von Gemüse, Kräutern, Obstbäumen, vielfältigen Blumen, Hühnern und viel positiver Energie. Trotz der Mithilfe im Garten und Haushalt

versprach sie genügend Gelegenheiten zur Erholung und »Verjüngung«.
Darüber musste ich schmunzeln. Noch jünger konnte ich mich wohl kaum fühlen mit diesem immensen Gefühl der Freiheit und dem Drang nach Abenteuern in mir. In einer Telefonzelle wählte ich schließlich ihre Nummer.
»Hello, my name is Nicky. I am from Germany«, meldete ich mich zaghaft, als eine Frau den Hörer abnahm. Mir war gar nicht wohl dabei, ein englisches Telefonat führen zu müssen, doch ich würde meine Ängste eben überwinden müssen.
»Hallo Nicky! Wir können gerne Deutsch reden, ich komme ursprünglich auch aus Deutschland«, antwortete Dhyan Marga mir geradeheraus.
»Ach, das ist ja ein Zufall! Deinem Namen nach wäre ich nie darauf gekommen, dass du Deutsche bist«, freute ich mich. »Ich rufe an, weil ich gerne ein paar Tage bei dir als WWOOFer mithelfen würde.«
»Dhyan Marga ist mein Künstlername. Du kannst auch Carola zu mir sagen. Aber sag mal, wo kommst du denn eigentlich her, das hört sich doch schwäbisch an.«
»Ja, das stimmt. Ich komme aus Schwäbisch Gmünd.«
Carola lachte auf. »Das gibt's doch nicht! Ich auch. Das heißt, ich lebe schon seit über zehn Jahren in Australien, habe damals im Zeppelinweg gewohnt.«
Ich konnte kaum glauben, dass ich mich hier, mitten in Australien, über 15 000 Kilometer von zu Hause entfernt, mit einer deutschen Auswanderin über den schmalen Zeppelinweg, in dem auch mal eine meiner Grundschulfreundinnen gewohnt hatte, unterhielt.
»Ach du, weißt du was? Normalerweise wollte ich im Moment keine Rucksacktouristen bei mir aufnehmen, aber du

musst unbedingt zu mir kommen. Ich freu mich auf dich und auf Geschichten aus der Heimat!«
Carola beschrieb mir, welchen Bus ich zu ihr nehmen musste, und wir vereinbarten, dass ich übermorgen zu ihr kommen würde. Was für ein Zufall! Ich war schon sehr gespannt auf diese Carola, die so nett und unkompliziert am Telefon klang, als würden wir uns schon seit Jahren kennen.
Sofort schrieb ich Jens voller Stolz, wie toll alles lief. Er hingegen hatte mir in einer E-Mail gestanden, dass es in Kanada bereits die ersten Probleme gab. Mit seinem Touristenvisum durfte er grundsätzlich kein Praktikum machen, und es war nahezu aussichtslos, eine Arbeitserlaubnis zu bekommen. Ich hoffte für ihn, dass die Leiter des Ingenieurbüros, mit denen er schon Wochen vorher in Kontakt gewesen war, die Regelungen nicht zu streng nehmen würden. Irgendeinen Weg würde es doch sicher geben, damit er in Kanada bleiben konnte.

Zwei Tage später stand ich mit meinem schweren Gepäck vor Carolas Tür. Sie wohnte am nördlichen Stadtrand von Adelaide in einem schnuckeligen Ziegelhaus, das von einem üppig blühenden Garten umgeben war. Carola brauchte mir gar nicht zu sagen, dass ich mich wie zu Hause fühlen konnte. Ihre unbefangene Art nahm mir sofort jede Scheu. Sie war Mitte vierzig, hatte eine dunkelblonde Kurzhaarfrisur und trug eine modische Brille.
Als Erstes zeigte sie mir das Zimmer, in dem ich schlafen konnte, und anschließend gelangten wir durch das Esszimmer in ihren Garten, der wahrhaft paradiesisch aussah. Reife Zitrusfrüchte hingen schwer an den Zweigen der Bäume, und zwischen den einzelnen Beeten schlängelten sich Kletterpflan-

zen an dünnen Rundhölzern empor. Der grüne Blätterbewuchs, der sich auf einer Höhe von zwei Metern über dem ganzen Beet auf Querhölzern ausbreitete, vermittelte mir das Gefühl, einen kleinen Dschungel zu betreten. Dennoch fielen noch genügend Lichtstrahlen zu Boden, wo Carola mit viel Liebe die verschiedensten Kräuter- und Gemüsesorten angebaut hatte.

Carola lebte für ihren Garten, das stand außer Frage. Es war ein Hobby, das ohne Zweifel viel Arbeit bereitete, und so drückte sie mir gleich am Nachmittag eine Hacke und eine Schaufel in die Hand und erklärte mir meine Aufgabe, mit der ich mir meine Unterkunft bei ihr erarbeiten würde.

Die Tage bei Carola vergingen viel zu schnell. Morgens ging ich ihr zu Hand, und mittags machte ich diverse Ausflüge. Nach einer Woche hatte ich mich bereits so gut eingelebt, dass es mir nicht ganz leichtfiel, weiterzuziehen und mich wieder der Fremde zu stellen. Doch das Busticket für meine nächste Station hatte ich schon vorher gekauft, und schließlich wollte ich ja auch etwas von Australien sehen.

Also packte ich erneut meinen Rucksack, um mich für meine Weiterreise nach Kangaroo Island aufzumachen. Doch ich zögerte. Sollte ich wirklich mein zwanzig Kilo schweres Gepäck durch ganz Australien mit mir schleifen? Ich hatte in Deutschland viel zu viel mitgenommen: Turnschuhe, Regenschirm, Föhn, jede Menge Hosen und Pullover. Das alles brauchte ich nicht wirklich, und so lernte ich bereits am Anfang meiner großen Reise die erste Lektion. Kurzerhand bat ich Carola, einen Teil meines Gepäcks bei ihr unterstellen zu dürfen, bis ich mich in spätestens einem halben Jahr auf die Heimreise machen würde.

Nun konnte ich mich im wahrsten Sinne des Wortes erleichtert und ohne Ballast zu meinem nächsten Ziel aufmachen, einer Farm auf Kangaroo Island. Meine Kontaktperson war Cheryl, die ein Strandhaus ganz in der Nähe der Fähranlegestelle hatte. Sie würde mich am nächsten Tag zu ihrem guten Freund Alexander bringen, der auf einer großen Schaf- und Getreidefarm lebte und meine Hilfe gut gebrauchen konnte.
Bereits in den ersten zwei Wochen in Australien war ich von der Schönheit der Natur verzaubert worden, doch Kangaroo Island übertraf alles, was ich bis dahin gesehen hatte. Die Abendsonne tauchte den kleinen Ort Penneshaw, das tiefblaue Meer und die sanfte Hügellandschaft in ein warmes Licht, als ich mit der Fähre dort ankam. Weiße Kumuluswolken verzierten den Himmel, und mein Weg führte wie im Bilderbuch an grünen Wiesen und einem schmalen Sandstrand vorbei, an dem sich Einfamilienhäuser mit schmucken Gärten reihten.
Ich lief den asphaltierten Weg entlang und suchte nach Cheryls Hausnummer, als ich plötzlich auf eines der für Australien so typischen Verkehrsschilder stieß: ein gelbes Quadrat, auf der Spitze stehend, mit einem schwarzen Pinguin darauf. Ich war so überrascht, dass ich meine Kamera herausholte: *»Beware! Penguin Area«* stand dort geschrieben. Pinguine vor der Haustüre zu haben, das war nun wirklich etwas ganz Neues für mich.
Keine fünf Minuten später traf ich bei Cheryl ein, die mich voller Gastfreundlichkeit in ihrem Haus aufnahm. Cheryls blondes Haar war zu einem Pferdeschwanz zusammengebunden, und sie wirkte vollkommen unkompliziert und jung geblieben. Anfangs war es dennoch ein seltsames Gefühl, bei jemandem zu Gast zu sein, den man überhaupt nicht kannte. Was sollte ich auf Englisch reden? Und wo konnte ich mich

behilflich zeigen? Mit ausgeprägten Kochkünsten konnte ich mich nicht gerade rühmen, und ich hoffte stets, dass ich um das Kochen herumkommen würde. Doch Cheryl wollte gar keine Gegenleistung von mir. Sie bot mir einfach einen Platz zum Schlafen an und würde mich morgen sogar mit ihrem Landrover zu Alexanders Farm fahren.

Bei einer Tasse Tee erzählten wir uns ein wenig aus unserem Leben, und dann tischte Cheryl auch noch leckere Schinken-Käse-Sandwiches auf. Als wir müde wurden, führte sie mich über eine Holztreppe zum ausgebauten Dachboden, wo eine breite Matratze für mich bereitstand, und wünschte mir eine gute Nacht. Gerne hätte ich Jens noch von dieser wunderschönen Insel, auf der ich mich befand, erzählen wollen, doch erst auf dem Festland würde ich wieder die Gelegenheit dazu haben, ihn mit einer günstigen internationalen Telefonkarte bei seinem Onkel in Kanada anrufen zu können.

Am nächsten Morgen, nach einem ausgiebigen englischen Frühstück, sollte ich bald merken, dass die Pinguine nicht die einzigen exotischen Tiere auf Kangaroo Island waren – die Insel sollte ihrem Namen alle Ehre machen. Als ich mit Cheryl im Landrover durch die australische Buschlandschaft fuhr, begegneten uns immer wieder Kängurus, manche über einen Meter groß, andere wiederum waren kleiner und gingen mir kaum bis zum Knie.

Überall wimmelte es nur so von Tieren, neben den niedlichen Possums konnte ich auch Koalabären beobachten, wie sie hoch oben in den Baumwipfeln Eukalyptusblätter kauten. Cheryl erzählte mir sogar, dass es auf der Insel einen Nationalpark gibt, in dem ein Picknickplatz eigens eingezäunt worden war, damit die Besucher ungestört von neugierigen Emus und Kängurus Picknick machen konnten. Die Vorstellung, dass dort im Gegensatz zu einem Zoo die Tiere nun die Menschen hinter Gittern beobachteten, brachte mich unweigerlich zum Lachen.

Über einen Schotterweg erreichten wir nach einer halben Stunde schließlich Alexanders Farm. Zwei Männer kamen auf uns zu, als Cheryl den Motor abstellte.

»Hey Alex, how is it going?« Cheryl umarmte den Größeren der beiden und klopfte dem anderen kumpelhaft auf die Schulter. »Mike, I brought you some help. You see, this is Nicky from Germany. Be good to her!«

»Yeah, no worries, Cheryl«, erwiderte Mike und lachte mich breit an.

»G'day mate«, wandte sich nun Alexander mir zu.

Als Cheryl in ihrem Landrover davonbrauste, wurde ich auf einmal doch ziemlich schüchtern. Nun würde ich also als blutjunges Mädchen ganz allein eine Woche mit zwei kräftigen australischen Farmern verbringen. Nicht, dass ich mir Sorgen gemacht hätte, dass sie mich anrühren würden, schließlich waren es ja auch Cheryls Freunde. Trotzdem fühlte ich mich fremd.

Und dann hatte ich auch noch Schwierigkeiten, Alexander und Mike überhaupt zu verstehen. Sie redeten in breitem Aussie-Slang miteinander, und ich musste oft nachfragen, was sie gerade gesagt hatten. Doch sie waren sehr zuvorkommend, zeigten mir meinen Wohnwagen, in den ich mich jederzeit zurückziehen konnte, und führten mich zu den Schafen auf die Koppel.

Mit den Schafen gingen die beiden jedoch alles andere als sanft um. Ich sah, wie Alex eines an den Hörnern packte und es grob in einen separat eingezäunten Bereich zog, wo er es mit Mike zusammen zu scheren begann. Das Schaf trat wild aus und blökte lauthals, doch es hatte keine Chance. Das war zu viel für mein weiches Herz. Ich war erleichtert, als die Schur zu Ende und das Schaf wieder frei war.

Am Abend, als Alexander das Essen zubereitete, setzte ich mich auf die Couch im Wohnzimmer und streichelte Bingo, den Schäferhund. Ich fühlte mich sehr unbehaglich, denn auf Sauberkeit schienen die beiden Männer nicht viel Wert zu legen. Die Möbel waren mit einer dicken Staubschicht bedeckt, und auch die Couch sah alles andere als einladend aus. Überall lagen verfilzte Decken herum, und auch der Fußboden war vermutlich noch nie gesaugt worden. Sicher, die beiden hatten bestimmt anderes zu tun, als ständig den Putzlappen zu schwingen, und für einen Männerhaushalt mochte das vielleicht normal sein. Nur konnte ich meine übertriebenen Hygienevorstellungen aus Deutschland nicht von einer Minute auf die andere ablegen.

Alexander reichte mir einen Teller mit zwei großen Steaks und Salat herüber und bot mir ein Bier an. Ich lehnte dankend ab und biss stattdessen in das zähe Steak. Ich wusste, es war unhöflich, etwas auf dem Teller liegen zu lassen, doch schon mit dem ersten Stück Fleisch hatte ich zu kämpfen. Ich konnte den strengen Geschmack, der ganz anders war als der von Schwein oder Rind, nicht zuordnen. Natürlich hätte ich eins und eins zusammenzählen können, doch Alex kam mir zuvor, indem er mich fragte, wie mir das Schaf denn schmecke. Hätte ich das nur vorher gewusst, dass eines ihrer Schafe, das zu Lebzeiten noch friedlich auf ihrer Koppel graste, nun auf meinem Teller lag!

Ich war froh, mich nach dem Essen in den Wohnwagen, der neben der Scheune stand, zurückziehen zu können, um die Eindrücke erst einmal zu verdauen. Ich fühlte mich hier nicht wohl, doch feige einen Rückzieher zu machen, das kam für mich auch nicht in Frage. Mitten in der Nacht trat ich noch einmal vor den Wohnwagen und blickte in einen Himmel, dessen tausend leuchtende Sterne zum Greifen nahe wirkten. So groß und nah, wie ich es noch nie zuvor in meinem Leben gesehen hatte. Australien war ein Abenteuer, das stand schon jetzt außer Frage.

Meine beklemmende Lage fügte sich unerwartet schon am nächsten Vormittag zum Guten, als Janet und Dean, ein älteres Ehepaar, zu Besuch auf die Farm kamen. Sie brachten Alexander und Mike Eier vorbei und fragten interessiert, wer ich sei. Janet, ich schätzte sie auf Ende fünfzig, hatte blonde gewellte Haare mit ersten grauen Strähnchen, während Dean bereits vollkommen weiß war.
»So ein junges Mädchen bei euch rauhen Kerlen …«, zog Janet die beiden spaßeshalber auf. Doch dann wurde sie ernst. »Das ist doch nichts für sie. Was meinst du, Alex, könnte sie nicht bei uns mithelfen, du weißt doch, dass wir immer jemand auf unserer Hühnerfarm brauchen.«
Auch Dean fand das eine gute Idee, und mich mussten sie gar nicht erst fragen. Die beiden waren mir auf Anhieb sympathisch. Janet strahlte schon in den ersten Minuten so viel Herzlichkeit aus, und Dean sah ebenfalls sehr freundlich aus. Eine halbe Stunde später saß ich tatsächlich in ihrem Lieferwagen, auf dem KANGAROO ISLAND FREE RANGE EGGS stand, und unterhielt mich angeregt mit ihnen. Janet erzählte, dass es hier auf der Insel aufgrund der Trockenheit immer wieder zu schweren Buschbränden komme, und tatsächlich, auf einer Strecke von zwei Kilometern war rechts von uns alles niedergebrannt.

Janet und Dean wohnten eine Viertelstunde von Alexanders Farm entfernt in einem gepflegten Einfamilienhaus, das an einem großen Hof mit Stallungen stand. Dean erzählte stolz, dass er und seine Frau ganz alleine die Farm mit etwa dreitausend Hühnern betrieben. Jeden Tag mussten sie über zweitausend Eier in Schachteln verpacken, und genau dabei konnten sie Unterstützung gebrauchen. In drei länglichen Hallen, die mit einer dicken Einstreu aus Heu und Stroh ausgestattet waren, konnten die Hühner in der Nacht Schutz suchen, zu ihren Nestern gehen oder sich an den Futter- und Trinkautomaten bedienen. Draußen auf den Wiesen waren weite Ausläufe für sie angelegt, in denen sie sich tagsüber aufhielten.

Nachdem sie mich mit einem Stück selbstgebackenen Apfelkuchen und einem Glas Milch bewirtet hatte, nahm Janet mich mit zum Kühl- und Packraum und zeigte mir, wie ich die Eier der Größe nach sortieren musste. Sie erklärte mir, dass ich beim Verpacken darauf achten sollte, dass das spitze Ende der Eier zur längeren Haltbarkeit in der Schachtel nach unten zeigen musste. Gemeinsam verpackten wir Dutzende von Eiern, und weil wir uns nebenbei über Gott und die Welt unterhalten konnten, verging die Zeit wie im Fluge.

Und dann hatten Janet und Dean am späten Nachmittag noch eine Überraschung für mich. Mit ihrem Pick-up fuhren wir ein paar hundert Meter zu einem eingezäunten Feld, auf dem sie ebenfalls Schafe hielten. Dean stieg aus, öffnete den Zaun, und dann fuhren wir im Schritttempo das riesige Feld ab.

»Wir suchen jetzt die kleinen Lämmchen, die von ihrer Mutter nicht angenommen worden sind«, meinte Janet zu mir und holte ein Fernglas hervor. »Es kommt oft vor, dass ein Schaf, das zwei Lämmchen gebärt, eines davon verstößt. Und das ziehen wir dann mit dem Fläschchen auf.«

Mein Herz hüpfte höher bei der Vorstellung, kleine Lämmchen zu retten. Tatsächlich entdeckte Janet keine zehn Minuten später ein weißes Fellbündel verlassen im Gras. Wir hatten Glück, das Lämmchen lebte noch, auch wenn es schon sehr schwach war und am ganzen Leib zitterte. Dean hüllte es sanft in eine Decke ein und legte es mir in den Arm. Dann fuhr er zu einer Stelle weiter, an der sich viele schwarze Krähen versammelt hatten, und tatsächlich, auch dort lag ein Lämmchen, doch für dieses kam jede Hilfe zu spät.
Nach einer halben Stunde brachen wir die Suche schließlich ab und fuhren nach Hause, um uns um das immer noch bibbernde Lämmchen zu kümmern. Sobald die Sonne untergegangen war, war es ziemlich frisch geworden, und so plazierte Dean kurzerhand eine Styroporbox direkt vor dem knisternden Kamin im Wohnzimmer und setzte das Lämmchen dort hinein, nicht ohne ihm vorher noch einen wärmenden, extra passend zugeschnittenen Wollpelz übergezogen zu haben. Es war ein rührender Anblick, und als Janet ein Fläschchen mit warmer Milch brachte, sog das wenige Tage alte Lämmchen wie wild daran.

Janet und Dean ließen mich intensiv am australischen Leben teilhaben, und so wurde die Woche bei ihnen unvergesslich für mich. Der Abschied fiel mir wieder schwer, doch nun wollte ich nach Brisbane weiter. Zu Beginn meiner Reise hatte ich mir keine bestimmte Route vorgenommen, da ich jeweils spontan entscheiden wollte, wonach mir der Sinn stand. Und dieses Mal richtete ich meine Reisepläne einfach nach dem Klima aus, denn Brisbane galt als die sonnigste Großstadt Australiens mit ganzjährig heißen Temperaturen.
An das Alleinreisen hatte ich mich mittlerweile gut gewöhnt.

Dennoch orientierte ich mich noch stark am Reiseführer und bereiste die Orte, die Backpacker nun einmal bereisten. So fuhr ich von Brisbane aus weiter zur Sunshine Coast, wo ich einmal in einer Telefonzelle direkt am Strand mit Jens telefonierte, als gerade Delphine vorbeizogen.
Jens bemühte sich, meine Euphorie mit mir zu teilen, doch in Kanada lief es nicht so gut. Es stand noch in den Sternen, ob er wirklich dort arbeiten durfte, und er vermisste mich mindestens genauso sehr wie ich ihn. Doch durch die vielen aufregenden Dinge und die bunte Abwechslung, die sich mir täglich bot, machte ich mir keine Sorgen, dass das halbe Jahr im Nu herumgehen würde und wir dann wieder für immer vereint sein würden.
Nachdem ich den Bundesstaat Queensland hinter mir gelassen hatte, ging es weiter durch New South Wales, wo ich mit anderen Backpackern eine Wanderung in den Blue Mountains unternahm, benannt nach dem blauen Dunst, den die Eukalyptuswälder verströmen. In Sydney suchte ich vergeblich nach Arbeit, und schließlich fuhr ich von Melbourne über Nacht mit der *Spirit of Tasmania,* einem riesigen mehrstöckigen Fährschiff, nach Tasmanien, der größten Insel Australiens, die auch als »Grüner Smaragd des Südens« bezeichnet wird.
An Bord der *Spirit of Tasmania* fehlte es an nichts. Ein Restaurant, ein Casino, über zweihundert Schlafkabinen und zwei Schlafsäle für Low-Budget-Reisende versprachen genügend Möglichkeiten zur Entspannung. Ich kam im Nu mit anderen Rucksacktouristen ins Gespräch und schloss mich beim Buffet spontan Helen und Maren an, zwei Deutschen in meinem Alter, die ein Jahr lang gemeinsam durch Australien reisten und schon durch ihren lockeren Kleiderstil sehr offen wirkten. Helen, schlank, mit sehr kurzen dunklen Haaren, hatte eine

farbige Patchworkhose an, und Maren, die ihr blondgelocktes Haar mit einer roten Strähne verzierte, trug einen Batikrock, der ihre weiblichen Rundungen betonte.

In Devonport, einer Hafenstadt im Norden der Insel, übernachtete ich mit Maren und Helen noch im gleichen Hostel. Doch dann lernte ich Susanne kennen, eine Neunzehnjährige aus Hamburg, die sich doch tatsächlich einen alten weißen VW-Bus gekauft hatte, mit dem sie nun, eine Matratze zum Schlafen hintendrin, durch Tasmanien tuckern wollte. Susannes Mut inspirierte mich. Sie traute sich was und war dabei noch drei Jahre jünger als ich. Von nun an, das nahm ich mir fest vor, wollte ich versuchen, die Grenzen, die ich mir andauernd aus Ängstlichkeit oder auch aus Erziehungsgründen selbst auferlegte, zu überwinden. Was war nicht alles möglich, wenn man nur fest entschlossen war!

Da wir die gleiche Route hatten, entschloss sich Susanne spontan, mich eine Woche lang in ihrem Bus mitzunehmen. Wir wanderten durch tiefe Schluchten, kamen an klaren Bergseen und rotbraunen Moorlandschaften vorbei, bis wir schließlich den höchsten Berg Tasmaniens im Cradle Mountain Nationalpark bestiegen.

Nachts parkten wir den VW-Bus meistens auf einem Campingplatz oder einfach etwas abseits der Straße, knipsten eine Taschenlampe an und machten es uns auf der weichen Matratze hinten bequem. Mit dem Zirpen der Grillen in den Ohren fielen uns meist schon bald, erfüllt von unseren Abenteuern in der Natur, die Augen zu.

Susanne setzte mich schließlich in Tasmaniens Hauptstadt Hobart im Süden ab, und wie es der Zufall wollte, begegnete ich dort bei einem Bummel durch die beschauliche Innenstadt wieder Maren und Helen. Maren hatte mittlerweile ein Auto

gemietet, um damit den westlichen Teil der Insel zu erkunden, und so fuhr ich mit ihnen innerhalb einer weiteren erlebnisreichen Woche nach Devonport zum Fährschiff zurück.
Wir freundeten uns auf unseren Tagestouren und beim abendlichen Canasta- und Gitarrespielen so sehr an, dass wir auch nach unserer Rückkehr auf das Festland weiterhin zusammen reisen wollten. Wir nisteten uns in Melbourne in einem Hostel ein, froren bei dreizehn Grad und Regen und suchten nach einer günstigen Alternative, wie wir diesem miesen Wetter möglichst schnell entfliehen konnten.
Am Abend unserer Ankunft in Melbourne griff ich noch zum Hörer, um endlich wieder Jens' Stimme zu hören, doch er klang vollkommen niedergeschlagen. Und dann teilte er mir tatsächlich mit, dass er nach sieben Wochen in Kanada seinen Auslandsaufenthalt abbrechen würde. Er hatte immer noch keine Arbeitsgenehmigung erhalten und sah nun keinen anderen Ausweg, als zurück nach Deutschland zu gehen. Ich verstand ihn nicht. Statt anderweitig Erfahrungen in Kanada zu sammeln, setzte er sich unter Druck, wie er sein Semester in Deutschland noch durch ein Praktikum retten konnte. Zwar war ich nur deshalb nach Australien aufgebrochen, um die Zeit seiner Abwesenheit besser überbrücken zu können, doch an eine ebenfalls vorzeitige Rückkehr nach Deutschland verschwendete ich keinen Gedanken. Sicher, ich vermisste ihn sehr, doch Australien hatte mich bereits jetzt verändert. Während Jens aufgab, war ich gerade dabei zu lernen, wie man alle Grenzen sprengt.
Zusammen mit Maren und Helen machte ich mich auf den Weg Richtung Outback, wo gerade die Obsternte begonnen hatte. Zur Erntezeit heuern die Bauern dort viele Backpacker an, die wiederum froh sind, sich ihr Geld für die Weiterreise

verdienen zu können. Als wir Anfang November in der Kleinstadt Mildura ankamen, glaubten wir uns zu verhören, denn obwohl es 35 Grad im Schatten hatte, dudelten aus allen Lautsprechern in der Fußgängerzone Weihnachtslieder!
In dem verschlafenen kleinen Städtchen gab es viele günstige Unterkünfte, die damit warben, auch Saisonjobs für die Backpacker zu vermitteln. Nach drei Tagen waren wir an der Reihe. Noch vor Sonnenaufgang klingelte der Wecker, unser erster Arbeitstag auf einem Knoblauchfeld sollte beginnen. Mit acht anderen jungen Touristen wurden wir in einem Van zum fünf Kilometer entfernten Feld gefahren. Der Farmer wartete bereits mit fünfzehn anderen arbeitslustigen jungen Leuten aus den verschiedensten Ländern auf uns und wies uns schließlich in unsere Aufgabe ein. Die Hälfte der Gruppe wurde dazu eingeteilt, die Knoblauchknollen aus der lockeren Erde zu ziehen und zu kleinen Haufen anzusammeln, während die anderen die von uns gebildeten Haufen auf einen Hänger verladen sollten.
Wir schufteten schwer unter der brütenden Sonne. Kein Wunder, dass wir uns, nach fünf Stunden in gebückter Haltung, als unser Supervisor zum Mittagessen ging, zur Auflockerung in einem übermütigen Spiel gegenseitig mit Knoblauchknollen bewarfen. Unser Team bestand aus vier Koreanern, zwei Irakern, ein paar Engländern, Japanern und noch anderen, die alle den gleichen Spaß an dem Blödsinn hatten. Dennoch arbeiteten wir fleißig und zur vollsten Zufriedenheit unseres Farmers, der uns in der darauffolgenden Woche zum Früchtepflücken in seine Orangenplantage schickte. So lernte ich mit der Zeit viele neue Menschen aus aller Welt kennen, was meine neu entdeckte Reiselust nur verstärkte.
Als auch die Plantagenarbeit zu Ende war, wechselten wir ein-

fach die Unterkunft und bekamen dort prompt den Auftrag, in einem Werbespot fürs australische Fernsehen mitzumachen. Die Firma nannte sich »Green Team« und war auf Gebäudereinigungen und Gartenanlagen spezialisiert. Uwe, ein Deutscher aus dem Osten, musste dazu auf eine Leiter steigen, einem Schweden wurde ein Hochdruckreiniger in die Hand gedrückt, und ich wurde beim Bügeln gefilmt.
Uwe sollte neben Susanne, die so furchtlos mit einem VW-Bus durch Australien gekurvt war, ebenfalls einen bleibenden Eindruck bei mir hinterlassen. Er war bereits fünfunddreißig und hatte damit das Alter für ein *Working Holiday Visum* weit überschritten. Trotzdem fand er immer einen Ausweg, wie er sich auch ohne Arbeitsgenehmigung clever durchschlängeln konnte. Erst fand ich es ein wenig merkwürdig, dass jemand in seinem Alter noch kein geregeltes Leben führte. Gleichzeitig ärgerte ich mich darüber, wie vorurteilsbehaftet ich doch war, dass ich Uwes lockeren Lebensstil nicht gleich guthieß. Er führte ganz offensichtlich nicht das Leben, das die Gesellschaft einem Mittdreißiger vorgab, doch letztendlich lernte ich gerade von ihm, dass man diese ungeschriebenen Gesetze ruhig einmal hinterfragen durfte. Schließlich muss jeder seinen eigenen Weg gehen, und solange man niemandem damit schadet, kann man sich durchaus von gesellschaftlichen Zwängen befreien.

Nach zwei gemeinsamen Monaten fuhren Helen und Maren schließlich die Westküste Australiens hinauf, während ich mich in einen Zug nach Alice Springs setzte, von wo aus ich eine Tour zum Ayers Rock im Herzen Australiens buchte. Zwei dunkelhäutige Aborigines mit weißer Gesichtsbemalung führten unsere kleine Reisegruppe zu dem weltweit be-

rühmten Monolith und erzählten uns von den Legenden ihres heiligen Berges und den alten Weisheiten der Ureinwohner.
»*The more you know the less you need*«, gab uns einer der Führer mit auf den Weg. Ein Satz, der mich unweigerlich an die Anfänge meiner Reise und mein schweres Gepäck in Adelaide zurückerinnern ließ. Hier in Australien hatte ich gelernt, dass es nicht viel brauchte, um die Welt zu bereisen und dabei jeden Tag neue wertvolle Erfahrungen zu machen. Ich hatte meine Angst über Bord geworfen und dann erkannt, was wahre Freiheit ist. Ja, ich spürte es ganz deutlich: Australien hat mir Flügel verliehen und mir das Tor zur weiten Welt geöffnet. Inspiriert durch die vielen Begegnungen mit Menschen aus aller Herren Länder, sollte das erst der Anfang meines neuen Lebens sein.
Nach sechs wundervollen Monaten auf dem roten Kontinent brannte schließlich eine tiefe Sehnsucht in mir, endlich Jens wiederzusehen. Bald würde auch mein Studium weitergehen, und so war es an der Zeit, Abschied von Australien zu nehmen. Als ich im Flugzeug saß, blickte ich mit einem zufriedenen Lächeln auf meine erste große Reise zurück und freute mich gleichzeitig darauf, in Zukunft mit Jens die große Erfüllung zu erfahren.

2.

Eine Reise ist wie ein Trunk
aus der Quelle des Lebens.
Christian Friedrich Hebbel

Jens hielt eine rote Rose in der Hand und winkte mir zu, als er mich unter den Reisenden entdeckte, die wie ich aus vierzig Grad australischer Hitze ins kalte Deutschland zurückkehrten. Der Winter hatte Deutschland noch fest im Griff, was ich bereits an den dicken Jacken und Wollschals der Wartenden erkennen konnte.

Ich war wahnsinnig aufgeregt. Ein halbes Jahr hatte ich nur davon träumen können, Jens nah zu sein, seine Hände in den meinen spüren zu können. Nun konnte ich keine Sekunde mehr länger warten.

Glücklich fielen wir uns in die Arme, hielten uns minutenlang fest und küssten uns immer wieder. Es war ein fremdes und aufregendes Gefühl, nach so einer langen Zeit. Endlich war ich wieder bei ihm. Wir wollten uns gar nicht mehr loslassen und liefen selbst zum Auto noch engumschlungen.

Draußen schneite es, die Luft war trocken und beißend kalt. Mein Körper fing schon nach wenigen Minuten zu schlottern an. Monatelang hatten mich die warmen Farben Australiens umgeben, nun musste ich mich erst wieder an die grau-weiße

Kulisse des deutschen Winters gewöhnen. Jens hingegen war ein absoluter Schnee-Freak. Er freute sich bereits im Sommer auf den Winter, um wieder Ski fahren zu können, und natürlich war er auch nicht so verfroren wie ich.

Jens fuhr mich direkt zu meinen Eltern, die froh waren, dass ich wohlbehalten zurückgekehrt war. Nachdem ich ihnen ein paar Fotos von Australien gezeigt hatte, brachte ich, erschöpft von dem langen Flug, meinen Rucksack nach oben in mein Zimmer. Es war ein eigenartiges Gefühl, so plötzlich wieder in meine alte Welt zurückzukommen. Es schien eine Ewigkeit her zu sein, dass ich von zu Hause aufgebrochen war, dabei waren es in Wirklichkeit nur wenige Monate gewesen. Ich nahm meinen Schreibtischstuhl, klammerte mich an den warmen Heizkörper und blickte gedankenverloren aus dem mit Eiskristallen bedeckten Fenster.

Als ich so dasaß, merkte ich, wie meine anfängliche Euphorie einen ersten Dämpfer bekam. Etwas sträubte sich in mir, wieder hier zu sein. Natürlich war es schön, meine Familie zu sehen, auch wenn ich in Australien durch unseren regelmäßigen E-Mail-Kontakt kaum Heimweh verspürt hatte. Schließlich hatte ich meinen Eltern auch jedes Mal ausführlich von meinen Erlebnissen geschrieben, und genauso hatten sie mich über alles informiert, was es von zu Hause und von der Familie zu berichten gab. Solange es ihnen gutging, hatte mir das gereicht, um dort glücklich zu sein, wo ich mich gerade befand. Nichts hatte meine Reiselust bremsen können.

Und nun sollte ich die große Freiheit, die ich gerade erst entdeckt hatte, schon wieder aufgeben? Und all die Abenteuer mit einem Mal schon zu Ende sein? Die schwülen Nächte mit zirpenden Grillen, in denen ich mit Backpackern aus den verschiedensten Ländern am knisternden Lagerfeuer mitten im australischen Busch zusammengesessen und ihren Geschichten gelauschte hatte, waren nur noch Erinnerung. Ich dachte an die liebe Carola, bei der ich am Ende meiner Reise mein überschüssiges Gepäck wieder abgeholt hatte. Und ich dachte an Maren und Helen, was für eine schöne gemeinsame Zeit wir doch gehabt hatten. Was sie wohl in der Zwischenzeit alles erlebt hatten? Ich beneidete sie darum, dass ihr Abenteuer noch weiterging.

Bis zum Semesterbeginn in knapp einem Monat würden meine Tage eintönig sein, das stand fest. Wäre ich doch nur länger in Australien geblieben, dachte ich im Stillen bei mir. Erst als Jens zu mir hinaufkam, schob ich meine trüben Gedanken beiseite und kuschelte mich die ganze Nacht eng an seinen warmen Körper.

Auch in den darauffolgenden Tagen hatte mich meine Zeit in Australien noch voll im Griff. Es fiel mir schwer, mich von meinen Erinnerungen zu lösen, ich war noch gar nicht richtig in der Heimat angekommen. Ich erkannte mich selbst nicht mehr wieder. Da war auf einmal eine starke Unruhe in mir, dass das Leben dort draußen auf mich wartete. Ich hätte mich am liebsten in den nächsten Flieger gesetzt, egal wohin, Hauptsache, ich konnte noch mehr Auslandserfahrungen sammeln.

Nicht einmal Jens konnte mich aufmuntern. Im Gegenteil, ich musste feststellen, dass wir bald wieder die gleichen Meinungsverschiedenheiten hatten wie vor meiner Abreise. Ich hatte zu viel von unserem Wiedersehen erwartet, mir zu viele Illusionen gemacht, und nun war ich umso enttäuschter, dass wir auch jetzt nicht miteinander glücklich sein konnten.

Nach der ersten Woche schien auch Jens allmählich Zweifel an unserer Beziehung zu bekommen und nahm meinen Blitz-

gedanken, spontan alleine nach England oder Irland zu fliegen, gelassen hin. Natürlich hätte mir meine Flucht außer zusätzlicher Kosten nichts gebracht, und ein Blick auf mein Konto bestätigte mir, dass ich mich einfach damit abfinden musste, die Wochen bis zum Semesterbeginn zu Hause auszuharren.
Nicht nur der Winter drückte auf mein Gemüt, leider waren auch die meisten meiner Schulfreunde aus Schwäbisch Gmünd weggezogen. In zwei Wochen würde mein dreiundzwanzigster Geburtstag sein, würde es mir gelingen, sie alle zusammenzutrommeln? Ein Wochenende gemeinsam mit ihnen in den Alpen, das wäre toll!
Drei Freundinnen sagten spontan zu, und als wir ein nettes Häuschen im Silbertal mit Platz für zehn Personen gefunden hatten, schlugen sie vor, noch zwei ihrer Freunde mitzubringen. Auch Charly, der Roboterfreak, den ich vom Studium her kannte, wollte mit seinen Kumpels dazukommen.

Es war ein sonniger Tag Anfang März, und wir freuten uns über die ersten warmen Sonnenstrahlen. Wir reisten mit drei Autos an. Agnes, meine polnische Freundin, fuhr bei Jens und mir mit, Charly kam mit seinen Jungs aus Konstanz angereist, und Johanna, Manuela, Martha und Christine fuhren in Stuttgart los.
Am Nachmittag trafen wir alle kurz hintereinander im Silbertal ein. Das Haus, das wir gemietet hatten, lag an einem Berghang und schien dem schneeweißen Putz und der hellen Holzverkleidung nach nagelneu zu sein. Aufgrund der sonnenverwöhnten Lage waren die Wiesen hier bereits wieder grün, während die umliegenden Berge noch richtig vereist aussahen. Ein nettes junges Paar mit zwei Kleinkindern emp-

fing uns im Hof und übergab uns den Schlüssel zu einem fröhlichen Wochenende.

Nachdem wir die Autos ausgeladen hatten, liefen wir den Hang ein Stück hinauf, tranken eine Cola in einem Bergcafé, und dann übergaben mir Agnes und Johanna ihre Geschenke, einen roten Wollschal und eine lustige Zipfelmütze, die ich am Wochenende sicher zum Skifahren aufsetzen würde.

Auf dem Rückweg begann Charly dann mit weit ausgebreiteten Armen die Bergwiese hinunterzusegeln. Ausgelassen rannten wir hinter ihm her und machten es ihm lachend nach – ein großartiges Gefühl. Jens dagegen wollte lieber den geteerten Weg zur Hütte zurück nehmen, und als ich mich vor unserem Haus in die Wiese setzte, meinte er, meine Hose würde schmutzig werden. Lange hatte ich nicht gewusst, was der Grund dafür war, dass wir beide nicht wirklich glücklich miteinander waren. Doch allmählich wurde es mir klar. Wir unterschieden uns einfach zu sehr, was das Lebensgefühl betraf. Ich vermisste an Jens Spontanität, wohingegen er mit den üblichen Normen und einem fest geregelten Leben zufrieden war.

Diese Kluft hatte ich immer schon bemerkt, wenn ich Jens zu den Unternehmungen meiner Freundinnen mitgenommen hatte. Auf der einen Seite verstanden meine Freundinnen nicht, warum ich so sehr an Jens hing, und auf der anderen Seite wunderte Jens sich, wieso ich mit meinen Freundinnen immer so ausgelassen war.

Doch dass ausgerechnet mein Geburtstag für mich noch zu einem Alptraum werden würde, damit hatte ich nicht gerechnet. Je später die Stunde, desto weniger hatten sich meine Freunde unter Kontrolle. Natürlich war ich enttäuscht, dass sie selbst an meinem Geburtstag nur das Trinken im Sinn hatten. Nicht dass sie meinetwegen auf Alkohol verzichten sollten, aber ich hätte mir zumindest gewünscht, dass es sich in Maßen gehalten hätte.

Gegen Mitternacht fanden zwei der Mädels Spaß daran, absichtlich Zigarettenkippen und anderen Müll vom Balkon aus auf das neue Dach der angrenzenden Garage zu werfen, und Manuela übergab sich in der Toilette. Einer der Konstanzer Jungs saß zugekifft auf der Eckbank und nahm selbst das Klirren von Scherben in der Küche nicht mehr wahr. Seine beiden anderen Kumpane hingegen grölten dermaßen laut, dass es selbst die junge Familie aus dem Schlaf gerüttelt haben muss, deren Haus direkt nebenan war.

Ich fühlte mich total fehl am Platz, und um dem Desaster nicht länger zusehen zu müssen, kroch ich zu Jens ins Bett, der bereits vor einer Stunde der Szene den Rücken zugekehrt hatte und nun neben mir schnarchte. Doch an Schlaf war bei mir gar nicht zu denken. Meine Gedanken drehten sich im Kreis. Eines stand fest, hier war ich nicht glücklich. Weder bei Jens, noch bei meinen Freunden, noch in meinem deutschen Leben. Lange hatte ich es schon gespürt, aber nie eine Entscheidung getroffen. Jetzt war es höchste Zeit, endgültig meinen eigenen Weg zu gehen, meinem Leben einen Sinn zu geben und dem nachzuspüren, was tief in mir schlummerte.

Eine Woche später beendete ich unter Tränen meine Beziehung zu Jens. Es fiel mir schwer, lange hatte ich mit mir gerungen. Ich hatte Angst, es später zu bereuen, nicht stark genug zu sein und mich nach sieben gemeinsamen Jahren an den Gedanken gewöhnen zu müssen, allein zu sein. Auch Jens weinte viel und war enttäuscht, auch wenn er sich selbst eingestehen musste, mit ähnlichen Gedanken gespielt zu haben. Nachdem die ersten Tränen versiegt waren, wollten wir versuchen, in Zukunft gute Freunde zu bleiben.

Als endlich mein Studium in Albstadt weiterging, gewöhnte ich mich immer besser an die neue Situation, auch wenn ich noch häufig mit Jens telefonierte. Die Sommermonate vergingen schnell, und dann war ich bereits wieder fieberhaft am Planen, welches Land sich für mein Praxissemester ab Herbst eignen würde. Ich wollte unbedingt weit weg, bewarb mich übers Internet sogar in Argentinien, doch dort scheiterte ich an unzulänglichen Sprachkenntnissen. Aber schon bald hatte ich die Zusage einer Textilfirma in Brisbane, die spezielle Bergausrüstung herstellte, und freute mich riesig darauf. Doch das Schicksal hatte etwas anderes mit mir vor. Fünf Wochen vor Abflug hatte sich die Firma immer noch nicht um mein Arbeitsvisum bemüht, so dass ich verärgert die Suche nach einem Praktikumsplatz in anderen Ländern wieder aufnahm.

Auch Afrika reizte mich, schließlich war ich noch nie auf dem »Schwarzen Kontinent« gewesen. Da ich seit Jahren für mein Patenkind in Tansania spendete, reizte mich dieses Land besonders. Nach längerer Internetsuche konnte ich die Adresse einer Textilfabrik in Tansania ausfindig machen. Ohne mir große Hoffnungen zu machen, schickte ich sofort eine E-Mail los und war umso verblüffter, als ich noch am selben Tag eine Antwort erhielt. Ein Herr Benedikt Tarimo stellte sich mir vor, und das auch noch auf Deutsch. Er habe vor zwanzig Jahren eine Weile in Deutschland gelebt und freue sich sehr, sein Deutsch nun wieder auffrischen zu können. Einen Praktikumsplatz konnte er mir leider nicht besorgen, aber in seinen E-Mails begann er, mir von seiner Familie und seinem Land zu erzählen.

Nun brannte ich regelrecht darauf, Tansania endlich kennenzulernen. Alle anderen Länder waren mit einem Mal vergessen. Ich musste einfach fündig werden, aber die Zeit wurde zusehends knapp. Ich durchkämmte das Internet so lange, bis ich auf eine weitere Adresse stieß, die ich anschrieb. Und dann war es endlich so weit: Mr. Barakat Ally, der General Manager der Firma Karibu Textile Mills, antwortete mir aus der Hafenstadt Dar es Salaam höchstpersönlich auf meine E-Mail, in der ich ihm geschrieben hatte, dass es mein größter Traum war, das Leben in einem Entwicklungsland kennenzulernen.

Mr. Ally war so ganz anders, als man sich einen General Manager vorstellte. Nachdem er mir von den *Khangas,* den afrikanischen Wickeltüchern, berichtet hatte, die in seiner Fabrik aus Baumwolle gesponnen und im Anschluss gefärbt und bedruckt wurden, erzählte ich ihm von meinem Patenkind, das ich bei meinem Aufenthalt gerne besuchen würde. Es ging mir nicht um mein Studium, um Textilien oder Produktionsverfahren, es ging mir um das Land und die Leute. Und an Mr. Allys Antworten konnte ich erkennen, wie viel Feingefühl er besaß. Er nahm sich die Zeit, mir in ausführlichen E-Mails von den Lebensumständen in Tansania zu berichten, beschrieb mir den schlechten Zustand der Straßen, erklärte mir das Bussystem mit den verschiedenfarbig lackierten Kleinbussen, genannt *Daladalas,* und lud mich prompt dazu ein, meine Erfahrungen in seiner Fabrik zu machen.

Ich hatte keine hohen Anforderungen und war auch zu einem unentgeltlichen Praktikum bereit. Mr. Ally meinte allerdings noch, dass er mir keine spezielle Aufgabe zuteilen könne, in anderen Worten, ich müsse selber herausfinden, wie ich mich in seiner Fabrik nützlich machen konnte. Auch mit dem Visum konnte er mir leider nicht weiterhelfen, gab mir aber den Rat, einfach als Tourist einzureisen.

Die vielen Unsicherheiten irritierten mich nicht sonderlich. Im Gegenteil, hatte sich nicht gerade das Tor zu Afrika vor mir geöffnet? Das war eine einmalige Chance. Sofort erkundigte ich mich, welche Auslandsstipendien von meiner Fachhochschule oder vom Staat für solche Zwecke angeboten wurden. Das Touristenvisum war schnell über die Botschaft beantragt, und nun fehlten nur noch die nötigen Impfungen gegen Krankheiten wie Typhus oder Hepatitis und eine Tetanusauffrischung, für die ich einen Termin beim Hausarzt vereinbarte. Ich fragte nur in einer einzigen Apotheke nach, was ich für eine Reise nach Afrika wohl brauchen würde, aber die Masse an Medikamenten und Ratschlägen kam mir dermaßen übertrieben vor, dass ich mich dazu entschloss, gar nichts mitzunehmen. Auch würde ich nicht für nahezu zweihundert Euro monatlich eine Malariaprophylaxe zu mir nehmen, schließlich machten die Afrikaner so etwas auch nicht. Sicher könnten sich die meisten so etwas gar nicht leisten, und auch die vielen Nebenwirkungen konnten einem auf Dauer bestimmt nicht guttun.

Meine Eltern sahen das alles nicht so locker wie ich, besonders meiner Mutter fielen ständig neue Befürchtungen ein, mit denen sie mich am liebsten zurückgehalten hätte.

Auch war noch nicht geklärt, wo ich überhaupt wohnen sollte. Doch auch das ergab sich wie von selbst, als mir Herr Tarimo, den ich fortan nur Benedikt nennen durfte, ein Foto von seiner Schwester, Mama Tarimo, und deren achtzehnjähriger Tochter Lulu schickte. Benedikt meinte, er habe bereits mit ihnen gesprochen, und sie würden mich herzlich dazu einladen, bei ihnen zu wohnen. Nur achtzig Euro im Monat würden mich Unterkunft und Verpflegung bei ihnen kosten. Ich hatte ein gutes Gefühl bei der Sache, und schließlich könnte

ich mich vor Ort immer noch anders entscheiden, falls es Probleme geben sollte.
Meine Sorglosigkeit räumte mir schnell alle Hindernisse aus dem Weg, und schließlich klappte es kurz vor der Abreise auch noch mit zwei Stipendien. Der Deutsche Akademische Austauschdienst spendierte mir den Flug für mein Vorhaben, und die Stiftung meiner Fachhochschule gab mir ebenfalls noch einen Zuschuss, um meine monatlichen Kosten zu decken. Meine Reise nach Afrika konnte beginnen!

Die Sonne brannte vom Himmel, als ich aus dem Flugzeug stieg. Lange Warteschlangen hatten sich an den verschiedenen Schaltern gebildet, wo auch ich mein Visum abstempeln lassen musste. Die Luft war auch hier drinnen schwül und roch tropisch. Ein Geruch, der mir unheimlich gefiel, weil er mich zusammen mit dem chaotischen Durcheinander der Wartenden und den fremden Stimmen in eine neue und exotische Atmosphäre entführte.
Im Eingangsbereich des Flughafens drängelten sich Dutzende Afrikaner hinter einem Absperrband, um den ankommenden Reisenden aufgeregt Namen zuzurufen oder ihnen Namensschilder entgegenzustrecken. Und dann entdeckte ich Benedikt, der ebenfalls einen weißen Papierstreifen hochhielt, auf dem tatsächlich »Miss Nicky« stand. Wie er mir in seiner letzten Mail versprochen hatte, war er gekommen, um mich abzuholen und mich direkt zu Mama Tarimo und Lulu zu fahren.
»Guten Tag, Miss Nicky.« Sein Gesicht strahlte vor Freude, als er mich erkannte, und als Zeichen der besonderen Höflichkeit umschloss er meine Hand mit beiden Händen, drückte sie einmal sanft und half mir im Anschluss daran mit meinem Gepäck.

Benedikt war hochgewachsen, sein Alter schätzte ich auf nahezu siebzig ein. Seine Haare waren ergraut, an manchen Stellen gar weiß, wie die des ehemaligen Präsidenten Julius Nyerere, nach dem auch der Flughafen benannt war.

»Vielen Dank, dass Sie gekommen sind! Sollen wir deutsch oder englisch sprechen?«, fragte ich ihn.

»Du … du … kannst deutsch sprechen«, erwiderte Benedikt. Er schien mich gut zu verstehen. »A… a… aber ich lange nicht gesprochen«, fügte er hinzu.

Ob Benedikt wohl aufgrund der fremden Sprache stotterte? Ich probierte es auf Englisch. Er sprach es besser als Deutsch, doch das Stottern schien ihm angeboren zu sein. Die Hauptsache war jedoch, dass wir uns verständigen konnten, denn auf Suaheli konnte ich gerade mal die Begrüßung.

Ein paar hundert Meter weiter, bei den Parkplätzen des Flughafengeländes, wartete bereits ein weißes Taxi, das Benedikt extra bestellt hatte. »Now we go to Mama Tarimo«, sagte er und hielt mir höflich die Türe auf. Ich ließ mich auf den Rücksitz nieder und spähte während der Fahrt, gespannt auf Land und Leute, durchs offene Fenster.

Bald wusste ich nicht mehr, wohin ich überall schauen sollte. Meine Orientierung verlor sich, in einem Land, das anders war als alle Länder, die ich bis dahin besucht hatte. Staubige Wege, verbeulte Autos, Esel mit Karren mitten auf der stark befahrenen Straße, auf der wir uns befanden, Kinder in Schuluniformen und Frauen, die ohne Hand anzulegen scheinbar mühelos Wassereimer auf ihrem Kopf balancierten. Immer wieder kamen wir an Bushaltestellen vorbei, die aus einem Gerüst mit Dach bestanden, aber keine Beschriftung hatten, und ich sah, dass sowohl die kleinen als auch die großen Busse bis auf den letzten Quadratzentimeter mit Menschen voll-

gestopft waren. Auch bei rasanter Geschwindigkeit stand immer ein Busbegleiter in abgewetzter Hose an offener Türe, um Passanten das Fahrtziel zuzurufen. Anscheinend konnte man überall zusteigen, ungeachtet jeglicher Verkehrsregeln.
»Pass auf, deine Uhr sonst weg!«, rüttelte mich Benedikt auf. Alle Fenster des Taxis waren heruntergelassen, um die Hitze ein wenig erträglicher zu machen. Mit meinem Ellbogen hatte ich mich am Fensterrahmen abgestützt und mir nichts dabei gedacht, doch Benedikt klärte mich auf: »They can take your watch«, meinte er. Auch Handys, Arm- und Halsketten seien beliebt bei den Kerlen, die sich laut Benedikt durch den Verkehr schlängeln, auf der Suche nach geeigneter Beute. Auf Benedikts Vorwarnung hin beschlich mich ein beklemmendes Gefühl. Zwar hatte ich keine Angst davor, bestohlen zu werden – denn ich hatte nichts sonderlich Wertvolles bei mir –, doch ich war schließlich in Bezug auf Afrika noch vollkommen unerfahren, kannte weder die Verhaltensregeln noch die Tricks, geschweige denn die Sprache.
Doch dann erinnerte ich mich augenblicklich an Australien zurück. Auch dort war mir am Anfang alles fremd erschienen, aber nach kurzer Zeit hatte ich mich in jeder neuen Stadt, die ich bereiste, einleben können. Diese Gedanken beruhigten mich wieder, ich würde einfach fest daran glauben, dass ich mich bald schon auch in Afrika zurechtfinden würde.
Zwanzig Minuten später bogen wir in eine löchrige asphaltierte Straße ein, in der sich ein Laden an den anderen reihte. Boutiquen, Schreibwarengeschäfte, Lebensmittelkioske und sogar ein Internetcafé konnte ich im Vorbeifahren erkennen. Schließlich fuhr das Taxi an den Rand auf den staubigen Fußweg und kam mit quietschenden Bremsen vor einer Bar zum Stehen. Benedikt steckte dem Fahrer ein paar Scheine zu, und

dann gelangten wir durch den Seiteneingang der Bar in den Innenhof von Mama Tarimos Heim. Vor diesem Flachdachhaus, dessen Vorderfront mit einem Gitter vor Einbrechern gesichert war, saß sie auf einem Holzschemel und schälte Kartoffeln.

»O ho!«, rief sie, als sie uns sah, erhob sich mit einem Ächzen und lief uns mit strahlendem Gesicht entgegen. *»Karibu sana, karibu sana!«,* sagte sie immer wieder, um mich willkommen zu heißen, und trug sogleich meinen Rucksack ins Haus. Ich folgte ihr ins Wohnzimmer, wo sie sich in perfektem Englisch nach meiner Reise, meinem Befinden, meinen Eltern und meinen ersten Eindrücken erkundigte.

»Lulu, Lulu, come to us!«, rief sie, und dann erst sah ich durch die halbgeöffnete Türe eines Zimmers Lulu über ihren Schulheften pauken. Sie trug ihr kurzes Haar im typisch afrikanischen Stil – es war mit vielen verschiedenfarbigen Haargummis zu kleinen Knöllchen gedreht – und erzählte mir ebenfalls in perfektem Englisch, dass sie in einem Jahr die Highschool beenden würde. Sogleich fragte sie mich, welche Möglichkeiten es gebe, in Deutschland zu studieren, doch auf meine Antwort hin, dass man dazu erst einmal die schwierige deutsche Sprache erlernen müsste, machte sie ein langes Gesicht.

»Vielleicht kannst du mir etwas Suaheli beibringen und ich dir ein paar Wörter auf Deutsch«, ermunterte ich sie.

»Kein Problem, wir werden uns ja auch das Zimmer teilen«, meinte sie und bot mir sogleich den oberen Teil ihres Stockbettes an.

Dann trat ein spindeldürres Mädchen aus der Küche, machte einen Knicks vor mir und sagte mit leiser Stimme und gesenktem Kopf *»Shikamoo«,* was wörtlich bedeutete »Ich berühre

deine Füße«. Dies war die höfliche Art der Begrüßung, und nun half mir Mama Tarimo mit der richtigen Antwort.
»Ma-ra-haba«, versuchte ich es ihr nachzusprechen, doch die richtige Betonung hatte ich dem unterdrückten Kichern des Mädchens nach zu schließen noch nicht ganz heraus.
»Karibu chakula«, Mama Tarimo zeigte auf den gedeckten Tisch. Ich erinnerte mich, *»chakula«* schon in meinem Wörterbuch gesehen zu haben, und nun wusste ich also auch, wie man es aussprach: mit einem »tsch« am Anfang.
»Sofia, setz dich auch zu uns«, forderte Mama Tarimo das schüchterne Mädchen auf, das sich bereits mit ihrem Teller abseits an einen kleineren Nebentisch setzen wollte. Ich wusste von Benedikt, dass nicht nur die reichen Familien in Tansania ein Hausmädchen beschäftigten, sondern dass es allgemein üblich war, ein Mädchen aus einem Dorf zu holen, das den Haushalt erledigte. Bereits das war ein großer Unterschied zu Deutschland, doch Sofias unterwürfiges Verhalten erinnerte mich sogar ein wenig an frühere Zeiten. Ob sie nur heute wegen mir mit allen am Tisch sitzen durfte?
Mama Tarimo wirkte nicht sonderlich reich, aber auch nicht arm. Sie war gut genährt und trug ein traditionelles *Kitenge*-Gewand und einen aus demselben Baumwollstoff kunstvoll um den Kopf gewickelten Turban. Sie schien zur zahlenmäßig eher kleinen Mittelschicht zu gehören, denn wie ich gelesen hatte, lebte ein Großteil der Bevölkerung Tansanias unter der Armutsgrenze, im Gegensatz zu den wenigen, die sich zu den Steinreichen zählen konnten. In Mama Tarimos Haus befanden sich zwar Fernseher, Kühlschrank und Waschmaschine, doch ansonsten gab es außer einem Sofa und den Stockbetten in den Schlafzimmern an Einrichtung nicht viel. Auch teilte sie mir mit, dass weder die Waschmaschine noch das

Auto, das im Hof stand, funktionierten, aber das sei schon seit Jahren so.
Von nun an würde ich mit Lulu ein acht Quadratmeter »großes« Zimmer teilen. Keine Privatsphäre zu haben, daran würde ich mich schon gewöhnen, schließlich wollte ich ja am afrikanischen Leben teilhaben. Da es in Tansania abends um sieben bereits stockdunkel war, gingen wir um neun Uhr schlafen. Noch konnte ich nicht ahnen, dass Lulu jede Nacht ihren Wecker auf Mitternacht stellen würde, um zwei Stunden für die Schule zu pauken. Um sechs in der Früh riss mich abermals der Wecker aus dem Schlaf: Lulu musste sich für die Schule herrichten.
Nach den ersten Nächten fragte ich Lulu schließlich, ob sie auf eine Prüfung lernen müsste, doch sie erklärte mir, dass der Unterricht in Tansania sehr schwierig sei und man deshalb viel »tuition«, Nachhilfe, brauche und Sonderstunden einlegen müsse. Und so war es dann auch. Buchstäblich jede Nacht knipste Lulu das Licht an, stand auf, lernte und legte sich wieder hin. Solch eine Disziplin war mir während meiner Schulzeit noch nie begegnet. Lulu war Tag und Nacht von ihren Schulaufgaben vereinnahmt, und so kam es, dass ich mehr und mehr den Kontakt zu Hausmädchen Sofia suchte, auch wenn wir nicht dieselbe Sprache sprachen.
Sofia legte ihre Schüchternheit schon nach wenigen Tagen ab. Mit Händen, Füßen und Grimassen machten wir häufig Scherze miteinander. Es dauerte nicht lange, da konnte ich mich in einfachen Sätzen mit ihr unterhalten, und dann fragte ich sie eines Tages, ob ich denn das Zimmer tauschen und zu ihr kommen könnte. Sofia zeigte sich sichtlich überrascht. Sie meinte, dass das ungewöhnlich sei, aber ich könne Mama Tarimo fragen.

Die strenge Hierarchie war mir gleich zu Beginn aufgefallen, aber für mich, die ich in Deutschland aufgewachsen war, gab es keinen Unterschied zwischen Sofia und mir, egal welchen Hintergrund oder welche Stellung wir im Leben hatten. Sofias Leben, das hart zu sein schien und wahrscheinlich schon immer von Entbehrungen geprägt gewesen war, interessierte mich. Sie war nur wenige Jahre jünger als ich. Woher sie wohl stammte? Wo war ihre Familie, und was wünschte sie sich für ihre Zukunft? Wie viel verdiente sie überhaupt, und wie lange würde sie bleiben? Ich hatte so viele Fragen, und doch erfuhr ich vieles erst durch das tägliche Beisammensein.
Mama Tarimo machte zwar auch ein überraschtes Gesicht, doch sie wollte meinem Wunsch nach einem Zimmerwechsel nicht im Wege stehen. Vom ersten Tag an war sie stets darum bemüht gewesen, dass ich mich wohl fühlte, dass ich gutes und abwechslungsreiches Essen bekam und dass ich mich wie zu Hause fühlen konnte. Und das war ihr eindeutig gelungen. Es überraschte mich selbst, wie schnell ich meine anfängliche Beklommenheit überwunden hatte und mich wie ein Mitglied der Familie fühlte.
Nun läutete der Wecker nicht mehr um Mitternacht, sondern täglich um drei Uhr in der Früh. Ich hätte am liebsten die Batterien herausgenommen, doch konnte ich froh sein, nach der kurzen Unterbrechung weiterschlafen zu dürfen. Sofia brauchte immer einige Minuten, bis sie den Ausschaltknopf betätigte, der sie zum Aufstehen zwang. Manchmal übermannte sie die Erschöpfung und Müdigkeit so sehr, dass sie bis zum nächsten Klingeln weiterschlief, auch wenn sie sich damit Ärger von Mama Tarimo einholte.
Ihr Tagesplan war straff angelegt. Bis um fünf Uhr in der Früh sollte sie bereits fünfzig *Chapatis,* tansanische Brotfladen,

und dreißig *Sambusas,* Teigtaschen mit Hackfleischfüllung, fertigmachen, die Mama Tarimo täglich in eine Schule zum Verkauf brachte. Danach musste sie für Lulu das Frühstück zubereiten, das Haus putzen und um sieben den kleinen Straßenkiosk vor dem Haus eröffnen, in dem sie den ganzen Tag Getränke, Zigaretten, Seifen und andere Artikel verkaufte und dessen ganzer Erlös an Mama Tarimo ging. Zwischendurch musste sie das Mittag- und Abendessen zubereiten, nach Ladenschluss Wäsche waschen und auch dann noch bis spät in die Nacht die Küche und das Bad putzen. Manchmal kam sie erst um elf zur Ruhe, so dass ihr nur noch vier Stunden zum Schlafen blieben, bevor der Wecker wieder klingelte. Ich bewunderte ihre Kraft und bedauerte gleichzeitig ihr schweres Los. Ich konnte ihr nicht viel helfen, denn tagsüber war ich bei Karibu Textile Mills, um mein Praktikum zu absolvieren. Nur meine Kleider wusch ich partout selbst in einem Eimer, auch wenn sie mich immer darum bat, dies für mich übernehmen zu dürfen.

Bereits drei Tage nach meiner Ankunft war ich am frühen Morgen zu Karibu Textile Mills im Stadtteil Mbagala aufgebrochen. Mama Tarimo hatte mir erklärt, welche Busse ich nehmen musste. Der erste sollte in Türkis lackiert sein und würde mich vom Stadtteil Kinondoni, wo ich wohnte, zum vier Kilometer entfernten Stadtzentrum bringen. Dort sollte ich am Postamt aussteigen und einen braun lackierten Bus nehmen, dessen Route direkt an der Fabrik vorbeiführen würde.
Es war gar nicht so schwierig, auch wenn ich ziemlich aufgeregt war. Das große Postamt in der Innenstadt, an dem sich etliche Kleinbusse drängten, war leicht zu erkennen. Der Ticketlöser des zweiten Busses war so nett gewesen, mir nach

einer halben Stunde Fahrt ein Zeichen zu geben, dass ich bei Karibu Textile Mills angekommen war.
Und da sah ich auch schon das knallgelbe Schild mit dem Namen der Fabrik. Am breiten zweiflügeligen Tor stand ein Wächter, der mich freundlich begrüßte und mir das Registerbuch reichte, in das ich mich eintragen musste. Dann rief er einen jungen Arbeiter herbei, der mich direkt zu Mr. Ally in den ersten Stock des Bürogebäudes brachte.
Mr. Ally schüttelte mir herzlich die Hand. »Please sit down, Nicky«, forderte er mich auf und wies auf das Sofa in seinem Büro. Ich bemühte mich, ein paar Worte zur Begrüßung auf Suaheli zu sagen, die mir Sofia am Vortag noch beigebracht hatte, doch Mr. Ally lächelte und meinte, er komme aus Pakistan und verstehe nur sehr wenig Suaheli. Er erklärte mir, dass fast alle Büroangestellten aus Pakistan stammten, in den Fabrikhallen hingegen seien viele Afrikaner beschäftigt.
Mr. Ally war mir gleich sympathisch. Er war ein sehr gemütlicher, freundlicher und angenehmer General Manager, und als er mich fragte, was ich gerne während meines Praktikums tun würde, holte ich ein Buch über Webdesign aus meiner Tasche. Ich hatte zwar bis vor zwei, drei Wochen noch keine Ahnung davon gehabt, wie man eine Homepage macht, doch genau das wollte ich Mr. Ally anbieten. Der Firma fehlte eine eigene Internetpräsenz, und ich würde mich mit meinem Buch für Anfänger, das versprach, auch ohne HTML-Kenntnisse Webseiten gestalten zu können, darum kümmern.
Mr. Ally war hocherfreut und versprach mir seine Unterstützung, besonders was die Inhalte der Seiten betraf. Nach einer Tasse Milchtee führte er mich in die Fabrikhalle, um mir Mr. Kakwamba im Chemielabor vorzustellen, der mein Ansprechpartner und Betreuer werden sollte.

Als ich die Halle betrat, blieb mir fast die Luft weg. Draußen war es bereits heiß gewesen, doch hier drinnen war es wie in einem Backofen. Die dicke Luft roch nach Chemikalien, und der Boden gab bei jedem Schritt nach, da er aus alten Korkmatten bestand. Auf dröhnenden Maschinen wurden Baumwolltücher auf großen Rollen gebleicht, gefärbt und veredelt. Der schlimme Allgemeinzustand der Produktionsstätte ließ mich spontan auflachen, doch bei dem Höllenlärm bekam das wohl kaum einer mit.

An Einfallsreichtum mangelte es hier jedoch nicht, denn Mr. Kakwambas Büro bestand tatsächlich aus einem Frachtcontainer, den wir über ein Treppengerüst eine Etage höher erreichen konnten. Und zu meiner Überraschung war der Container sogar klimatisiert, was wohl aufgrund der Chemikalien, die dort in den Regalen lagerten, unabdingbar war. Auch der Lärm der Maschinen war nun gedämpft, so dass man sich in Ruhe unterhalten konnte.

Mr. Kakwamba trug einen weißen Kittel und hatte eine Brille auf. Er sprach recht annehmbar englisch und bot unverzüglich an, seinen Computer für meine Arbeit zur Verfügung zu stellen. Die tansanische Gastfreundschaft und Ungezwungenheit begegnete mir hier erneut und ließ mich wieder einmal meine anfängliche Beklommenheit im Nu überwinden.

Mr. Kakwamba und ich wurden innerhalb kürzester Zeit ein gutes Team. Der Tag begann grundsätzlich mit einer heißen Tasse *Chai,* im Anschluss daran studierte ich mein Webdesign-Buch, während er die Daten von Chemikalien und Chemieprozessen in den Computer eintippte. Gegen Mittag überließ er mir dann den Computer, so dass ich mit dem installierten Webdesign-Programm mein theoretisches Wissen anwenden und Schritt für Schritt die Homepage aufbauen konnte. Zwischendurch fanden wir immer auch Zeit, um über Tansania, die Menschen und die Kultur zu plaudern, und ich fühlte mich unheimlich wohl.

Ich genoss meine Zeit in Tansania. Sowohl die Erfahrungen mit den Kollegen in der Fabrik als auch in meinem neuen Zuhause bei Mama Tarimo waren etwas ganz Besonderes für mich. Und da ich überall so freundlich aufgenommen wurde, spürte ich, wie mich dieses Land mehr und mehr in seinen Bann zog. Ich sprühte nur so vor Lebenslust und schrieb meinen Eltern und Freunden von all den wunderbaren Dingen, die ich hier mitten in Afrika erlebte.

Doch die dritte Woche hielt eine böse Überraschung für mich parat. Eines Nachmittags wollte ich nach der Arbeit in die Innenstadt fahren, um meine ersten Fotos entwickeln zu lassen. Meine Ortsunkundigkeit und Unerfahrenheit gegenüber den Jungen, die mir immer wieder in der Stadt hinterherliefen, um mich in ein Gespräch zu verwickeln, ließen mich Opfer eines Verbrechens werden. Ein junger Bursche war besonders hartnäckig, mehrmals sprach er mich auf der Straße an. Da ich es als unhöflich empfand, ihn einfach zu ignorieren, ließ ich ihn schließlich wissen, dass ich auf der Suche nach einem Fotogeschäft war.

»*Hakuna matata,* no problem, I will show you the way«, sagte er in einem Englisch, das er sich wohl speziell für die Touristen angeeignet hatte. Ich beschloss, mit ihm mitzukommen. Vor dem Steers, einem bei Europäern beliebten Fastfood-Restaurant, bat er mich, unter dem Vorwand, auf die Toilette zu müssen, einen Moment hier zu warten. Doch obwohl das Restaurant kaum besucht war, dauerte es ungewöhnlich lange. Langsam wurde ich unruhig, der Kerl verschwendete nur meine Zeit. Doch da trat er wieder heraus und versprach, dass wir nun gleich das Fotogeschäft erreichen würden. Nach ein paar hundert Metern wuchs meine Unruhe, denn ich hatte das Gefühl, dass wir uns immer weiter vom Stadtzentrum entfernten. Und gerade als ich diese nicht enden wollende Führung durch die Stadt abbrechen wollte, blieb er urplötzlich stehen, zündete sich einen Joint an und begann mitten auf dem Gehweg zu rauchen.

»What are you doing!«, schnaubte ich ihn aufgebracht an und teilte ihm entschieden mit, dass ich jetzt wieder zurückgehen und alleine zurechtkommen würde. Doch genau in diesem Moment hielt ein weißer Personenwagen mit quietschenden Reifen neben uns. Vier Männer in Polizeiuniform sprangen heraus. Ich wusste gar nicht, wie mir geschah, und bekam nur mit, dass ich wegen illegalen Rauchens von Marihuana festgenommen werden sollte. Empört widersprach ich, um das Missverständnis aufzuklären. Doch die Polizisten wurden dadurch nur lauter, bäumten sich vor mir auf und bugsierten mich zielstrebig zum Auto.

»Where are your identification cards?«, fragte ich noch, doch ich hatte keine Chance gegen sie.

Auch mein zwielichtiger Stadtführer stieg mit ein, anscheinend freiwillig, und das, obwohl er es doch gewesen war, der das Gesetz gebrochen hatte. Als wir davonbrausten, kamen die »Polizisten« auch schnell zur Sache. Wie viel Geld ich bei mir habe, wollten sie wissen. Wenn ich nicht bezahlen würde, würden sie mich zur Polizeiwache fahren, und dann käme ich ins Gefängnis, drohten sie mir.

Nun dämmerte es mir, dass das alles ein abgemachtes Spiel sein musste. Während der Kerl angeblich auf der Toilette gewesen war, hatte er seine falschen Polizisten angerufen, um

mir ahnungsloser Touristin das Geld aus der Tasche zu ziehen. Zum Glück blieb ich standhaft und bot ihnen die viertausend Tansanische Schillinge an, die ich bei mir hatte – umgerechnet etwa drei Euro. Nachdem sie mit mir ein paar planlose Runden in der Innenstadt gedreht hatten und es offensichtlich war, dass ich nicht mit mehr Geld herausrücken würde, hielten sie schließlich an, um mich zu entlassen.
Als ich ihnen die Scheine gab, löste sich mit einem mal meine Anspannung auf, und ich konnte meine Tränen nicht mehr zurückhalten. »Ich bin Studentin und bin hier nach Tansania gekommen, um Kindern zu helfen. Und ihr habt nichts Besseres zu tun, als Menschen auszurauben«, schluchzte ich. »Los, sagt schon, warum macht ihr das?«, fragte ich provozierend in die Runde der Möchtegernpolizisten, die nun tatsächlich betreten zu Boden blickten. Auf einmal riss der Marihuana-Kerl die Türe auf, wischte sich über seine Augen und rannte davon. Auch mich hielt nichts mehr in dem Auto. Ohne eine Antwort abzuwarten, knallte ich die Türe zu und lief zum Imalaseko-Supermarkt, um mich zu beruhigen.
Als ich den Vorfall am Abend Mama Tarimo erzählte und Sofia mitfühlend über meine Hand strich, konnte ich schon wieder lachen. Letztlich war ich sogar ein wenig froh, dass mir das passiert war, denn nun war ich für die Zukunft gewappnet und würde das nächste Mal besser aufpassen.

Aber dieses Ereignis war nicht das einzige, das meinen Aufenthalt in Tansania gründlich durcheinanderwirbelte. Nur wenige Tage später saß ich an meinem Homepage-Projekt im Bürocontainer, als plötzlich ein Arbeiter zu uns hereinstürmte. Er berichtete Mr. Kakwamba auf Suaheli von einer Frau, die vor dem Fabriktor um Hilfe bat. Mr. Kakwamba übersetz-

te sogleich und schlug vor, ich solle mit ihm hinuntergehen und der Frau helfen.
Ich war unsicher, schließlich wusste ich nicht, was nun von mir erwartet wurde. Noch kannte ich die Probleme im Land nicht, geschweige denn die Sprache. Woher sollte ich wissen, welche Hilfe gebraucht wurde oder was der Frau fehlte? Konnten die Landsleute der Frau im Zweifel nicht besser helfen als eine Europäerin, die mit den Gegebenheiten nicht vertraut war?
Ich wischte meine Gedanken beiseite. War ich nicht nach Tansania gekommen, um etwas Neues zu erleben? Um Land und Leute kennenzulernen? Also ging ich mit Mr. Kakwamba hinunter, wo die Frau auf einer Holzbank neben dem Torwächter saß. Auf ihren Rücken war mit Hilfe eines großen Tuchs ein Kind gebunden, doch beim Näherkommen merkte ich, dass das Kind etwa acht oder neun und damit viel zu alt war, um noch getragen zu werden. Es reagierte nicht, als Mr. Kakwamba begann, mit der Mutter zu sprechen, und dabei den Kopf des Kindes ein wenig anhob. Das Mädchen schien bewusstlos zu sein. Der Mund war halb geöffnet, die Augen zu.
Die Verzweiflung stand der Mutter ins Gesicht geschrieben, dazu brauchte ich keine Sprachkenntnisse. Sie schien abgeschlafft und müde zu sein. Vermutlich war sie bei der Suche nach Hilfe für ihr Kind weite Wege gegangen, immer mit dem schweren Bündel auf dem Rücken.
In einem Wortschwall berichtete sie Mr. Kakwamba, wie viele Menschen, Firmen und Geschäfte sie schon um Hilfe gebeten hatte, doch meistens hatte man sie nur abgewiesen. Im Krankenhaus war ihr gesagt worden, sie solle erst in einem halben Jahr wiederkommen. Sogar an eine Zeitung in Dar es Salaam

hatte sie sich gewandt, doch auch nach dem Erscheinen eines Artikels mit einem Bild ihrer kranken Jalia hatte sich niemand gerührt.

Weiter erfuhr ich von Mr. Kakwamba, dass Jalia schon seit zwei Jahren kein Wort gesprochen hatte. Die Krankheit hatte mit starken Kopfschmerzen und epileptischen Anfällen begonnen, später wurde sie immer schwächer, bis sie irgendwann gar nicht mehr ansprechbar war. Ich fragte Mr. Kakwamba, wo sie denn wohnen würden, und hörte immerzu das Wort »Kiburugua«.

Schließlich versprachen wir der Frau, sie am nächsten Tag zu Hause zu besuchen, um noch mehr Details über Jalias Krankheit zu erfahren, und verabschiedeten uns bedrückt.

Die kleine Jalia ging mir von dem Augenblick an nicht mehr aus dem Kopf, und den ganzen Tag überlegte ich bereits fieberhaft, was ich für sie tun könnte.

Am nächsten Tag nahm ich nach der Arbeit mit Mr. Kakwamba einen Bus nach Kiburugua, einem Viertel, das sich am Stadtrand von Dar es Salaam befand, wo wir in unerträglicher Hitze ein Stück zu Fuß auf einer staubigen Piste gehen mussten, ehe wir bei Jalia und ihrer Mutter eintrafen. Es wunderte mich, woher Mr. Kakwamba den Weg wusste, doch dann erfuhr ich, dass auch sein Zuhause ganz in der Nähe war.

Als wir vor einem brüchigen Ziegelsteinhaus mit rostigem Wellblechdach standen, rief Mr. Kakwamba *»Hodi, Mama Jalia«* hinein, anstatt anzuklopfen, und dann hörten wir ein *»Karibu!«* von drinnen. Mama Jalias Gesicht hellte sich auf, als sie uns sah. Sie bat uns mit weiteren Willkommensgrüßen herein und führte uns durch einen dunklen Flur zum hintersten Zimmer, das nur durch einen löchrigen Vorhang vom Flur abgetrennt war.

Sie setzte sich mit Jalia im Arm auf eine Strohmatte und bat uns, auf zwei Hockern Platz zu nehmen. Was ich in der winzigen Kammer sah, bedrückte mich zutiefst. Noch nie hatte ich jemanden in solch ärmlichen Verhältnissen leben sehen. Als mir Mr. Kakwamba übersetzte, dass dieses Zimmer von den anderen Hausbewohnern als Kochstelle genutzt werde und Mama Jalia nur notgedrungen akzeptiert wurde, bis sie etwas anderes finden würde, war ich sprachlos. Es waren umgerechnet nur drei Euro Monatsmiete gewesen, die sie nicht bezahlen hatte können, und so hatte der Vermieter sie vor ein paar Wochen mit ihrem kranken Kind vertrieben.
Drei Euro Monatsmiete! Ich stellte mir vor, wie schnell ich in Deutschland drei Euro für etwas Überflüssiges ausgab, ohne zu wissen, dass dieser Betrag in einem anderen Land ein Dach über dem Kopf bedeuten konnte.
Jalia war in einen *Khanga* gewickelt, sie schien nichts anderes zu besitzen. Das ganze Hab und Gut der beiden passte in einen einzigen Karton, der neben dem Bett auf dem nackten Zementboden stand. Vielleicht gehörte ihr wenigstens das Bett, oder durfte sie das auch nur vorübergehend benutzen? Die Hitze in der winzigen Kammer war kaum auszuhalten. Einige Lichtstrahlen bahnten sich ihren Weg durch das löchrige Wellblechdach. Drei mit Asche bedeckte Holzkohlekocher standen im Raum, die wohl von den anderen Hausbewohnern benutzt wurden. Kohlereste und Reiskörner lagen auf dem Boden verstreut, und es war offensichtlich, dass sich hier nur Ratten und Mäuse wohl fühlen konnten.
Mr. Kakwamba wollte mehr über die Hintergründe erfahren, die Mutter und Kind in solch eine Lage gebracht hatten, und Mama Jalia erzählte bereitwillig. Ihr Mann habe sie sitzenlassen, als Jalia krank geworden war. Es war ihre zweite Ehe

gewesen, und sie hatte bereits sieben Kinder zur Welt gebracht, von denen ihr nur zwei blieben. Zwei waren bei der Geburt gestorben, eines verstarb plötzlich an hohem Fieber, ein anderes war bei einem Unfall ums Leben gekommen, und dann gab es noch einen Jungen, der ähnliche Symptome wie Jalia hatte. Ihr damaliger Mann hatte sich daraufhin einfach eine andere Frau genommen, bei der er kein krankes Kind zu pflegen hatte.

Das war also die Realität einer mittellosen Frau in einem Entwicklungsland, mit Problemen, die ich mir nicht annähernd hatte vorstellen können. Zum ersten Mal in meinem Leben bekam der Begriff »Armut« ein Gesicht. Ich ärgerte mich, dass ich immer auf die Übersetzung von Mr. Kakwamba angewiesen war. So gerne würde ich jeden Satz von Mama Jalia verstehen können, um mehr über ihr Leben erfahren zu können.

Es war offensichtlich, dass Jalia im Koma lag. Wenn ihre Mutter ihr ein Stück Maisbrei in den Mund schob, blieb es dort liegen, bis sie aus Reflex schluckte. Es gab keinerlei Mittel oder Vorrichtungen, die es Mama Jalia erleichterten, ihr Kind in diesem Zustand ausreichend zu versorgen und zu ernähren. Auch wusste sie nicht, was Jalia eigentlich fehlte, und so hatte ich es jetzt sehr eilig, mit beiden auf dem schnellsten Weg in ein Krankenhaus zu gehen. Mr. Kakwamba wandte ein, dass wir bis morgen warten sollten, denn die Warteschlangen in Krankenhäusern seien so lang, dass wir heute gewiss nicht mehr drankommen würden.

Da wir am nächsten Tag, einem Samstag, nur bis mittags arbeiten mussten, fanden wir uns um zwei Uhr am Haupteingang des Muhimbili National Hospital ein. Das Krankenhaus war nicht weit vom Stadtzentrum entfernt und demnach gut

mit dem Bus erreichbar. Mama Jalia war gemeinsam mit Mr. Kakwamba aus Mbagala gekommen und trug Jalia auf ihrem Rücken.
Es dauerte über eine Stunde, bis Jalia aufgenommen wurde, und weitere zwei Stunden, bis sie eines von vierzig Eisenbetten mit abgewetzter Schaumstoffmatratze zugeteilt bekam, die in Reih und Glied in dem überfüllten Krankensaal standen. An Ruhe und Ordnung war hier nicht zu denken. Familien besuchten ihre kranken Angehörigen, breiteten sich zwischen den Betten auf Matten aus und versuchten meist vergeblich, von den vorbeihuschenden Krankenschwestern etwas über den Zustand ihrer Lieben zu erfahren. Die Toiletten konnte man ohne sich die Nase zuzuhalten gar nicht betreten. Ob es in allen Krankenhäusern in Tansania so zuging? Ich war neu im Land, hatte keinerlei Erfahrung und war vollkommen auf Mr. Kakwamba angewiesen. Er meinte, die Ärzte würden ein paar Untersuchungen machen, um eine genaue Diagnose stellen zu können. Das könne ein paar Tage dauern, und so lange würde Mama Jalia neben ihr auf dem Boden schlafen müssen. Die Patienten wurden vom Krankenhaus weder mit Essen noch mit Trinken versorgt, doch Mama Jalia meinte, sie habe eine Freundin, die ihr täglich Essen bringen könnte.
Über Mr. Kakwamba versprach ich ihr, dass auch ich sie jeden Tag besuchen käme, auch wenn wir uns noch nicht verständigen konnten.

Am nächsten Morgen machten sich Mama Tarimo, Lulu und Sofia wie jeden Sonntag für die Kirche fertig. Einmal war ich bereits mit ihnen gegangen und war positiv überrascht worden von der Messe, die in einem nüchtern möblierten Raum

stattfand. Durch den frohen Gesang und die sich rhythmisch zur Musik bewegenden Gläubigen war schnell ein wohliges Gemeinschaftsgefühl entstanden, das ich in den oft majestätisch erscheinenden Kirchen, auf den kühlen Bänken und in den monotonen Predigten in Deutschland nie erfahren hatte. Die unnötigen Golddekorationen und die überbordende Darstellung göttlicher Pracht waren nur ein Grund gewesen, warum ich mich mit achtzehn dazu entschieden hatte, aus der Kirche auszutreten. Hier in Tansania hatte ich nun einen weiteren Beweis: Anstatt sonntags in einer Kirche zu sitzen und das zu glauben, was man mir vorsagte, konnte ich mich nun aktiv für einen Menschen einsetzen, dem es schlechtging.
Also kam ich diesmal nicht mit zur Messe, sondern fuhr gleich um zehn Uhr zum Krankenhaus. Dort angekommen, stellte ich erleichtert fest, dass man Jalia nun wenigstens an den Tropf gehängt hatte. Für Mama Jalia hatte ich zwei Flaschen Mangosaft und ein paar *Sambusas* mitgebracht, über die sie sich gleich dankbar hermachte.
Als sie fertig gegessen hatte, versuchte ich mich in meinen ersten Sätzen auf Suaheli: *»Umeonana na daktari?,* hast du den Arzt schon getroffen?«, fragte ich, doch ihrem Kopfschütteln nach schienen noch keine Untersuchungen gemacht worden zu sein. *»Jalia hajambo?«,* stellte ich meine nächste Frage, auch wenn ich selbst sah, dass es Jalia unverändert ging.
Bei meinen Besuchen ohne Mr. Kakwamba fühlte ich mich ziemlich unbeholfen, doch im Laufe der Woche fanden wir immer wieder ein paar Worte und Sätze, um uns zu verständigen. Mein Praktikum war vollkommen zur Nebensache geworden. Zwar ging ich morgens wie immer in die Fabrik, doch nach wenigen Stunden machte ich mich wieder auf den Weg ins Krankenhaus. Langsam bekam ich jedoch ein

schlechtes Gewissen. Was würde der General Manager wohl sagen, wenn er herausfand, dass ich nur noch vormittags anwesend war? So beschloss ich, Mr. Ally von Jalia zu erzählen, und suchte ihn in seinem Büro auf.

Mister Ally saß mit gefalteten Händen hinter seinem Schreibtisch und schaute mich ernst an. Doch als ich begann, ihm zerknirscht meine Fehlstunden zu beichten, brach er plötzlich in schallendes Gelächter aus. Verdutzt schaute ich ihn an, und dann meinte er doch glatt, dass er es war, der letzte Woche den Arbeiter zu mir geschickt hatte, damit ich mich um die Frau mit ihrem Kind kümmern konnte. Er habe schon gehört, dass seine Rechnung aufgegangen sei, und er finde es wunderbar, wie ich mich für Jalia einsetzte.

Ich war immer noch baff, doch nun stimmte ich in Mr. Allys Lachen ein. Ich hatte mich also nicht in ihm getäuscht, er war ein Mensch mit Herz, und er begrüßte es sogar, dass ich meinen wahren Interessen nachging, auch wenn ich damit das Praktikum vernachlässigte. »Du kannst auch in Zukunft gerne früher Schluss machen. Hauptsache, der kleinen Jalia geht es bald wieder besser«, gab er mir noch mit, als ich mich erleichtert von ihm verabschiedete.

Und dann, eine Woche später, erfuhren wir von einem Arzt die niederschmetternde Diagnose: Ein Kraniopharyngom, ein Gehirntumor, war es, der Jalias Leiden verursachte. Ich war wie vor den Kopf gestoßen. Konnte es hier in Tansania wirklich noch Rettung für die kleine Jalia geben, wenn selbst in Deutschland die Behandlung eines solchen Tumors zu einer der schwierigsten gehörte?

Mama Jalia schien nicht zu verstehen, wie dramatisch es um ihr Kind stand. Wahrscheinlich glaubte sie, dass man Jalia nun, nachdem man wusste, was ihr fehlte, helfen würde. Auch ich hatte noch diese Hoffnung, und so suchte ich am Abend sofort ein Internetcafé auf, um mehr über diese Krankheit zu erfahren. Ich war zwar kein Arzt, aber ich musste mich mit Fragen rüsten, die ich den Ärzten stellen würde, um auch die kleinste Chance auf Heilung auszunutzen. Laut den Informationen, die ich im Internet fand, war es nicht aussichtslos, den Tumor zu entfernen, doch die Risiken und Komplikationen waren erheblich. Dennoch: Wir mussten es zumindest versuchen.

In der nächsten Woche setzten die Ärzte Jalia operativ einen Shunt, einen künstlichen Ablauf fürs Gehirnwasser, ein. Durch den Tumor hatte sich das Wasser im Kopf angestaut, wodurch die gewaltigen Kopfschmerzen und die Bewusstlosigkeit ausgelöst worden waren. Nun konnte das Gehirnwasser langsam durch einen Schlauch in die Bauchhöhle abfließen.

Was wir wenige Tage nach der Operation erlebten, kam für uns einem Wunder gleich. Es begann damit, dass Jalia ihre Augen bewegte und ab und zu Stimmgeräusche von sich gab. Dann brachte ich ihr eines Tages ein kleines Radio mit, und als ich die Musik anmachte, begann Jalia laut zu kreischen und zu lachen und hob dabei ihre Hände vor Freude in die Höhe.

Noch war sie in ihren Reaktionen stark behindert, doch es sollte langsam besser werden. In der dritten Woche nach dem Eingriff war Jalia wieder ansprechbar und konnte ganze Sätze formulieren. So erfuhr ihre Mutter, dass Jalia nichts sehen konnte. Der Arzt erklärte uns, die Erblindung rühre daher, dass der Tumor auf den Sehnerv drückte. Doch das konnte Jalias Freude nicht stoppen, und auch Mama Jalias Augen glänzten wieder. Nach zwei Jahren, in denen ihr geliebtes Kind im Koma gewesen war, konnte sie nun wieder mit ihm kommunizieren.

Das motivierte mich noch mehr, möglichst schnell Suaheli zu lernen, damit auch ich bald schon Jalias Sätze verstehen konnte. Ich wollte meine wertvolle Zeit nicht mit einem Kurs vertrödeln, sondern möglichst schnell einfache Alltagssätze beherrschen. So trug ich mein kleines Wörterbuch stets mit mir herum, und nach jedem Gespräch, das sich oft ungezwungen in einem Laden, im Bus oder auf der Straße ergab, notierte ich mir die neugehörten Worte, um sie ja nicht wieder zu vergessen. Diese Methode scheint auf den ersten Blick recht banal, aber sie hat sich für mich als die beste und effektivste erwiesen.

Die Freude, dass Jalia wieder zum Leben erwacht war, verdrängte für eine Weile die Sorgen wegen des Tumors. Erst einmal durfte Jalia nach Hause, damit sie für die bevorstehende Operation zu Kräften kommen konnte. Sie konnte immer noch nicht laufen, da ihre Bänder in den Kniekehlen durch die lange Zeit in Bewusstlosigkeit stark verkürzt waren. So band Mama Jalia ihr Kind also wieder mit einem *Khanga* auf den Rücken, und ich begleitete sie zur Bushaltestelle.

Trällernde Musik aus einem Kiosk erfüllte den Platz vor dem Krankenhaus, Jalia wippte fröhlich auf dem Rücken ihrer Mutter im Rhythmus mit und lachte das schönste Lachen, das ein Kind haben kann. Dabei streckte sie ihre Arme von sich und blickte zum Himmel empor, wie um damit die Herrlichkeit des Lebens zu feiern.

Jalias Fortschritte gaben unserem Leben einen ganz besonderen Glanz. Täglich besuchte ich sie und ihre Mutter in ihrem neuen Zuhause, das Mr. Kakwamba in der Nachbarschaft für sie gefunden hatte. Hier konnten sie die Tür hinter sich zumachen und hatten ein Zimmer ganz für sich allein, ohne es mit anderen Bewohnern teilen zu müssen.

Einmal brachte ich Jalia ein weißes Sommerkleidchen mit Blüten darauf mit. Es hatte nur einen Euro gekostet, doch als wir es Jalia überzogen, strahlte sie von einem Ohr zum anderen. Sie konnte die Blüten zwar nicht sehen, aber ihre große Freude zeigte uns, dass sie sich in diesem Moment wie das schönste Mädchen weit und breit fühlte. Und das war sie auch.
Jalia wurde mehr und mehr zu einem Engel. Sie sagte Sätze zu mir, die ich nicht einmal von einem Erwachsenen erwartet hätte: *»Wema uliyonitendea sitasahau maisha yangu!«* – »Das Gute, dass du für mich getan hast, werde ich mein Leben lang nicht vergessen.«
Sie gab mir den Namen »Dada Nicky«, ihre »Schwester Nicky«, den ich fortan immer verwendete, wenn mich jemand in Tansania fragte, wie ich heiße. Meine Begegnung mit Jalia war das Wundervollste, was mir in meinem Leben passiert war. Sie, meine Gastfamilie in Kinondoni und die Freunde, die ich inzwischen in Dar es Salaam gefunden hatte, gaben mir nicht nur das Gefühl, in Afrika angekommen zu sein. Es war viel mehr: Immer dringender verspürte ich den Wunsch, mein Leben zukünftig mit Menschen in einem armen Land verbringen zu können.
Es gefiel mir, wie unkompliziert man miteinander in Kontakt kam, mit wie wenig Mitteln man hier ein ganzes Leben verändern konnte und wie freundlich man überall aufgenommen wurde. Auch das Klima und die Landschaft waren so, wie man es sich als Deutscher eigentlich für seinen Urlaub wünschte. Tagestemperaturen von um die 30 Grad, nahezu das ganze Jahr über Sonnenschein und die Lage an der Küste des Indischen Ozeans machen Dar es Salaam zu einem Traumziel. An den Wochenenden ging ich mit meinen Freunden meist zu einem der wundervollen Strände der Stadt. Wir schossen viele

Fotos, lagen im weichen Sand und erzählten uns Geschichten aus dem Leben. Meine Zeit hier hätte nicht farbenfroher sein können, wäre da nicht der dunkle Schatten von Jalias Gehirntumor gewesen, der immer noch auf uns fiel.

Jalia hatte zwei überglückliche Monate zu Hause verbracht. Zwar war ihr wiedergewonnenes Lachen ungetrübt, doch anstatt zuzunehmen, nahm sie weiter ab. Leider konnte ich Jalia und ihrer Mutter bei der Operation nicht zur Seite stehen, denn sie fand genau in dem Zeitraum statt, in dem ich Tansania verlassen musste, da mein Dreimonatsvisum abgelaufen war. Ich hatte einen Trip nach Uganda geplant, um dort ein paar Tage zu verbringen und an der Grenze ein neues Touristenvisum beantragen zu können. Eine Woche später würde ich wieder in Dar es Salaam sein.

Ich konnte nicht ahnen, dass Mama Jalia ohne die Begleitung einer Europäerin im Krankenhaus kaum Respekt entgegengebracht werden würde, und auch dem Neurochirurgen hatte ich vertraut, als ich ihn gebeten hatte, mich rechtzeitig zu informieren, falls es Probleme geben sollte.

Ich war sehr aufgeregt, wie wohl die Operation verlaufen war, als ich endlich auf dem Rückweg von Uganda über Mr. Kakwambas Telefon mit Mama Jalia sprechen konnte. Doch sie meinte nur, die Operation sei verschoben worden, weil es keine Blutkonserven gebe. Noch mehr ärgerte ich mich, als ich vor Ort schließlich vom Neurochirurgen erfuhr, welche Blutgruppe Jalia hatte. Sie hatte dieselbe wie ich! Wäre ich nur dort gewesen, dann hätten sie die wichtige Operation nicht verschieben müssen. Nun würden sie erst wieder im nächsten Jahr operieren können, da der Terminplan bis nach Weihnachten voll war.

Wieder wurde Jalia nach Hause entlassen. Ich fühlte mich

machtlos, doch was blieb uns anderes übrig, als zu warten? Ich hoffte, dass sie in dieser Zeit wenigstens mehr zu Kräften kommen konnte.

Doch dann, wenige Tage später, veränderte sich ihr Zustand schlagartig. An dem verhängnisvollen Nachmittag hing Jalia schläfrig auf einer Matte im Vorhof des Hauses herum. Ich dachte mir nicht viel dabei, und selbst als wir Jalia fragten, meinte sie nur, sie sei sehr müde. Aber am nächsten Tag berichtete mir ihre Mutter, dass Jalia seither nicht mehr aufgewacht war. Nun bekam ich Angst, und auch Mama Jalia war völlig aufgelöst. Was war nur los?

Dieses Mal nahmen wir nicht den Bus ins Krankenhaus, sondern winkten aufgeregt ein Taxi herbei, um ja keine Zeit zu verlieren. Vielleicht war wieder ein Druck in ihrem Kopf entstanden? Aber warum nur, sie hatte doch immer noch den Shunt, der die angestaute Flüssigkeit ableitete?

Als wir endlich im Krankenhaus ankamen, merkte ich schon, dass es dort an diesem Tag ungewöhnlich ruhig zuging. Und dann erklärte mir Mama Jalia auch, warum: Heute war *Id al-fitr,* ein wichtiger Feiertag im Lande, das Ende des Ramadan, des Fastenmonats. Ob der richtige Arzt heute überhaupt im Krankenhaus war?

»Entschuldigung, Sister, wo kann ich Dr. Sam finden?«, fragte ich eine Krankenschwester, die in Zeitlupe aufblickte, sich dann wieder ihrer Lektüre zuwandte und desinteressiert meinte, ich solle nach dem Wochenende wiederkommen, heute sei kein Arzt zu sprechen.

»Es gibt einen Notfall, ein kleines Mädchen ist bewusstlos, wir brauchen dringend Hilfe«, sagte ich nun etwas energischer.

Nun erhob sich die Krankenschwester aus ihrem Stuhl, baute sich vor mir auf und sagte scharf: »Es gibt viele Kinder, die krank sind, aber das ist nicht meine Schuld. Ich habe dir schon gesagt, dass heute kein Arzt zu sprechen ist!«

Irritiert durch ihr Auftreten, bat ich sie innigst, mir wenigstens die Telefonnummer von Dr. Sam zu geben. Doch sie behauptete, sie nicht zu haben. Hier kamen wir nicht weiter. Ich schlug Mama Jalia vor, sich mit ihrem Kind auf eine Bank zu setzen, während ich versuchen würde, im Krankenhaus einen anderen Arzt zu finden. Aber es war aussichtslos. Zwei Ärzte, die ich fand, hatten beide keine Zeit für uns. Eine nette Schwester gab mir jedoch den Tipp, ich solle es in einem privaten Krankenhaus im Stadtteil Msasani versuchen. Vielleicht könne man uns dort weiterhelfen. Es war ein Wettlauf mit der Zeit. Sie hatte recht, wir mussten es in Msasani probieren, hier im Muhimbili Hospital würde uns niemand helfen.

Eine halbe Stunde später trafen wir in dem anderen Krankenhaus ein. Es war in einem gepflegten Zustand, und obwohl auch hier ein Großteil des Personals aufgrund des Feiertages abwesend war, erkannte man Jalias kritische Lage sofort. Zwei Chirurgen wurden zu Hause angerufen, und eine halbe Stunde später trafen sie ein, um bei Jalia eine Notoperation vorzunehmen. Der Arzt meinte, dass man im Muhimbili die erste Operation verpfuscht habe. Der dünne Schlauch des Shunts habe eine Entzündung verursacht, und nun war er blockiert.

Immer noch hatten Mama Jalia und ich die Hoffnung, dass Jalia mit einem neuen Shunt wieder zu Bewusstsein kommen würde. Doch obwohl die zweistündige Operation laut der Ärzte gut verlaufen war, verstrichen die folgenden Tage, ohne dass Jalia aufwachte. Zwar hatte sie mittlerweile die Augen geöffnet, doch sie konnte nicht auf ihr Umfeld reagieren. Die Ärzte wussten auch nicht weiter und meinten nur, wir sollten Geduld haben.

Doch wie lange sollten wir noch warten? In der vierten Wo-

che, in der Jalia immer noch mit hohem Fieber im Wachkoma lag und die Ärzte keinen Rat wussten, verlor ich langsam den Glauben daran, dass uns hier noch geholfen werden konnte. Mir lag alles daran, das Leben der kleinen Jalia zu retten und ihrer Mutter eine fröhliche Tochter zurückzugeben. In den letzten Monaten hatte ich Jalia so liebgewonnen, dass es unerträglich war, nichts für sie tun zu können.
In meiner Firma gaben mir meine pakistanischen Kollegen den Tipp, mit Jalia nach Indien in eine Spezialklinik zu fliegen. Trotz der Armut hätte Indien einige der besten Krankenhäuser weit und breit.
Indien – wie um alles in der Welt sollte ich mich dort zurechtfinden? Noch nie hatte ich mich mit Indien befasst, und so kam mir dieses Land viel zu fremd vor, um mich dort mit einer Mutter und ihrem schwerkranken Kind durchzukämpfen. Und sollte ich wirklich auf die Pakistaner in meiner Firma hören, wo mir doch kürzlich einer von ihnen zugeflüstert hatte, sein Kollege Imran habe sich in mich verguckt und wolle mich nun nach Pakistan mitnehmen, um mich dort zu heiraten? Der Unterschied unserer Lebensauffassungen könnte kaum größer sein. Nein, für Indien war ich noch nicht bereit. Aber in Afrika fühlte ich mich bereits wie zu Hause.
Als mir schließlich einer der Ärzte das Milpark Hospital in Südafrika empfahl, wo ein ihm bekannter deutscher Neurochirurg arbeitete, begann ich zu planen. Das war unsere letzte Chance. Auch Mama Jalia war zu allem bereit, was auch nur die geringste Hoffnung machte. Auch sie wusste, dass Südafrika viel weiter entwickelt war als Tansania, wo wir langsam nicht mehr wussten, welchem Arzt wir noch vertrauen sollten.
Nun standen wir vor einigen nur schwer zu bewältigenden Problemen. Jalia und ihre Mutter besaßen weder einen Reise-

pass noch sonst irgendeinen Identifikationsausweis. Auch war es nicht einfach für Tansanier, ein Visum für Südafrika zu bekommen. Und Weihnachten stand ebenfalls kurz bevor. Ich fand nur einen einzigen Flug nach Johannesburg, in dem noch drei Plätze frei waren, und zwar am 25. Dezember.

Unter Hochdruck beschafften wir von der Distriktsverwaltung ein Dokument, mit dem wir beim Passport Office ein Emergency Travel Document für Mutter und Kind gerade noch einen Tag vor Heiligabend erhalten konnten. Erst dann konnte ich mich um das Visum kümmern, obwohl ich den Flug schon vorher bezahlen musste, um die Plätze zu sichern. Der Flug würde zwar nahezu meine ganzen Ersparnisse aufzehren, aber im Moment gab es ganz andere Sorgen. Ich zitterte, als mir die südafrikanische Botschaft am Telefon mitteilte, sie würden erst nach Weihnachten wieder arbeiten. Ich flehte den Botschafter an, eine Ausnahme zu machen, doch er blieb hart und meinte, niemand würde extra wegen uns die Botschaft öffnen.

Was sollte ich nur tun? Wenn ich die Visa nicht bekam, wäre alles umsonst und das Geld, das ich aus meinen eigenen Rücklagen vorstreckte, zum Fenster hinausgeworfen gewesen. Voller Stress bot ich dem Botschafter an, sogar für sein »Fahrtgeld« aufzukommen. Schließlich hatte ich oft gehört, dass man in Tansania nur mit Geld vorwärtskam, und unter diesen Umständen war ich sogar bereit, Schmiergeld zu bezahlen. Doch anstatt sich vom Geld locken zu lassen, wurde der Botschafter nun wütend und hielt mir eine Standpauke, so etwas nie wieder zu tun, weil es das Land verderbe. Trotzdem hatte es geholfen, denn er schien nun endlich unsere Not begriffen zu haben und teilte mir knapp mit, dass ich ihn in einer Stunde in der Botschaft treffen konnte.

Als ich das Botschaftsgebäude betrat, schmunzelte der Botschafter über mich, wurde aber ernst, als er sich mit unserem Fall näher beschäftigte, denn er sah, wie schlimm die Lage war. Zehn Minuten später hatte ich das Visum in der Tasche.

Zwei Tage später saßen wir endlich im Flugzeug nach Johannesburg. Ich wickelte Jalia in eine warme Decke, die uns die Stewardess gegeben hatte, und hielt sie den zweistündigen Flug über im Arm. Ihre Mutter machte immer wieder »Huh«, wenn wir in ein Luftloch gerieten, und hielt sich angespannt an der Armlehne fest. Mittlerweile konnte ich mich schon mit ihr auf Suaheli unterhalten und versuchte, so gut es ging, ihr die Angst vorm Fliegen zu nehmen.
Das Personal der Fluggesellschaft unterstützte uns, wo es nur konnte. Auch dann noch, als wir in Johannesburg am Flughafen aufgehalten wurden, weil Mama Jalia keine vorgeschriebene Gelbfieberimpfung besaß. Ein Assistenzarzt holte die Impfung kurzerhand in einem Nebenraum bei ihr nach, und dann führte man uns zur Taxistation quer durch die Flughafenhalle. Auf einmal kam ein Südafrikaner auf uns zu, erkundigte sich, was Jalia fehlte, und steckte uns einfach so hundert Dollar zu. Er zeigte auf seine Tochter, die er an der Hand hatte, und meinte, dass sie zu ihm gesagt habe: »Papa, du musst dem kranken Mädchen doch helfen.« Ich war gerührt über diese Anteilnahme, die uns wildfremde Menschen entgegenbrachten.
Gegen Abend kamen wir im Milpark Hospital an, draußen war es bereits dunkel. Man hatte das Gefühl, ein Fünfsternehotel anstelle eines Krankenhauses zu betreten. Doch das hatte auch seinen Preis. Ich war Hals über Kopf nach Südafrika geflogen, weil ich um Jalias Leben bangte. Mittlerweile hatte ich nur noch fünfhundert Euro auf dem Konto und war ge-

schockt, als ich von den horrenden Aufnahmegebühren und dem Deposit hörte, welches das Krankenhaus im Voraus verlangte. Ich musste mein Konto überziehen, doch das war in dem Moment meine kleinste Sorge.
Jalia kam in ein Einzelzimmer und wurde sofort an mehrere Geräte angeschlossen. Wir durften bei ihr bleiben und wurden rund um die Uhr versorgt. Doch zu unserem Pech war der deutsche Neurochirurg im Moment im Urlaub, und so nahm sich ein sehr kühl wirkender Arzt Jalias an. Ich hatte gehört, dass das Krankenhausmanagement ihn gebeten hatte, die für Jalia geplante Operation kostenlos durchzuführen. Ob er deshalb so wortkarg und grimmig war und uns kaum Informationen über Jalias Zustand mitteilte?
Trotz der modernen Ausstattung des Hospitals hatte ich ein eigenartiges Gefühl. Es schien ein Krankenhaus für die reichen Weißen zu sein, ich konnte kein anderes schwarzes Kind entdecken. Auch die Ärzte waren fast ausschließlich weiße Südafrikaner mit europäischer Abstammung. Ob es unserem Arzt vielleicht sogar zuwider war, Jalia zu behandeln? Bei einer Visite schlug er Jalias Decke zurück, angeblich um das Fieber zu senken, und reagierte nicht darauf, als ich ihm sagte, dass wir aus dem heißen Tansania kamen und hier in Südafrika, wo es nur 20 Grad hatte, froren. Ich konnte es kaum mit ansehen, wie das schwache Mädchen nun schutzlos dem kühlen Raum ausgesetzt war, doch ich war schließlich keine Ärztin, um zu wissen, was zu tun ist.

Um genug Geld für Jalias Behandlung zusammenzubekommen, rief ich in den folgenden Tagen bei verschiedenen Radiosendern in Johannesburg an. Die Redakteure zeigten sich bewegt von unserer Geschichte, konnten jedoch nichts für uns tun, da die meisten Kollegen im Weihnachtsurlaub waren. Nachdem ich eine Rundmail an all meine Freunde in Deutschland versendet hatte, spendeten viele für die kleine Jalia, und das gab mir neue Kraft.

Am Tag der Operation hielten Mama Jalia und ich uns fortwährend bei der Hand. Es dauerte Stunden, und wir wurden immer unruhiger. Andauernd starrten wir auf die Tür des Operationssaals, die sich erst nach vier Stunden öffnete.

Wieder ging der Arzt davon, ohne uns vom Verlauf der Operation zu berichten. Als ich an Jalias Bett trat, merkte ich, dass etwas nicht in Ordnung war. Ihre Hand war eiskalt, und sie atmete schwer. Sie hatte sich eine Erkältung zugezogen, die in den nächsten Tagen immer schlimmer wurde. Zeitweise setzten ihr die Schwestern eine Sauerstoffmaske auf, um ihr die Atmung zu erleichtern. Aber ihr Zustand verschlechterte sich von Tag zu Tag.

Am 8. Januar verloren wir den Kampf um Jalias Leben. Eine Lungenentzündung hatte ihrem Leiden und ihrem jungen Leben ein Ende gesetzt. In unseren Herzen war sie schon vorher ein Engel gewesen, doch nun mussten wir lernen, damit umzugehen, dass wir sie nicht mehr bei uns hatten. Ich war traurig wie noch nie zuvor und gleichzeitig wütend auf all die Ärzte und Krankenschwestern, die uns in den letzten Monaten in die Irre geführt, Operationen verpfuscht oder auch einfach gar nichts gemacht hatten, um Jalia zu retten.

Mama Jalia weinte viel in den ersten beiden Tagen. Wir versuchten, uns gegenseitig zu trösten, doch dann, am dritten Tag verkündete sie, dass es jetzt genug der Trauer sei, das Leben müsse weitergehen. Von ihr lernte ich, wie Tansanier mit dem Tod umgehen. Auch wenn der Schmerz im Innern noch lange andauern würde, ging das äußere Leben weiter. Ich bewun-

derte sie, wie sie trotz ihrer großen Liebe zu ihrer Tochter auf einmal wieder nach vorne blicken konnte.
Das Krankenhaus und die Fluggesellschaft unterstützten uns, so dass Jalia in Tansania beerdigt werden konnte. Im kleinen Kreis verabschiedeten wir uns unter einem Baum auf dem Grundstück ihres Großvaters für immer von Jalia.

Die Begegnung mit Jalia hatte vieles in meinem Leben verändert. Und nun – war ihr Tod ein Grund, zu verzweifeln und aufzugeben? Nein, im Gegenteil. Jalias Schicksal hatte mir bewusst gemacht, in welcher Not manche Kinder auf dieser Welt leben, und es gab sicher viele, denen noch geholfen werden konnte. Nun wusste ich auf einmal ganz genau, was ich im Leben wollte. Ich wollte nicht – worauf mich mein Studium eigentlich vorbereitete – die nächsten vierzig Jahre in einer Bekleidungsfirma arbeiten und immer neue Produkte herstellen, die alle bereits im Überfluss besaßen. Meine Kraft und Energie konnte ich anders, sinnvoller einsetzen. Ich würde gerne armen, kranken und benachteiligten Kindern wie Jalia helfen wollen und damit meinem Leben einen viel tieferen Sinn geben, als das ein geregelter Job in Deutschland könnte.
Mein Aufenthalt in Tansania hat mir dazu den Weg gezeigt. Zwar hatte ich streng genommen in meinem Praktikum bei Karibu Textile Mills nicht das gelernt, wofür es ursprünglich gedacht war, aber die Begegnung mit dem fremden Land und seinen Menschen hatte mich in meiner Selbstfindung meilenweit nach vorne gebracht.
Nachdem mein Praktikum offiziell beendet war, blieben mir noch zwei Monate in Tansania, in denen ich noch mehr vom Land sehen wollte. Mit zwei Freunden aus Deutschland, die für eine Safari nach Tansania gekommen waren, ging es zu-

nächst zum Kilimandscharo, dann in den Serengeti-Nationalpark und anschließend noch zum Ngorongoro-Krater, wo wir all die exotischen Tiere beobachten konnten, die wir sonst nur aus dem Zoo kannten. Auf dem Rückweg nach Dar es Salaam besuchten wir dann schließlich Faustine, mein tansanisches Patenkind. Es war ein unvergessliches Erlebnis, dem Jungen, dem ich seit fünf Jahren auf Englisch Briefe schrieb, persönlich gegenüberzusitzen und sich mit ihm und seiner Familie in der Muttersprache Suaheli unterhalten zu können.

Kurz vor meiner Abreise feierte ich noch meinen vierundzwanzigsten Geburtstag mit meinen Freunden in Dar es Salaam. Schon jetzt wusste ich, dass ich sie alle, die mir Tansania zu einem neuen Zuhause gemacht hatten, in Deutschland sehr vermissen würde.

In der letzten Woche verabschiedete ich mich schließlich auch in meiner Firma und konnte dem General Manager Mr. Ally stolz die CD mit der fertiggestellten Homepage übergeben. Ich unterhielt mich noch eine Weile mit Mr. Ally, der mir all diese Erfahrungen und diese intensive Zeit in Afrika erst ermöglicht hatte. Durch ihn hatte ich das Glück, Jalia kennengelernt zu haben, und nun sagte er zum Schluss einen entscheidenden Satz, der mir mein nächstes Ziel weisen sollte: »In Indien ist das Leben der Armen noch härter als in Tansania.« Es waren gerade diese Worte, die mein Interesse für dieses Land weckten.

Zunächst hatte ich nicht recht gewusst, wie es nach Tansania in meinem Leben weitergehen sollte, aber nach diesem Gespräch stand für mich fest: Ich muss nach Indien, um noch mehr über die Armut zu erfahren und um dort Kindern zu helfen, die in größter Not sind.

3.

Wenn du erkennst,
dass es dir an nichts fehlt,
dann gehört dir die ganze Welt.
LAOTSE

Im Flugzeug zurück nach Deutschland musste ich mit den Tränen kämpfen. Tansania mit seinen freundlichen Menschen war mir ans Herz gewachsen, und Jalias Schicksal, von dem ich ein Teil geworden war, bestimmte nun mein ganzes Denken und Handeln. Schon während des Flugs legte ich mir einen Plan zurecht, wie es nun weitergehen sollte: Ich würde wieder nur für ein Sommersemester in Deutschland bleiben, weiterstudieren, aber hauptsächlich versuchen, genug Geld zu verdienen, um meine nächste Reise antreten zu können.

Da kam mir das Angebot eines Professors meiner Fachhochschule gerade gelegen. Eines Morgens rief er zwanzig von uns angehenden Bekleidungstechnikerinnen zusammen. Eine Firma suchte Studenten für eine Telefonumfrage, insgesamt mussten fünfhundert Fragebögen ausgefüllt werden, pro Fragebogen würde es zehn Euro geben. Ich wollte diesen Job unbedingt und hatte Glück, dass sich nur noch vier weitere Studenten für die Umfrage interessierten.

Jeder von uns bekam hundert Bögen zugeteilt, und dann konnten wir mit einer Telefonliste von zu Hause aus loslegen.

Es stellte sich heraus, dass das Unterfangen gar nicht so einfach war, denn die meisten der angerufenen Firmen wimmelten einen bereits bei der Begrüßung ab. Trotzdem gelang es mir immer wieder, jemanden fünfzehn Minuten zu befragen und den Bogen komplett auszufüllen. Schon hatte ich zehn Euro von zu Hause aus verdient!

Nach zwei Wochen hatte ich mein Pensum erfüllt und wollte am liebsten noch mehr Bögen. Und tatsächlich, zwei der anderen Studenten hatten gleich nach den ersten erfolglosen Anrufen aufgegeben. Ich bat meinen Professor, mir ihre zweihundert Bögen zu übergeben, und versprach ihm, zeitgerecht damit fertig zu werden. Ich wusste, die dreitausend Euro, die ich mit diesem Job in kürzester Zeit verdienen konnte, waren mehr als genug, um nach Indien zu fliegen und dort das Wintersemester zu verbringen.

Und dann ergatterte ich sogar noch einen weiteren Studentenjob. Eines Tages hing am Schwarzen Brett ein Aushang, dass die Firma Strenesse eine studentische Aushilfskraft suche, die ihre Modellblätter ins Englische übersetzen würde. Zwar war ich in der Schule nur mittelmäßig in Englisch gewesen, doch nach Australien und Tansania traute ich mir das zu.

Die Zusammenarbeit verlief recht unkompliziert per E-Mail. In regelmäßigen Abständen sandte ich der Firma die gewünschten Übersetzungen zu. Und als ich dem Abteilungsleiter am Ende des Semesters von meiner bevorstehenden Indienreise schrieb, sprang er sofort darauf an und meinte, sie würden seit neuestem in einer Firma bei Delhi Kleidungsstücke nähen lassen. Er wollte sogleich den Kontakt herstellen, so dass ich ein vierwöchiges Praktikum dort absolvieren konnte.

Ich hatte für meine Reise wieder ein Urlaubssemester eingeplant, und so kam mir sein Angebot gerade recht. Denn dann würde ich eine Bescheinigung erhalten, dass ich auf meiner Reise auch etwas für das Studium gemacht hatte. Dass ich diese später wirklich brauchen würde, war zwar eher unwahrscheinlich, doch zur Beruhigung meiner Eltern konnte sie auf jeden Fall dienen, besonders solange ich mein Studium noch nicht abgeschlossen hatte.

Den Rest meines Aufenthaltes in Indien wollte ich allerdings nicht in einer Textilfirma verbringen, sondern in einer sozialen Einrichtung, wie etwa in einem der Mutter-Teresa-Heime in Mumbai, um mein Engagement dort einzubringen.

Ich ahnte nicht, dass mich gerade dieses Praktikum auf indirektem Weg zu einem fast verhungerten, schwerkranken Jungen führen würde, den man sterben lassen wollte, obwohl es Hoffnung für ihn gab. Noch saß ich im neuntausend Kilometer entfernten Deutschland, ohne zu wissen, welchen Menschen ich dieses Mal begegnen würde, und dieser Junge lag zur selben Zeit einsam und verlassen im dunklen Schlafsaal eines Ashrams und vegetierte vor sich hin. Wie sollten wir zueinanderfinden? Würde uns das Schicksal behilflich sein?

Dieses Mal verließ ich Deutschland Ende August und landete nach einem achtstündigen Flug mitten in der Nacht in Neu-Delhi. Ich hatte zwar bereits übers Internet ein paar Budget-Hotels herausgesucht, aber auch schon viel über Taxifahrer gelesen, die einen einfach in ein anderes Hotel kutschierten, wo sie eine Provision erhalten würden. Als ich am Flughafen von einem Angestellten erfuhr, dass es auf der gegenüberliegenden Straßenseite einen Schlafsaal gab, beschloss ich, mein Glück dort zu versuchen.

Als ich von der Ankunftshalle auf die Straße trat, war es wieder da, das kribbelnde Gefühl, in der Fremde zu sein. Mit meinem leichten Handgepäck, in das alles hineinpasste, was ich für Indien brauchen würde, fühlte ich mich frei und sicher. Selbst die Taxi- und Rikschafahrer übersahen mich und ließen mich in Ruhe von dannen ziehen. Neue Gerüche, hier und da das Gehupe von Autorikschas oder das Vorbeibrausen eines Busses, anhaltendes Hundegebell und mir unbekannte Vogelstimmen erfüllten trotz der späten Stunde die indische Nacht – mein Abenteuer konnte weitergehen!

Ich hatte bereits in Internetforen von dem typisch indischen Geruch gelesen, der einem gleich bei der Ankunft in die Nase steigen sollte. Und ich muss sagen: Sie hatten alle recht gehabt. Ein ganz eigener Geruch, den man kaum in Worten beschreiben kann. Es roch nicht wie in Tansania nur nach tropischer Luftfeuchtigkeit, nein, es roch modrig, würzig, nach Räucherstäbchen und Desinfektionsmitteln. Andere meinten, einen Hauch von Kardamom, Jasminblüten, frittierten Curryblättern und Senfkörnern darin erkennen zu können. Abgase, verfaulender Abfall, dicker Staub und Kuhmist gehörten zu den weniger charmanten Bemerkungen.

Bei Tage würde ich mir ein genaueres Bild machen können, doch jetzt wollte ich nur noch schlafen und war froh, noch eine freie Pritsche in dem langen Schlafsaal, in dem die Betten dicht an dicht standen, ergattert zu haben. Die Nacht kostete nur einen Euro, doch dafür musste ich den Raum mit lauter schnarchenden Indern teilen. Ich war beruhigt, als ich zwei Frauen mit Kind entdeckte. Immer wieder kamen neue Reisende hinzu, andere hingegen standen auf, um ihre Reise mitten in der Nacht fortzusetzen. Meinen Rucksack behielt ich sicherheitshalber die ganze Zeit über auf den Rücken geschnallt und schlief schließlich ein.

Das Frühstück am nächsten Morgen bestand ganz typisch aus einer Tasse *Chai* und zwei *Chapatis,* ähnlich den Fladen, die ich schon aus Tansania kannte. Gut gestärkt, bestand die nächste Herausforderung nun darin, einen Bus zu finden, der mich zum Connaught Place im Herzen von Delhi bringen würde, wo ich ein günstiges Backpacker Hostel im Visier hatte. Die Busse mit den gelben Seitenstreifen und zweigeteilten Frontscheiben sahen alle gleich aus – wie aus einer Schrottpresse stammend –, und sowohl die Nummern als auch das Fahrtziel waren in indischer Devanagari-Schrift geschrieben. Diese würde ich erst noch erlernen müssen, im Moment waren es für mich lediglich unleserliche Kringel, die durch einen langen Balken miteinander verbunden waren.

Es war bereits einiges los auf den Straßen von Delhi. Auf dem Gehweg saßen oder lagen Menschen, die die Nacht auf dem harten Bordstein verbracht haben mussten. Ihre grauen Decken hatten sie sich bis über den Kopf gezogen. Ein schockierender Anblick von bitterster Armut, der mir so offensichtlich in Tansania nie begegnet war.

Schließlich war mir ein Englisch sprechender Inder dabei behilflich, in den richtigen Bus einzusteigen. Jetzt musste ich nur noch wissen, wo ich wieder aussteigen musste. Die ersten Tage in einem so fremden Land gehören nicht unbedingt zu den angenehmsten, aber da musste ich einfach durch.

Zum Glück war der Connaught Place, Dreh- und Angelpunkt Neu-Delhis, mit seinen drei riesigen konzentrischen Kreisverkehren leicht zu erkennen. Zwischen den drei Kreisen befanden sich zahlreiche Banken, Hotels, Restaurants und Geschäfte in prächtigen Gebäuden mit Arkadengängen. Das gehobene Niveau dieses Areals veranschaulichte mir bereits am ersten Tag deutlich den extremen Gegensatz von Arm und Reich in diesem Land. Während auf der Frontseite der Geschäfte die Schriftzüge von Luxuslabels wie Chanel, Gucci oder Rolex prangten, spielte sich in den Gassen dahinter der Alltag derer ab, die mit ihren Obstwagen, Schuhputzständen oder Bauchläden in zerrissener Kleidung und zusammengeflickten Flip-Flops täglich ums Überleben kämpften.

Auch das Sunny Guest House befand sich in einer dieser rückwärtigen Gassen, aber es erfreute sich besonders unter Backpackern aufgrund der zentralen Lage und des günstigen Preises großer Beliebtheit. Vom Connaught Place aus ließen sich nicht nur Touren ins weite Hinterland zum Wüstenstaat Rajasthan, zum Weltkulturerbe Taj Mahal oder zum Goldenen Tempel in Amritsar buchen, auch die New Delhi Railway Station oder zentrale Sehenswürdigkeiten wie das Red Fort waren von dort aus leicht zu Fuß zu erreichen.

Um zum Sunny Guest House zu gelangen, musste ich es jedoch erst einmal schaffen, eine stark befahrene, mehrspurige Straße zu überqueren. Es schien weit und breit keine Ampeln zu geben. Der Strom von aufheulenden Bussen, überladenen Lastwagen, verbeulten Autos, tuckernden Rikschas und waghalsiger Fahrradfahrer nahm kein Ende. Unter permanentem Getöse drängte sich alles in einem vollkommenen Chaos vorwärts, was Räder hatte – ohne Regeln und ohne Rücksicht auf die anderen. Eine Schramme mehr oder weniger am Auto schien keinen groß zu kümmern.

Die Inder hatten es heraus, wie man sich auf die andere Seite retten konnte, und auch wenn es mir gefährlich vorkam, mitten in den Verkehr zu laufen, um sich in Etappen zwischen den Autos vorzukämpfen, blieben die Fußgänger alle wie durch ein Wunder unversehrt.

Schließlich führte mein Weg noch am Janpath Market vorbei, einer kleinen Fußpassage, in der an zahlreichen Holzständen allerlei Waren aufgetürmt waren: traditionelle buntbedruckte

Kleidung, hauchdünne Seidenschals, verschiedenste Accessoires wie indische Skulpturen und zahlreiche Sorten an Räucherstäbchen, die ein mystisches Flair versprühten. Durch die Masse an Menschen, die laut dudelnde indische Musik und die verschiedenen Düfte aus den vielen Garküchen strotzte der kleine Markt nur so vor indischer Lebendigkeit.

Das lärmende Chaos und die indische Lebensart konnten für einen Neuankömmling allerdings auch zu viel der Reize sein. Ich war froh, als ich im Sunny Guest House einen Platz fand, an dem ich alles Gesehene und Erlebte erst einmal sacken lassen konnte. Hier traf ich auf gleichgesinnte Europäer, mit denen ich Erfahrungen austauschen konnte. Mit zehn jungen Leuten, darunter auch Deutsche, Engländer, Israelis und ein Flüchtling aus Togo, teilte ich mir einen Schlafsaal mit angrenzender Dachterrasse, was pro Nacht umgerechnet nur knapp zwei Euro kostete. Es war ein simples und in die Jahre gekommenes Gebäude, und doch der perfekte Ort, um in Indien langsam Fuß zu fassen.

Indiens groteske Eigenheiten machten einem das Fußfassen jedoch nicht leicht. Je mehr ich in der ersten Woche sah, umso mehr verwandelte sich mein anfängliches Staunen in permanentes Kopfschütteln. Die Verschmutzung und der Gestank waren immens. Abfall wurde überall achtlos auf den Boden geworfen, Kinder in verdreckten Kleidern und mit großen Säcken über den Schultern wühlten im Müll, um Plastikflaschen und andere verwertbare Dinge einzusammeln, und für Männer schien es völlig normal zu sein, mitten in der Stadt neben dem Gehweg an eine Mauer zu urinieren, so als ob sie die Stadt zu ihrer Toilette erklärt hätten.

Dem nicht genug, Straßen, Gehwege und Mauern waren an vielen Stellen mit blutroten Flecken bespritzt – roter Spucke,

wie ich erfahren sollte. Man musste höllisch aufpassen, um nicht versehentlich bespuckt zu werden, wenn ein Inder seinen vom Betelkauen reichlich angesammelten Speichel mit einem widerlich speienden Geräusch an Ort und Stelle von sich gab. *Pan Masala,* kleine Betelnusspäckchen mit Gewürzmischungen, die den Kauenden in einen heiteren Gemütszustand versetzen, gab es an nahezu jedem Kiosk zu kaufen, es ist indische Tradition.
Das alles war am Anfang nicht gerade förderlich, um mich mit Indien anzufreunden. Für unsereins, die wir die sauberen Straßen aus Deutschland gewohnt sind, war es unfassbar. »India – you hate it or you love it«, meinte ein Engländer im Sunny Guest House zu mir. Die ersten Eindrücke machten es mir unmöglich, dieses extreme Land zu lieben. Auch das scharfe Essen bereitete mir starke Schmerzen im Mund anstelle von Genuss. Ich konnte mich einfach nicht daran gewöhnen und wich schließlich vorwiegend auf *Chow Mein,* gebratene chinesische Nudeln mit Gemüse, und *Banana Pancake* aus.
In Tansania war es mir leichtgefallen, mich den Menschen und der Kultur anzupassen. Selbst das Essen hatte mir auf Anhieb geschmeckt. Und Indien? War dieses Land vielleicht einfach nichts für mich? So leicht wollte ich nicht das Handtuch werfen, schließlich war ich auch hergekommen, um Kindern in Not zu helfen und nicht um Urlaub zu machen. Aber zuallererst wollte ich mein Praktikum angehen, auch mit der Hoffnung, mich durch eine regelmäßige Arbeit in dem fremden Land besser einzufinden.

Die Firma Kalamkari, in der Strenesse begonnen hatte, einen Teil seiner Kollektion produzieren zu lassen, lag dreißig Kilometer südlich von Delhi in einem Industriegebiet der Stadt

Gurgaon. Die Kollegen dort nahmen mich freundlich auf, und meine erste Zeit durfte ich in der Näherei verbringen, in der zu meiner Überraschung ausschließlich Männer tätig waren. In meinem Studiengang waren wir bis auf einen alle weiblichen Geschlechts, und hier in Indien war das Nähen also ein typisches Männerhandwerk. Wie verschieden doch die Länder und Ansichten waren!
In der ersten Woche fuhr ich noch täglich mit dem Bus zur Arbeit nach Gurgaon. Meist ging über eine Stunde für die Hinfahrt drauf, und am frühen Nachmittag nach Arbeitsende dauerte es kaum weniger lang. Es lag auf der Hand, dass es besser wäre, eine Unterkunft in Gurgaon zu finden, anstatt einen Monat lang täglich diese Strecke auf sich nehmen zu müssen.
Ich checkte im Sunny Guest House aus und machte mich eines Abends in Gurgaons Zentrum, das noch um einiges chaotischer, schmutziger und überlaufener als Neu-Delhi war, auf die Suche nach einer Unterkunft. Hier gehörten selbst Müll fressende Schweine zum alltäglichen Straßenbild, und oft klammerten sich kleine schmutzige Hände an mein Hosenbein, um eine Rupie zu erbetteln. Die Kinder taten mir schrecklich leid, und sie hatten Übung in ihrer Hartnäckigkeit, einen nicht eher loszulassen, bevor man etwas herausgerückt hatte. Hindi konnte ich noch nicht, und auch sonst wusste ich nicht, wie ich mich in so einer Situation verhalten sollte. War es falsch, Geld zu geben? Und wenn ich es nicht gab, wie sollte ich die Kleinen dann davon abhalten, sich an mich zu klammern? Ich wollte mir zukünftig angewöhnen, stets Bonbons oder Kekse mitzunehmen, denn bettelnde Kinder konnten einem überall begegnen.
Meine Suche nach einer Unterkunft blieb den ganzen Nach-

mittag über erfolglos, da ich nichts unter fünf Euro pro Nacht finden konnte. Das war mir aus Prinzip zu teuer, es musste doch auch etwas Günstigeres geben. Ich fragte mich in sämtlichen Lokalitäten durch, und schließlich verwies mich ein Ladenbetreiber zu einem Gebäude, dem ein Tempel angeschlossen war.
Mittlerweile war ich schon so entmutigt, dass es mein letzter Versuch sein sollte. Wenn es nichts Angemessenes gab, dann würde ich eben doch zum Sunny Guest House zurückkehren und jeden Tag von dort aus pendeln.
Als ich das Gebäude neben dem Tempel betrat, fand ich gleich am Eingang einen alten Herrn auf einer Holzbank sitzend. Er stützte sich mit einem Ellbogen auf dem Tisch vor sich ab, auf dem ein aufgeschlagenes Registerbuch lag, und zog an einer *Shisha,* einer blubbernden Wasserpfeife. Das musste die Rezeption sein, dachte ich mir. Doch der alte Inder schaute mich nur verwundert an, und als ich ihn fragte, wie viel ein Einzelzimmer kostete, schüttelte er abwimmelnd den Kopf. Viel Englisch schien er nicht zu verstehen. Noch einmal versuchte ich es und erwähnte dabei die neunzig Rupien, die mir der Ladenbetreiber genannt hatte.
Noch einmal schüttelte der Inder den Kopf.
»Why, is it full?«, fragte ich ihn mit einer Bestimmtheit, die ihm zu verstehen gab, dass ich hier nicht weggehen wollte, ehe ich nicht verstanden hatte, warum ich abgewimmelt wurde. Schließlich wurde mein Rucksack auch langsam schwer, und ich war müde von der langen Suche.
Der Inder schien zu überlegen. »Husband?«, fragte er schließlich.
»No husband, I am not married«, antwortete ich, verdutzt darüber, was die Frage sollte.

»Brother?«
»Yes, I have a brother in Germany«, antwortete ich schließlich, immer noch unwissend, was das mit der Tatsache zu tun haben sollte, dass ich dringend ein Zimmer suchte.
Wieder schwieg der Inder, doch allmählich dämmerte es mir, dass er mir vielleicht ohne die Begleitung eines Bruders oder Ehemannes kein Zimmer zuteilen wollte.
»Tourist?«, fragte er, und ich nickte.
Schließlich schob er mir doch noch das Registerbuch herüber, in dem ich mich eintragen konnte. Er führte mich in den zweiten Stock und machte mir verständlich, dass ich unter keinen Umständen die Türe öffnen solle, falls jemand anklopfen würde. Auch dürfe ich nach acht Uhr abends mein Zimmer nicht mehr verlassen, auf gut Deutsch: Ausgangsschluss.
Grundsätzlich hatte ich sowieso nicht vorgehabt, um diese Uhrzeit noch draußen herumzustreunen, allerdings fragte ich mich nun, ob der alte Mann nur um meine Sicherheit besorgt war, oder ob er vielleicht sogar dachte, ich wäre eine Prostituierte, die Männer in ihr Zimmer holen wollte? Hatte er deshalb am Empfang so lange gezögert und mich ausgehorcht?
Verwirrt von dem seltsamen Verhalten des Betreibers, schloss ich die Tür hinter mir zu und ließ mich auf das Bett fallen, das inmitten des Raumes stand. Ich hatte schon gemütlichere Zimmer gesehen als dieses hier, zumal selbst hier drinnen alle vier Wände mit roter Spucke befleckt waren und eine Neonleuchte den Raum in grelles Licht tauchte. Und dann, als ich die Hausordnung las, die neben der Tür an die Wand geheftet war, dämmerte es mir allmählich, dass ich mich in einem Pilgerhaus befand.

Immer noch glücklich: Juma und ich am Strand von Dar es Salaam.

Eine Zukunftsperspektive: Jumas neues Haus mit dem Laden.

Die Schatten der Vergangenheit weichen langsam: Juma und ich in dem Campingdorf in Italien.

Zurück in Indien: Ganesh ist zu einem gesunden Teenager herangewachsen, der sein Leben genießt.

Auch Raju fühlt sich mittlerweile pudelwohl im SOS-Kinderdorf.

So freundlich werde ich von den Einheimischen im bunten Indien aufgenommen.

Mein großer Traum wird Wirklichkeit: Ich habe ein Haus in Neu-Delhi gefunden, in dem ich mein Kinderheim eröffnen kann.

Es gibt so viele, die spezielle Pflege brauchen. Der kleine Ajay zum Beispiel leidet an der Glasknochenkrankheit.

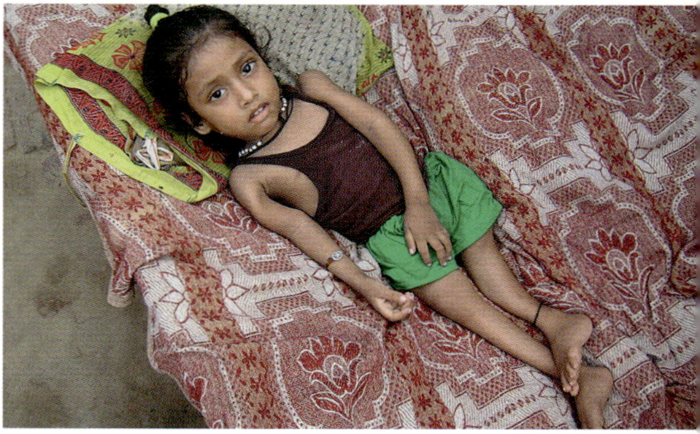

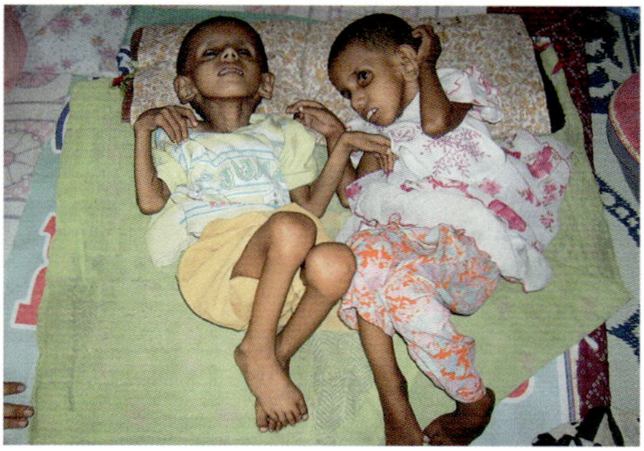

Auch Sahil und Sajia benötigen unsere Hilfe. Die Geschwister sind bereits sechs und sieben Jahre alt – kaum zu glauben.

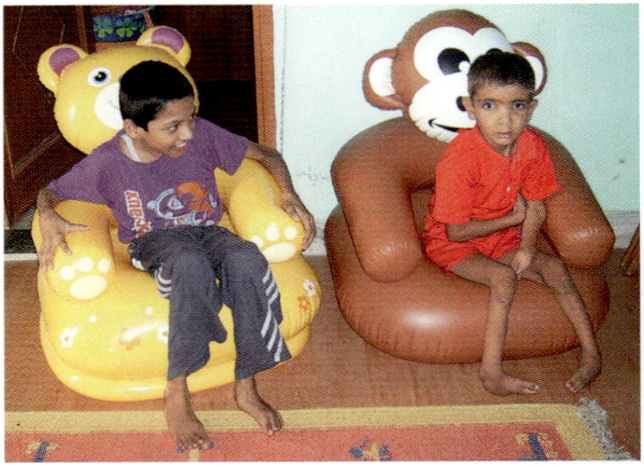

Milap und Yohan in unserem Kinderzimmer.

Unser Lehrer Matrika unterrichtet Yohan, Mary und Milap zu Hause im Heim.

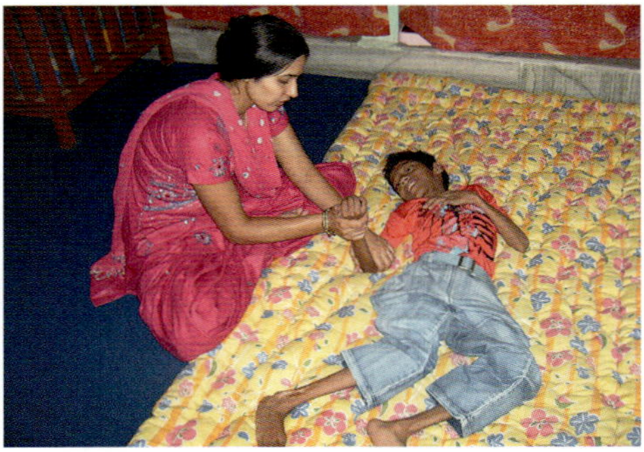

Jyoti, unsere Physiotherapeutin, mit Milap bei den täglichen Übungen.

Das »Haus«, in dem Kamal zusammen mit seinen Eltern und den drei Geschwistern lebt. Sangeeta, unsere Sozialarbeiterin, ist bestürzt.

Auch Yohan lebte mit seiner Familie unter ärmsten Bedingungen.

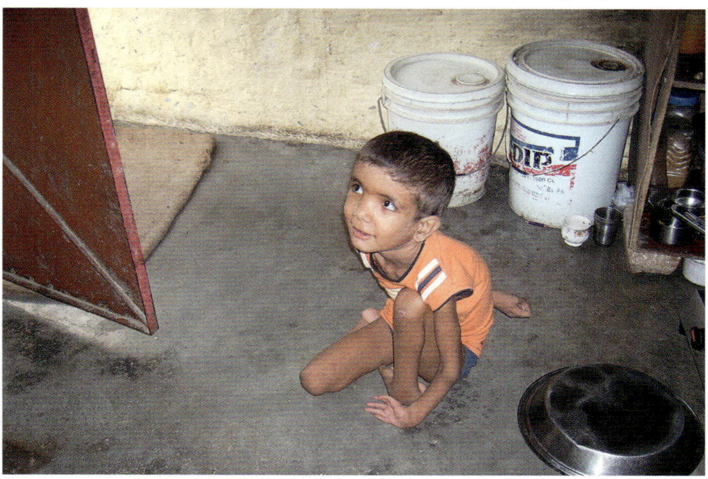

Wenn ich meine Energie notleidenden Kindern widmen kann, ist mein Leben von Freude erfüllt.

Wohin die Leute pilgerten und welche Rituale sie im Tempel nebenan ausführten, wusste ich nicht, doch eines war klar, hier würde ich nur eine Nacht verbringen, dann musste ich eine neue Lösung finden. Mit meinem Dickkopf, unbedingt die günstigste Unterkunft zu finden, hatte ich mir keinen Gefallen getan. Mir blieb jedoch nicht viel Zeit zum Bereuen, denn auf einmal pochte es an der Tür.

Sofort erinnerte ich mich an die Worte des Betreibers und blieb demzufolge mucksmäuschenstill. Auch als das Klopfen heftiger wurde, bewegte ich mich nicht. Schließlich rüttelte jemand ununterbrochen an der Türklinke und rief etwas, das ich nicht verstand. Dann auf einmal vernahm ich noch eine zweite Stimme und erkannte an ihr den Betreiber des Pilgerhauses, der mich aufforderte, aufzumachen. Meine Güte, konnte der sich nicht entscheiden? Erst sollte ich die Türe bis zum Morgen nicht mehr öffnen, dann doch. So langsam hatte ich genug von dem Theater und schloss missmutig auf.

Zu meiner Überraschung stand nun nicht nur der Betreiber, sondern auch noch ein uniformierter Polizist vor mir, der mich bat, mit meinem Ausweis hinunterzukommen. Er wolle mir ein paar Fragen stellen, meinte er.

Jetzt wurde es mir doch etwas mulmig zumute. Ich kannte mich weder mit den Sitten des Landes aus, noch wusste ich viel über die Stellung der Frau in Indien. Vielleicht hatte ich, ohne es beabsichtigt zu haben, ein paar Regeln übertreten? Oder hatte der Polizist Wind davon bekommen, dass ich mit meinem Touristenvisum arbeitete, anstatt Sightseeing zu machen? Ich wusste zwar, dass ich dafür normalerweise ein Arbeitsvisum gebraucht hätte, war aber davon ausgegangen, dass da niemand so genau drauf achten würde. Oder etwa doch?

Zugegeben: Welcher Tourist würde schon extra nach Gurgaon kommen?
All meine Sorgen waren schließlich vollkommen unbegründet. Der Polizist war freundlich und zurückhaltend, fragte mich, ob ich mich hier allein als Frau sicher fühlte, und erzählte gleichzeitig von einem Ashram ganz in der Nähe, der von Brüdern des Mutter-Teresa-Ordens geleitet wurde. Dorthin würden von Zeit zu Zeit junge Leute aus Italien kommen.
Ich versprach dem Polizisten, gleich morgen dorthin zu gehen, und durfte nun endlich meine Ruhe haben. Vorbeischauen konnte ich ja mal, aber ich war mir sicher, dass ich für den Rest des Monats doch wieder ins Sunny Guest House ziehen würde.

Am nächsten Morgen musste ich nicht in die Fabrik, denn es war ein Samstag. Ich fragte mich zu dem Ashram durch und stand eine halbe Stunde später vor einem breiten, blaulackierten Metalltor mit einem Kreuz darauf und dem Schild: »Missionaries of Charity of Mother Teresa«. Darunter stand geschrieben, dass dies ein Heim für körperlich und geistig behinderte Straßenkinder war.
Das weckte nun doch wieder meine Neugier. Einerseits war ich gespannt auf die Kinder, andererseits hoffte ich, hier Informationen über den Orden in Mumbai zu bekommen, wo ich gleich nach meinem Praktikum hinwollte. Ich hatte zwar rein gar nichts mit der Kirche zu tun und wollte auch keine zweite Mutter Teresa werden, aber wahrscheinlich waren christliche Orden die einfachste Möglichkeit für eine Europäerin, um mit hilfsbedürftigen Menschen in Kontakt zu kommen.

Das schwere Tor öffnete sich, und wieder einmal würden sich all meine Pläne in Minutenschnelle ändern. Weder würde ich zum Sunny Guest House zurückkehren, noch das Leben in den Slums von Mumbai kennenlernen. Was ich hier in den nächsten sechs Monaten erleben sollte, hätte ich wahrhaftig nie für möglich gehalten.

Ein Bruder des Ashrams in einer weißen Kutte mit einem auf der Brust aufgesteckten Jesuskreuz bat mich, im Besucherraum Platz zu nehmen, und hörte sich anschließend an, was mich hierhergeführt hatte. Ich erzählte kurz von meinem Praktikum und meinen gestrigen Erlebnissen im Pilgerhaus, fügte allerdings hinzu, dass ich niemanden aufhalten wolle und ich nur gekommen war, um mich über das Kinderheim zu informieren. Doch Brother Thomas, wie er sich vorstellte, hatte es nicht so eilig, mich wieder loszuwerden. Kurzerhand führte er mich zu den Kindern im Hof, die teilweise im Rollstuhl saßen oder auch in der Hocke wippend im Gras saßen. Er meinte, bei ihnen lebten momentan 67 Kinder, und immer wieder kämen ein paar freiwillige Helfer aus Italien zu ihnen, die im Gästehaus auf der anderen Seite des Hofs wohnten.

Ohne zu zögern, bot Brother Thomas mir eines der Zimmer an. Etwas überrascht von dem plötzlichen Angebot, wusste ich erst nicht, was ich sagen sollte. Aber was hätte mir Besseres passieren können, als nach der Arbeit meine Zeit mit diesen Kindern verbringen und erste Erfahrungen sammeln zu können?

Brother Thomas holte den Schlüssel und brachte mich zu meinem zukünftigen Zimmer im ersten Stock, für das ich nicht einmal bezahlen musste. In dem kleinen Raum stand ein Schreibtisch, ein Eisenbett, daneben ein kleiner Holzschemel mit einer Bibel darauf; der Duschraum für alle befand sich am Ende des Flurs.

Nachdem ich meine Sachen verstaut hatte, lud Brother Thomas mich dazu ein, in zwei Stunden am Abendgebet teilzunehmen, und verabschiedete sich mit Küsschen links und Küsschen rechts von mir. Das kam mir seltsam vor. War das in Indien so üblich, oder hatte er es sich einfach bei den Italienern abgeschaut? Als Neuankömmling konnte ich das nicht einschätzen, doch ich nahm mir vor, vorsichtig zu sein, denn irgendwie strahlte der in den Himmel hoch gewachsene Bruder etwas Merkwürdiges aus.

Bevor ich mich aufmachte, mich im Ashram genauer umzusehen, versuchte ich noch, mein spartanisch eingerichtetes Zimmer mit meiner persönlichen Note zu versehen. Ich pinnte ein Bild von Jalia, ein paar farbenfrohe Tingatinga-Kunstkarten aus Tansania und ein paar Lebensweisheiten, die ich auf Papierstreifen geschrieben hatte, über mein Bett und fühlte mich gleich viel wohler.

Auf der gegenüberliegenden Seite der Gästezimmer befand sich eine Kirche, die einem L-förmigen Gebäude angeschlossen war. Auf den sockelartigen Stufen davor hockten ein paar barfüßige Kinder. Eines von ihnen lief gleich auf mich zu, hielt meine Hand und stammelte fortwährend etwas, während ein anderes mich am Ellbogen irgendwohin ziehen wollte. Es gab auch Kinder, die zwar normal sprechen konnten, aber ein körperliches Handicap hatten. Auch dem Torwärter, einem jungen Mann, fehlte ein Bein, doch er hatte bereits Übung darin, sich auf einer Holzkrücke flink vorwärtszubewegen.

Schließlich lernte ich Simon kennen, der mich auf Englisch ansprach und mir anbot, mir das L-förmige Gebäude zu zeigen, wo sich der Speiseraum, die Schlafsäle und die Duschen

der Kinder befanden. Simon stammte aus dem indischen Bundesstaat Orissa und war erst seit einer Woche im Ashram, um zu helfen.
Simon führte mich in einen dunklen Schlafsaal, in dem ein Eisenbett neben dem anderen stand, um die vierzig insgesamt.
Zwei Helfer waren im angeschlossenen Waschraum gerade damit beschäftigt, die riesigen Wäscheberge in überdimensionalen Wannen in Seifenlauge einzuweichen und sie mit den Füßen zu stampfen. Diese Art der Kleiderwäsche hatte ich bis dahin nicht gekannt, und ich stellte mir vor, wie viel Arbeit es bedeuten musste, täglich die Kleidung von so vielen Kindern ohne Waschmaschine zu waschen.
Als wir wieder in den Schlafsaal traten, sah ich ihn. Er lag im hintersten Bettchen und war völlig unbekleidet. Ein Junge, abgemagert bis auf Haut und Knochen. Man konnte ihn ohne weiteres für ein lebendiges Skelett halten. Seine Gliedmaßen waren verkrampft, und immer wieder zuckten seine Arme, wie bei einem Stromschlag. Seine Wangenknochen traten unnatürlich hervor, die Augen lagen in tiefen Höhlen, und die Nase sah aus, als ob sie geschrumpft wäre. Wie Striche waren Arme und Beine mit seinem ausgemergelten Rumpf verbunden. Noch nicht einmal auf Fotos oder im Fernsehen hatte ich ein Kind in einem dermaßen schlimmen Zustand gesehen, und nun lag dieses menschliche Wesen voller Qualen direkt vor mir.
Ich ging zu dem Jungen hin und setzte mich auf sein Bett.
»They say, Ganesh will soon die«, sagte Simon über meine Schulter hinweg, und es verwunderte mich nicht, denn in solch einem Zustand würde sicher keiner mehr lange leben können. Doch was war mit Ganesh bloß passiert? Warum lag

er einsam und nackt in diesem finsteren Raum und nicht in einem Krankenhaus?
Ganesh selbst konnte nicht reden, und Simon wusste auch nichts Näheres, meinte aber, er füttere ihn seit einer Woche mit Hühnchen. Vorher habe man ihm stets nur einen Teller Reis mit *Dal,* einer Linsenpampe, aufs Bett gestellt und diesen wenig später ebenso voll wieder abgeräumt.
Ganesh tat mir in der Seele leid. Ich spürte gleich eine besondere Verbindung zu ihm. War es das Schicksal, das uns hier zusammenbrachte? Und was konnte ich überhaupt für Ganesh tun? Ich, die neu im Land war und gerade mal die ersten Hindiworte lernte. Und hatte Simon nicht gesagt, dass Ganesh bald sterben würde?
Von nun an setzte ich mich nach der Arbeit immer eine Weile zu Ganesh aufs Bett, streichelte ihm über die Stirn und sprach ihm zu. Ich wusste nicht, ob er mich wahrnahm oder ob er überhaupt etwas verstehen würde, wenn ich ihn auf Hindi fragte, wie es ihm ginge, oder ihm auf Englisch von meinem Tag erzählte. Doch dann geschah am Ende der Woche etwas Unerwartetes.
Wie in den letzten fünf Tagen seit meiner Ankunft saß ich auch dieses Mal mit den anderen Kindern und zwei Brüdern vor dem Abendessen zur allabendlichen Gesang- und Gebetsstunde zusammen. Ich genoss das Gelächter und Gekreische inmitten der behinderten Kinder, die sich jedes Mal freuten, wenn gesungen und geklatscht wurde. Auf einmal ging die Tür auf. Ich glaubte meinen Augen nicht zu trauen, als ich den kleinen Ganesh hereinschwanken sah. Ich wusste überhaupt nicht, dass er aufstehen konnte, und hatte gedacht, dass seine Muskelverkrampfungen, die seinen Körper in regelmäßigen Abständen durchschüttelten, das unmöglich machten. Und nicht nur das,

Ganesh kam schnurstracks auf mich zu und ließ sich mit letzter Kraft auf meinen Schoß plumpsen.
Ich war tief berührt, hielt ihn in meinem Arm und küsste ihn spontan auf die Wange. Ganesh nahm mich also sehr wohl wahr, auch wenn er geistig behindert war. Er sehnte sich wie alle Kinder nach Gesellschaft und Liebe. Welch ein Geschenk, dass ich unter all den Brüdern und Helfern diejenige sein konnte, deren Nähe er suchte. Jetzt spürte ich auf einmal, wie viel Leben noch in Ganesh steckte, auch wenn der äußere Schein den nahen Tod erwarten ließ.
Es war einer der bewegendsten Momente, die man im Leben haben kann. Ich musste in den nächsten Tagen unbedingt mehr über die Ursachen von Ganeshs Leid erfahren. Gab es vielleicht doch noch Hoffnung für ihn?
Vorher hatte ich mich gar nicht getraut, Ganesh hochzuheben, weil ich dachte, ich könnte ihm weh tun, so zerbrechlich, wie er aussah. Doch nun trug ich ihn nach der Gebets- und Gesangsstunde in den Schlafsaal zurück, wo Simon ihn im Anschluss daran fütterte. Leider mangelte es Simon ein wenig an Feingefühl, als er ihm den Löffel in viel zu kurzen Abständen in den Mund zwang. Sicher, es war wunderbar, dass es überhaupt jemanden gab, der daran dachte, dass man Ganesh füttern musste, weil er sich das Essen nicht selbst zuführen konnte, doch Ganeshs Geschrei zerriss mir schier das Herz. Trotzdem, er wäre ohne Simon sicher schon längst verhungert gewesen, und so riet ich Simon nur, ein wenig sachter vorzugehen, damit sich Ganesh am heißen Essen und Tee nicht den Mund verbrannte.

In den nächsten Tagen erfuhr ich mehr über Ganeshs Krankheitsgeschichte. Jeden Abend verabreichte einer der zwanzig Brüder den Kindern je nach Bedarf Medikamente und Beruhigungsmittel. Bei dieser Gelegenheit konnte ich im Medizinraum einen Blick auf Ganeshs Akte werfen und dem Bruder Fragen zu seiner gesundheitlichen Situation stellen.

Der medizinische Bericht begann ein Jahr zuvor, als Ganesh wegen plötzlich aufgetretener und kontinuierlich anhaltender Bewegungsstörungen und Muskelverkrampfungen ins Krankenhaus eingeliefert worden war. Man diagnostizierte eine generalisierte Dystonie, eine Krankheit, die es ihm unmöglich machte, die Kontrolle über seine krampfartigen Bewegungen zu haben, was unter anderem zu bizarren Körperhaltungen führte.

Ein Arzt hatte zudem vermerkt, dass falsch dosierte Beruhigungsmittel der Auslöser von Ganeshs Leid gewesen waren. Und tatsächlich erzählte mir Brother Vishwas von einem Streit, der sich zwischen einem italienischen Arzt, der eine Zeitlang im Ashram ausgeholfen hatte, und der Heimleitung zugetragen hatte. Jeder warf dem anderen Medikamentenmissbrauch vor, und schließlich musste der Arzt gehen.

Wer nun auch immer für Ganeshs Schicksal ursprünglich verantwortlich war, es lag dennoch auf der Hand, dass das Heim Ganesh hätte verhungern lassen. Und nicht nur das, auch die anderen Kinder waren in einem erbärmlichen Zustand. Ihre Hände waren von Krätze befallen, viele hatten die Haare voller Läuse, bei einigen war sogar die Kopfhaut mit schroffen Wunden vom Kratzen versehrt. Jeden Tag sah ich reiche indische Familien zu Besuch kommen, die neben Geldspenden oder Nahrungsmitteln auch neue Kleidung und Spielzeug für die Kinder daließen. Doch all diese Wohltaten verschwanden sogleich in einem Schrank im Gemach des Superiors, und die Kinder liefen weiterhin in ihren alten Lumpen herum.

Es war ein Skandal, was hier vorging, das war mir klar. Doch bevor ich irgendetwas dagegen unternehmen konnte, musste ich mich zunächst voll und ganz Ganesh widmen, dessen Leben am seidenen Faden hing. Laut der medizinischen Akte war er zehn Jahre alt, doch sein Körpergewicht entsprach dem eines Zweijährigen. An Ganeshs Ellbogen und Knien klafften offene Wunden von den ständigen Reibungen, die die Krampfanfälle verursachten, seine Nase war verschnupft, und in seiner Windel entdeckte ich Würmer. Nach einem eindringlichen Gespräch konnte ich noch in derselben Woche den Superior dazu bringen, Ganesh wieder ins Krankenhaus einzuliefern. Ich würde mir von nun an mit Simon die Schicht teilen, so dass immer jemand bei ihm sein konnte.

Ganesh kam in ein Einzelzimmer, und da er sich an den Eisenstangen des Krankenbetts verletzen würde, erlaubten uns die Pfleger, zwei Matratzen auf den Boden zu legen. Simon blieb immer von morgens bis nachmittags bei Ganesh, bis ich von der Firma zurückkam, um ihn abzulösen und auch in der Nacht bei Ganesh im Krankenhaus zu bleiben. Wie war ich überrascht, als wir auch regelmäßig Besuch von einem Bruder bekamen, der vom Ashram dazu beauftragt war, Ganesh stets die besten und neuesten Kleider zu bringen und im Anschluss daran mit der Bibel in der Hand gleich bei anderen Kranken missionieren zu gehen. Bei so viel Scheinheiligkeit und gespielter Fürsorglichkeit wurde mir beinahe schlecht.

Dabei konnten die Brüder noch am wenigsten dafür. Sie stammten meist aus armen Familien, denen die Mittel für die berufliche Ausbildung ihrer Söhne fehlten, und so schlossen sich diese häufig einem Ashram an, um ein Auskommen zu haben. Sie hatten strenge Regeln zu befolgen und einen festen Tagesplan. Mit den Kindern hatten sie so gut wie nichts zu

tun, zu diesem Zweck waren ein paar Helfer angestellt, die aber so sehr mit den niederen Arbeiten beschäftigt waren, dass sie nicht auf die Kinder eingehen konnten.
Ich war froh, dass wir mit Ganesh nun in diesem sauberen und hochmodernen Krankenhaus sein konnten. Durch die Unterstützung einer italienischen Hilfsorganisation wurde den Waisenkindern aus dem Ashram seit Jahren eine kostenlose medizinische Behandlung ermöglicht. Chefarzt Dr. Chhabra war sehr freundlich und erklärte mir stets, wie es um Ganesh stand. Zuerst bekam er Medikamente gegen die Würmer und gleichzeitig eine spezielle Diät. Schließlich wollten sie ihm Tabletten geben, um seine Verkrampfungen zu mildern. Doch er meinte, es könne noch dauern, bis eine gewisse Besserung eintreten würde, und auch die richtige Dosis musste über einen längeren Zeitraum hin exakt ausbalanciert werden.
Es waren anstrengende Tage und Wochen, und die Stunden tagsüber in der Fabrik, wo sich alles nur um Mode und Kleidungsstücke drehte, krochen schleichend dahin. Als ein sehr wichtiger Auftrag von Strenesse hereinkam, durfte ich in der Näherei die Produktion überwachen. In sechs Tagen verdiente ich so viel, wie ich für meinen halbjährigen Indienaufenthalt an Unterhalt brauchen würde. Wieder begegnete mir der große Kontrast zweier Welten, und ich wusste nun mit Sicherheit, dass ich meine Lebensaufgabe bei den Armen gefunden hatte.
Ganeshs Zustand besserte sich nur sehr langsam, und er schien ununterbrochen Schmerzen zu haben. Selbst nachts weinte er oft, was mich zum Verzweifeln brachte, schließlich konnte er mir nicht sagen, was ihm weh tat oder was er brauchte. Irgendwann fanden die Ärzte heraus, dass er zwei schlechte

Zähne hatte, die ihm besonders beim Essen Schmerzen bereitet haben müssen. Die Zähne wurden gezogen, und Ganesh begann, mehr und mehr zu essen.

Mein Praktikum war schon längst zu Ende, aber ich dachte keine Sekunde mehr an Mumbai. Wozu auch, hier wurde ich gebraucht, und auch wenn die Fortschritte anfangs noch gering waren, ging es mit Ganesh langsam bergauf. Ich liebte es, wie er stets zu mir herübergekrochen kam, um sich in meinem Schoß mit Streicheleinheiten verwöhnen zu lassen. Wenn wir tagsüber im Park vor dem Krankenhaus auf einer Decke saßen, bemerkte ich oft die Blicke der Besucher, die vielleicht selbst noch nie solch ein abgemagertes Kind gesehen hatten. Auch Europäer waren kein alltägliches Bild in dieser Gegend, und so kamen manche Inder sogar direkt auf mich zu, um mir mitzuteilen, wie ergriffen sie von unserem Anblick waren.
Nach zwei Monaten bekam Ganesh wieder Bäckchen. Seine Wunden schlossen sich, und an Beinen und Po, wo vorher nur spitze Knochen herausragten, bildeten sich langsam wieder weiche Polster. Das großartigste Erlebnis überhaupt war, dass Ganesh sein Lachen wiederfand. Ich hatte ihn bis dahin nur mit ernstem, schmerzverzerrtem Gesicht gekannt und wunderte mich, welche Grimassen er in letzter Zeit machte, wenn ich zur Tür hereinkam. Es war anfangs noch undeutlich, doch dann, am dritten oder vierten Tag, erkannte ich, dass Ganesh vor Freude lächelte. Das zarte Lächeln verwandelte sich schon bald in das wundervollste Strahlen, das alles Leid vergessen ließ.

Ganeshs Genesung machte mich überglücklich, aber gleichzeitig machte ich mir große Sorgen, was nach dem Krankenhaus kommen würde. Seine Muskelverkrampfungen waren zwar besser geworden, aber immer noch war er voll pflegebedürftig. Nun stand auch noch der kalte Winter bevor, und ich hatte Angst, dass es im Ashram mit ihm schnell wieder bergab gehen würde. Ich horchte mich in Delhi um, ob es dort nicht ein besseres Heim für Ganesh gäbe, aber kein einziges war auf voll pflegebedürftige Kinder spezialisiert.

Chefarzt Dr. Chhabra wollte mir zwar den Gefallen tun, Ganesh nicht aus dem Krankenhaus zu entlassen, ehe ich ein gutes Heim für ihn gefunden hatte, aber auf Dauer konnten wir das teure Zimmer natürlich nicht belegen.

Einmal fuhr ich mit dem Bus zwei Stunden nach Kurukshetra, um mir in dieser Kleinstadt ein Heim für behinderte Kinder anzusehen. Doch als ich ankam, war ich schockiert, wie dort auf engstem Raum dreißig behinderte Kinder und Teenager leben mussten. Wie es aussah, wurden sie allesamt mit Beruhigungs- und Schlafmitteln ruhiggestellt, damit sie auch tagsüber in ihren Betten bleiben würden. Für Bewegung wäre nämlich aufgrund der engen Bettreihen gar kein Platz gewesen.

Ein anderes Mal fuhr ich mit dem Zug sogar sieben Stunden bis nach Amritsar, weil mir ein Inder ein angeblich sehr gutes Kinderheim empfohlen hatte. Doch anstatt ein liebevolles Zuhause für Ganesh zu finden, stieß ich dort auf zwei andere etwa zehnjährige Jungen, die fast genauso abgemagert wie Ganesh waren und auf einer Strohmatte mit starrem Blick vor sich hin vegetierten. Ein anderes Kind war mit dem Fuß an ein Eisenbett gefesselt. Laut der Pflegerin war das notwendig, denn das Kind sei behindert und würde sonst Unfug machen. Eine andere Pflegerin ertappte ich dabei, wie sie gerade ein Mädchen auf den Rücken schlug, das aufgrund ihrer Körperbehinderung versehentlich gestolpert war. Auch hier hatten die Kinder die Krätze und die Haare voller Läuse.

Die Zustände in den Heimen waren katastrophal. Lag es am Geld, oder hatten manche Inder kein Verständnis dafür, dass auch behinderte Kinder Schmerz und Leid empfinden und Liebe brauchen? Oder war es der Frust der Pfleger, die für einen geringen Lohn Kinder versorgen sollten, die von der Straße kamen, weder einer Kaste zugehörten noch sich sonst in irgendeiner Weise im indischen System behaupten konnten? Noch wusste ich auf alle meine Fragen keine Antwort.

Langsam ging es auf den Winter zu, der auch vor dem Norden Indiens keinen Halt machte. Es war empfindlich kalt geworden, ich trug bereits Jacke, Pullover und Schal, doch die Kinder liefen immer noch in T-Shirt, Boxershorts oder gar in vollgepinkelter Hose auf dem Hof des Ashrams herum. Auch ich hatte mittlerweile Läuse, was durch den täglichen Kontakt mit den Kindern auch kein Wunder war. Zum Glück gab es ein spezielles Öl, das einen wieder davon befreite, und so nahm ich diese ungewöhnliche Sensation in meinem Leben locker hin.

Wirklich schlimm dagegen war der Anblick von kleinen Mädchen draußen auf den Straßen, die kaum etwas auf dem Leib trugen und ohne Schuhe auf dem kalten Asphalt zwischen den Autos ein paar Rupien erbettelten. Der Himmel hatte sich mittlerweile grau gefärbt. Nebel und Abgase bildeten eine dichte Smogschicht, die nicht einmal den kleinsten Sonnenstrahl durchließ.

Wenn ich gerade nicht im Krankenhaus übernachtete, weil ich die Schicht mit Simon tauschte, fror ich in meinem kalten Zimmer im Ashram, in dem es weder warmes Wasser noch eine Heizung gab. Bald war es auch mit den seltenen heißen Duschen im Krankenhaus aus und vorbei, denn Ganesh wurde kurz vor Weihnachten schließlich doch entlassen. Er musste weiterhin täglich seine speziell dosierten Tabletten einnehmen, aber mehr konnten die Ärzte nicht für ihn tun. Ich war alles andere als glücklich mit der Situation, schließlich hatte es nachts nur noch sieben Grad, und immer noch hatte ich kein geeignetes Heim für ihn finden können. Würde Ganesh im Ashram wirklich zu Kräften kommen können?

Mein Bild vom Ashram mitsamt seiner Kirche im Hof verdunkelte sich noch mehr, als Brother Thomas eines Abends tatsächlich aufdringlich wurde. Es dämmerte bereits, als er auf einmal vor meiner Tür stand und Anstalten machte, mich zu küssen. Ich war entsetzt und knallte die Tür zu, nachdem ich ihm zu verstehen gegeben hatte, dass ich kein Interesse habe. Als er am nächsten Tag wiederkam, wurde ich deutlicher und drohte ihm durchs Fenster, den Superior zu informieren, sollte er mich weiterhin belästigen. Von da an war es vorbei mit Brother Thomas' Freundlichkeit. Er würdigte mich keines Blickes mehr und machte ein finsteres Gesicht, sobald ich in seine Nähe kam.

Meine Miene hingegen hellte sich von alleine wieder auf, wann immer ich mit den Kindern zusammen sein konnte. Besonders Raju, ein neunjähriger Junge, suchte stets meine Nähe. Jedes Mal, wenn er mich am Abend zurückkommen sah, jubelte er und rief bereits von weitem mit seiner klaren Stimme über den Hof, dass seine Mami gekommen sei.

Raju berührte mein Herz. Vor einem Jahr hatte man ihn auf der Straße herumirren sehen, und als er nach seiner Mutter gefragt wurde, konnte er nicht sagen, wo sie war. Er musste große Sehnsucht nach mütterlicher Liebe haben, doch im Ashram war keine indische Frau angestellt, weil man um die Enthaltsamkeit der Brüder fürchtete.

Raju und ich hatten immer viel Spaß miteinander. Mal ritt er auf meinem Rücken über den Hof, oder er sagte zu mir: *»Tum pagal ho!«,* um mich zu necken. Mittlerweile konnte ich mich in einfachen Sätzen auf Hindi unterhalten und wusste, dass das »Du bist verrückt!« bedeutete. Raju wusste, dass ich ihn daraufhin wieder durchkitzeln würde, wobei er sich jedes Mal halb kaputtlachte. Einmal nannte ich ihn meinen »Spatz«, doch er konnte es nicht aussprechen und rief lauthals »Spaataaatz!«. Diesmal lag es an mir, ihn zu necken, und so zog ich ihn immer wieder damit auf.
Zuerst hatte ich gedacht, Raju wäre ein ganz normales Kind, doch die Brüder im Ashram sagten mir, dass er geistig leicht zurückgeblieben sei. Auch hatte er Epilepsie in den Augen, was sich dadurch bemerkbar machte, dass sie häufig nach rechts zuckten. Dass er mich zu seiner Mami auserkoren hatte, schien niemanden zu stören, selbst die Helfer im Ashram nannten mich in seiner Gegenwart so. Und ich machte den Fehler, ihn nicht zu bremsen. Ich hätte mir mehr Gedanken machen müssen, denn schließlich würde ich in wenigen Monaten fortgehen und Raju alleine zurücklassen.
Aber ans Abreisen wollte ich gar nicht denken. Trotz der Kälte, der Not und der Missstände um mich herum lebte ich mit einem Mal richtig auf. Ähnlich wie bei Jalia in Tansania fühlte ich eine tiefe Erfüllung in mir. Sicherlich hätte ich Weihnachten in meinem beheizten Zimmer in Deutschland verbringen können, und doch wollte ich im Moment nirgends lieber sein als hier in Indien, so sehr waren mir meine Schützlinge ans Herz gewachsen.
An Heiligabend saß ich mit Ganesh auf einer Matte in einer Ecke des Schlafsaals. Er hatte sich an mich gekuschelt, während Raju versuchte, Zöpfe in mein blondes Haar zu flechten.

Zwei andere Kinder knieten vor uns und schauten gebannt zu. Die friedliche Harmonie zwischen uns wurde jäh unterbrochen, als Brother Thomas hereinpolterte.
»You go out! Women are not allowed in this room after dinner!«, befahl er mir mit funkelnden Augen und zeigte auf die Tür.
Es war erst acht Uhr abends, und zudem war Heiligabend, ich sah überhaupt nicht ein, warum ich nicht mit den Kindern gemütlich zusammensitzen konnte, und verteidigte mich dementsprechend.
Doch dann legte Brother Thomas erst richtig los. Ich hätte gesagt, dass ich nur den September über bleiben würde, und nun sei ich schon seit vier Monaten hier. Das Böse quoll nur so aus ihm hervor, und ich wünschte nur, er würde zur Messe gehen und uns in Ruhe lassen. Raju weinte bereits und klammerte sich an mich, doch ich musste ihn auf den nächsten Morgen vertrösten und ging betroffen auf mein Zimmer.

Raju ging mir nun nicht mehr aus dem Kopf. Ich würde es nicht fertigbringen, ihn im Ashram alleine zurückzulassen, wenn ich in zwei Monaten nach Deutschland zurückmusste. Am liebsten würde ich ihn mit mir nehmen. Wenn nicht ich seine Mami sein konnte, dann brauchte er unbedingt eine andere Mami, damit er seine Kindheit nicht einsam in einem anonymen Schlafsaal verbringen musste.
Nach den Feiertagen besuchte ich deshalb das SOS-Kinderdorf im Stadtteil Faridabad, in der Hoffnung, dass sie mir dieses Mal weiterhelfen konnten. Ich hatte das Kinderdorf bereits einmal wegen Ganesh aufgesucht und sogar Mr. Kaul, den Präsidenten der indischen SOS-Kinderdörfer, mehrmals persönlich gesprochen. Schließlich war mein Plan gescheitert,

Ganesh in einem der Kinderdörfer unterzubringen, da diese nicht auf die intensive Pflege ausgelegt waren, deren Ganesh bedurfte.
Auch diesmal wollte ich nichts unversucht lassen, und so traf ich mich erneut mit Mr. Kaul. Er war wie immer ausnehmend freundlich, und als ich Rajus Geschichte erzählt hatte, rieb er sich nachdenklich das Kinn. Schließlich erzählte er mir von einem neuen Projekt, dem ersten SOS-Kinderdorf in Indien für Kinder mit speziellen Bedürfnissen, das nächsten Monat in Bhopal eröffnet werden sollte.
Das war unsere Chance! Für Raju könnte ich mir kein schöneres Zuhause vorstellen, denn ich hatte gesehen, wie sauber das Kinderdorf in Faridabad war – dagegen war das Leben draußen wie die Hölle auf Erden. Auch waren die SOS-Mütter sehr liebevoll im Umgang mit den Kindern und speziell für ihre Aufgabe ausgebildet worden. Mr. Kaul meinte, ich solle erst einmal mit Raju zu ihm kommen, und dann würden wir sehen.
Hoffnung wuchs in mir, und gleichzeitig machte ich mir Gedanken, ob der Superior des Ashrams überhaupt zustimmen würde. War es nicht so: Je mehr Kinder sie aufnahmen, desto mehr Spendengelder würden sie einsacken können? Würden sie Raju wirklich gehen lassen, oder war ich gegenüber ihren Machenschaften machtlos?
Natürlich gab es in dem Ashram auch Ausnahmen. Die meisten Brüder, die größtenteils aus dem im Süden des Landes gelegenen Kerala stammten, waren sehr freundlich. Sie waren immer für ein nettes Gespräch zu haben, wenn sie einmal nicht beteten. Besonders Brother Alphons war sehr hilfsbereit und hatte durch sein reiferes Alter einen guten Draht zum früheren Superior, der ebenfalls im Ashram residierte. Er

wollte mir helfen, Father Damian von meinen Plänen mit Raju zu überzeugen, und meinte, ich solle mich ein wenig gedulden.

Die Tage mit den Kindern vergingen wie im Fluge, und seit neuestem hatte ich auch eine indische Freundin, die in der Nachbarschaft wohnte und uns jeden Nachmittag im Ashram besuchte. Rajnies dunkles Haar fiel ihr dicht bis über den Po, und sie sah einfach bezaubernd aus in ihrem dunkelroten, mit glitzernden Pailletten versehenen Sari, dem traditionellen indischen Frauengewand, das aus einem meterlangen rechteckigen Tuch besteht und erst durch die richtige Wickeltechnik zum Kleid wird.

Mit ihrer Schönheit hatte sie auch einem Italiener den Kopf verdreht, der letztes Jahr eine gewisse Zeit als Volontär bei den Kindern im Ashram verbracht hatte. Eines Tages erzählte mir Rajnie mit einem Glänzen in den Augen, dass Angelo sie heiraten wolle, wenn er aus Italien zurückkäme. In ihrem Gesicht konnte ich lesen, wie verliebt sie war, und freute mich für die beiden.

»And you, what about you?«, fragte sie neugierig mit einem vielsagenden Lächeln. Doch ich winkte ab und begann, ihr von Jalia zu erzählen, und welchen großen Stellenwert Ganesh und Raju in meinem Leben eingenommen hatten. In der Tat hatte ich mir schon seit geraumer Zeit Gedanken darüber gemacht, dass ich keinen Mann brauchte, um glücklich zu sein. Aus meiner Zeit mit Jens wusste ich natürlich, wie wohltuend es war, jemanden an seiner Seite zu haben, und wie intensiv es sein konnte, nur noch Augen für den Partner zu haben. Aber irgendwie hatten die Kinder diesen Platz eingenommen, und da meine Tage von morgens bis abends

ausgefüllt waren, vermisste ich auch die Zärtlichkeiten eines Mannes kaum.
Ich hatte in den vergangenen Monaten noch einmal viel über meine erste große Liebe nachgedacht und war zu dem Schluss gekommen, dass ich allein viel stärker war. So war ich unabhängig in meinem Tun und meinen Entscheidungen. Komischerweise hat man in einer Beziehung ständig das Gefühl, jemanden zu brauchen, wenn es ein Problem gibt. So musste ich mich alleine durchschlagen, und siehe da: Es klappte mühelos!
Und wie ich es drehte und wendete, ich spürte einfach, dass es meine Lebensaufgabe war, Kindern zu helfen, die von niemandem Hilfe erwarten konnten. Wozu sollte ich Kinder in die Welt setzen, wenn es bereits so viele gab, die niemanden hatten und die ich genauso gut in mein Herz schließen konnte?
In Rajnie hatte ich eine Freundin gefunden, mit der ich über diese Fragen sprechen konnte, auch wenn sie komplett anderer Meinung war. Sie protestierte heftig, als ich ihr erzählte, ich wolle keine eigenen Kinder haben: »But at least one own child you need.«
Genau dasselbe hatte ich auch in Tansania immer zu hören bekommen. Aber ich sah das anders. Warum sollte ich einen Unterschied zwischen eigenen Kindern und einem Waisenkind machen? Hätte ich eine eigene Familie, dann wäre ich nicht so frei, um in der weiten Welt immer wieder einzelnen Kindern begegnen zu können, die eine Zeitlang Hilfe brauchten, bis es ihnen wieder besserging. Mir gefiel mein Leben so, wie es jetzt war, ein Mann hingegen würde mich nur von meinem Weg ablenken.
Ich merkte, dass Rajnie immer noch felsenfest von dem überzeugt war, was ihr die Gesellschaft vorgegeben hatte. Unver-

heiratet und kinderlos zu sein, war in Indien ein inakzeptabler Lebensstil. Und diejenigen, die keine Kinder gebären konnten, geschieden oder verwitwet waren, wurden häufig von der Gesellschaft geächtet. Früher war es sogar Tradition gewesen, dass die Frau nach dem Tod ihres Mannes bei der Verbrennung des Leichnams mit auf den Scheiterhaufen ging. Diesem barbarischen Brauch wurde zum Glück durch Gesetze weitestgehend ein Ende gesetzt, doch ohne Mann zu sein bedeutet auch heute noch ein trauriges Dasein für eine Inderin.
Wie ich durch Mr. Kaul erfahren hatte, fanden in den indischen SOS-Kinderdörfern nicht nur Kinder ein neues Zuhause, sondern auch ebendiese Frauen, deren Schicksal sie zu Außenseitern gemacht hatte.

Wenige Wochen vor meiner Abreise nach Deutschland wurde es ernst für Raju. Father Damian hatte seine Genehmigung für meinen Plan, Raju in dem neuen SOS-Dorf unterzubringen, erteilt. Jetzt musste ich nur noch Mr. Kauls Urteil abwarten.
Ich war aufgeregt, als der Fahrer des Ashrams Raju und mich zu unserer Verabredung mit Mr. Kaul nach Delhi fuhr. Schließlich stand mein Plan kurz davor, in die Tat umgesetzt zu werden. Es war kein reines Gedankenspiel mehr, sondern eine reale Chance, Raju ein neues, besseres Leben zu ermöglichen. Alles lag nun in Mr. Kauls Händen.
Der Präsident des SOS-Kinderdorfs brauchte nicht lange für seine Entscheidung, nachdem er Raju ein paar Fragen gestellt hatte. Er rief einen Angestellten zu sich, der sich um die formalen Angelegenheiten kümmern sollte, und dann versprach er, uns zu informieren, sobald wir Raju ins neue Kinderdorf nach Bhopal bringen konnten.

Tiefe Freude erfüllte mich. Es hatte sich gelohnt, um Raju zu kämpfen! Nun würde er es gut im Leben haben, da war ich mir sicher. Seine Einsamkeit würde ein Ende haben, und seine Sehnsucht nach Liebe würde gestillt werden. Voller Anerkennung erhob ich mich vor Mr. Kauls Schreibtisch und führte meine Handflächen gemäß indischer Tradition senkrecht unterhalb des Kinns zusammen, eine Geste, die die Einheit des Geistes darstellen sollte, und beugte meinen Kopf dabei leicht nach vorne. Die rechte Hand gilt als Symbol für die höhere Natur, während die linke die weltliche Natur verkörpert. Mr. Kaul erwiderte meinen Gruß mit derselben Geste.
Nur zwei Wochen später saß ich mit einem Schreiben vom Ashram, das mich bevollmächtigte, Raju ins achthundert Kilometer entfernte Bhopal zu bringen, in einem Bus zur New Delhi Railway Station. Ich konnte kaum glauben, dass mein Traum wahr geworden war. Noch konnte ich Raju allerdings nicht erzählen, wohin unsere Reise ging. Er hätte nicht verstanden, dass wir uns bald trennen mussten, damit er ein glückliches Leben haben konnte.
Uns blieb noch eine Stunde Zeit, bis der Zug kommen würde, und so schlenderte ich mit Raju ins Stadtzentrum. Es war ein bewegendes Gefühl, voll und ganz die Verantwortung für ein Kind zu haben. Wir genossen die letzten Stunden der Zweisamkeit, lutschten an einer Straßenecke ein Eis und kauften einen Teddy-Luftballon. Ans Abschiednehmen wollte ich nicht denken. Ich hätte mir gewünscht, dass ich alle Tage mit Raju verbringen könnte und dass sie alle so schön wären wie dieser.
Für die lange Reise hatte ich uns ein Liegebett im Schlafwagen reserviert. Wir würden die ganze Nacht durchfahren, und da ich Sorge hatte, dass Raju von der hohen ungeschützten Lie-

gefläche herunterfallen könnte, legte ich meinen Arm schützend um ihn, als wir uns zum Schlafen hinlegten.
Raju aber war zu aufgeregt, um auch nur ein Auge zuzutun. Die Zugfahrt war für ihn ein großes Abenteuer, und er war gespannt, wohin wir fahren würden. Bald jede halbe Stunde sagte er mit seiner süßen Stimme »Dirty«, um mir deutlich zu machen, dass er pinkeln musste. Dann hieß es wieder hinunterklettern, Schuhe an, auf die enge schmutzige Toilette und wieder zurück. Die anderen Frauen im Abteil schmunzelten schon, besonders weil der kleine Inder mich seine Mami nannte. Wegen mir hätte die Zugfahrt mein ganzes Leben lang dauern können. Ich liebte diesen kleinen Raju, der mir sein ganzes kindliches Vertrauen schenkte, über alles.
Mit Bangen erwachte ich am nächsten Morgen, in der Gewissheit, dass wir schon fast da waren, was bedeutete, dass der Abschied unaufhaltsam näherrückte. Am liebsten hätte ich die Zeit angehalten. Aber was sollte ich tun? Ich war eine Ausländerin, und mein Visum lief bald ab.
Um neun Uhr erreichten wir Bhopal, wo uns ein Mitarbeiter des Kinderdorfs mit dem Auto abholte. Wir fuhren hinaus aus der Stadt in eine ländliche Gegend, vorbei an Hütten, vor denen Kühe grasten, bis wir vor einem von Blumenbeeten gesäumten Tor zum Stehen kamen. Die Vögel zwitscherten, es duftete nach Orchideen und Jasmin. Fröhliches Gelächter schallte von drinnen zu uns heraus.
Ich sah auf den ersten Blick, dass dieses Kinderdorf ein richtiges Paradies und ein Ort zum Erholen und Gedeihen war. Auf dem weiten Grundstück war genug Platz, damit die Kinder sich austoben und miteinander spielen konnten. Jeweils vier SOS-Häuser waren um ein gepflegtes Stück Grünfläche im Kreis angelegt. Das Dorf umfasste fünf solcher Gemein-

schaftsinseln. In jedem der zwanzig Familienhäuser wohnten eine Mutter, eine Tante und fünf bis acht SOS-Geschwister. Manche liefen in ihrer Schuluniform den Pfad entlang, und die Kleineren waren auf Sonnenmatten um ihre Mütter versammelt, die gerade mit ihren Nachbarinnen plauderten oder Wäsche auf die Leinen hängten.

Wer dieses friedliche Leben sah, musste automatisch den Wunsch verspüren, daran teilzuhaben. Raju jedoch umklammerte meine Hand immer fester und ließ mich keine Sekunde mehr aus den Augen. Er schien zu spüren, dass sich unsere Wege bald trennen würden. Immerhin würde ich die ersten zwei Tage bleiben, bis er sich ein wenig eingelebt hatte.

Und dass er das tun würde, war mir klar, als ich ihn im Kreise seiner neuen Familie mittagessen sah. Er aß mit großem Appetit und lief danach mit dem vierjährigen Sonu hinter das Haus, um mit einem Traktor zu spielen. Und auch von der kleinen Nisha war Raju sofort begeistert. Sie war ohne Augen auf die Welt gekommen, und Raju ging neugierig auf sie zu, als die SOS-Mami ihr die Flasche gab. Neben Sonu und Nisha lebten noch zwei etwas ältere Mädchen und ein elfjähriger Junge in der Hausgemeinschaft, die ebenfalls alle ein Handicap hatten. Durch Physiotherapie, Wassertherapie und den Besuch von Sonderschulen wurde ihnen in diesem speziellen SOS-Kinderdorf geholfen.

Als es Abend wurde, zog ich mich in das Gästezimmer zurück. Raju sollte die erste Nacht in seiner neuen Familie verbringen, was natürlich nicht ganz ohne Tränen abging. Erst als er am nächsten Morgen sah, dass ich tatsächlich noch da war, strahlte Raju wieder und spielte sorgenfrei mit den anderen Kindern.

Der letzte Tag aber wurde hart für uns beide. Raju hatte sich zwar schon ein bisschen eingelebt, aber er wollte unbedingt mit mir mitkommen. Ich versprach ihm, ihn bald wieder besuchen zu kommen, und erkundigte mich bei seiner SOS-Mutter nach der Adresse, damit ich ihm schreiben konnte. Schweren Herzens ließ ich mich zum Bahnhof zurückfahren, wobei ich stets das Bild des weinenden Raju vor mir hatte. Ich würde wiederkommen, das stand fest, und ich hoffte, dass Raju seine neue Familie schon bald ins Herz schließen würde. Mein Indienaufenthalt ging nun rasch dem Ende zu. Ich verbrachte noch ein paar wunderschöne Tage mit Ganesh im Ashram. Es war Februar, erste Sonnenstrahlen wärmten den Hof, und der triste Winter war vorüber. Ganesh war über den Berg, auch wenn er alleine noch kaum etwas machen konnte. Zwar war er immer noch dünn, aber nicht mehr unterernährt, und seine Muskelverkrampfungen waren fast ganz verschwunden. Seine Augen glänzten, und jedes Mal, wenn er Simon oder mich sah, huschte ein Lächeln über sein Gesicht. Simon würde ein paar Monate länger im Ashram bleiben, und die Gewissheit, dass sich jemand um ihn kümmern würde, beruhigte mich. Leider hatte ich keine andere Unterbringungsmöglichkeit gefunden, aber ich hoffte, dass die Rettungsaktion, die Simon und ich gestartet hatten, die Verantwortlichen im Ashram doch ein wenig zum Umdenken bewogen hatte. Außerdem würde ich mich natürlich von Europa aus immer wieder nach Ganesh erkundigen und Briefe schreiben.

Schließlich, nachdem ich noch einen zweiwöchigen Abstecher an die Ausläufer des Himalaja gemacht hatte, um Indiens Norden kennenzulernen, machte ich mich auf den Heimweg. Doch was hieß Heimweg? Wieder einmal zog es mich gar nicht zurück nach Deutschland. In Indien hatte ich eine Aufgabe gefunden, die meinem Leben einen Sinn gab, eine Auf-

gabe, die mir das ferne Land zu einer Heimat gemacht hatte, genauso wie ich es schon in Tansania erlebt hatte.
Aber trotz aller Zukunftspläne wollte ich mein Studium ordentlich beenden, schließlich hatte ich nur noch ein Semester vor mir. Die Zeit würde ich dazu nutzen können, neue Kräfte zu sammeln und mir anhand von Gelegenheitsjobs genug Geld für den nächsten Auslandsaufenthalt zusammenzuverdienen. Erst dann würde ich mich voll und ganz auf das konzentrieren können, was ich wirklich wollte: notleidenden Kindern in Indien zu helfen, um sie zurück ins Leben zu holen und ihnen eine glückliche Kindheit zu ermöglichen.
Dass mein Engagement gefruchtet hatte, zeigte sich wenige Monate später, als mich eine SMS von Rajnie erreichte: »Ganesh can walk!«, schrieb sie. Sofort rief ich sie an, um mir bestätigen zu lassen, was ich da las. Tatsächlich, Ganesh konnte wieder laufen! Er konnte sogar alleine mit dem Löffel essen, seine Muskelverkrampfungen waren durch die Medikamente komplett verschwunden. Ich freute mich unendlich und wäre am liebsten sofort nach Indien aufgebrochen, um Ganeshs Lächeln mit eigenen Augen zu sehen.
Auch Raju lebte sich immer besser in seinem neuen Heim ein, was ich durch die regelmäßigen Briefe erfuhr, die ich von seiner SOS-Mutter erhielt.
Ich war unendlich glücklich, wenn ich an meine beiden Schützlinge dachte. Sicher, es gab so viele Kinder in so vielen Ländern der Erde, die unter schlimmsten Bedingungen ihr Leben fristeten. Und doch waren es zwei Kinder, deren Leben wieder lebenswert war.

4.

Sonne kann nicht ohne Schein,
Mensch nicht ohne Liebe sein.
Johann Wolfgang von Goethe

Zurück nach Indien zu gehen war seither mein großer Wunsch. Aber erst einmal sollte mich meine Diplomarbeit wieder nach Tansania führen, wo mir dann doch noch die Liebe in die Quere kam.

Durch mein vorheriges Praktikum kannte ich mich in der tansanischen Textilindustrie bereits aus, und so hatte ich mir einfach ein Thema und einen einheimischen Professor, der meine Diplomarbeit am Ende begutachten würde, gesucht. Hauptgrund für diese Entscheidung war natürlich gewesen, dass ich mich wieder ungehindert mit Land und Leuten, den Nöten und der Armut befassen könnte.

Nicht im Entferntesten hätte ich gedacht, dass ich mich doch noch einmal verlieben würde. Juma war seit Jahren der erste Mann, der meinen festen Standpunkt im Nu bedrohlich zum Schwanken gebracht hatte. Bereits bei unserem ersten Gespräch löste er eine große Faszination in mir aus, die ich mir nicht erklären konnte. Ausgerechnet er, dessen Leben nicht unterschiedlicher zu meinem hätte verlaufen können, schaffte es, mich in seinen Bann zu ziehen. Während ich gerade meine

Diplomarbeit beendete, war er in seinem ganzen Leben noch nie zur Schule gegangen. Ich war wohlbehütet in Deutschland in meiner Familie aufgewachsen, er hingegen hatte seit seinem siebten Lebensjahr alleine auf der Straße überleben müssen, weil seine Mutter verstorben und sein Vater Alkoholiker war. Während ich mich bester Gesundheit erfreuen konnte, hing Jumas Leben durch Drogenkonsum und Tuberkulose am seidenen Faden.

Wie wir es dennoch schafften, einen gemeinsamen Weg zu gehen, muss besonders an Jumas Ehrlichkeit mir gegenüber gelegen haben. Trotz mancher von der Gesellschaft verurteilter Angewohnheiten, die der tägliche Überlebenskampf auf der Straße mit sich brachte, gelang es ihm Schritt für Schritt, mein Herz zu gewinnen. Und das, obwohl er mir bereits bei unserer ersten Verabredung gestanden hatte, dass er stehlen ging, um seine täglichen Ausgaben decken zu können.

Juma vertraute mir sein komplettes Leben an, mitsamt seinen Höhen und Tiefen. Seine Geschichten fesselten mich, denn sie schenkten mir tiefe Einblicke in das Leben der Armen, Vergessenen und Verstoßenen in Afrika. Und ganz besonders in sein weiches Herz, das sich hinter einer harten Schale verbarg, sobald er mit seinen Kumpels von der Straße zusammen war. Es war nicht einfach, doch letztendlich entschied er sich für mich. Seine Freunde, die für ihn jahrelang eine Art Familienersatz gewesen waren, hatten lange versucht, ihn zurückzuhalten, aber Juma wusste, dass ein Weiterleben auf der Straße für ihn den Tod bedeuten würde.

Das kleine Zimmer, das ich für ihn angemietet hatte, damit er während seiner Tuberkulosebehandlung ruhen konnte, wurde sein Zufluchtsort. Zum ersten Mal konnte er seine Gedanken sortieren, ohne von den Gewohnheiten der Obdachlosig-

keit beeinflusst zu werden. Wir trafen uns täglich und vergaßen die Stunden, wenn wir gemeinsam am nahe gelegenen Strand spazierengingen, in seinem »Ghetto«, wie er sein Zimmer nannte, über das Leben, über Deutschland und Tansania redeten oder gemeinsam in unserer Stammkantine inmitten des Stadtzentrums essen gingen.
Wir hatten nur Freunde sein wollen, aber nach und nach veränderte sich etwas in uns. Doch bevor irgendetwas geschehen konnte, musste ich nach Deutschland zurück. Natürlich versprach ich Juma, wiederzukommen, und als ich schließlich zu Hause war, vermisste ich ihn die ganze Zeit. Jeder Tag ohne Juma war inhaltslos, und die Sorgen um seinen schlechten gesundheitlichen Zustand und sein zerrüttetes Leben zerfraßen mich.
Als ich nach drei Monaten dann endlich wieder nach Afrika zurückkonnte, war Juma in einem so schlimmen Zustand, dass ich meinen Augen kaum traute. Er war dermaßen mager geworden, dass er fast wie ein Kind aussah. Wir waren gleich alt, ohne es zu wissen, denn selbst Juma hielt sich für neunzehn, obwohl er bereits sechsundzwanzig war. Er wusste es nicht besser und hatte schon lange aufgehört, die Jahre zu zählen. Für ihn schien die Zeit stehen geblieben zu sein, denn jeder Tag glich dem anderen. Keiner hatte sich je nach seinem Alter erkundigt, und einen Ausweis oder eine Geburtsurkunde hatte er erst recht noch nie besessen.
Mit unserem Wiedersehen änderte sich schließlich alles. Juma erholte sich mehr und mehr, und unsere Liebe schenkte uns die Kraft, gemeinsam unsere Träume anzupacken, um sie Realität werden zu lassen. Juma bat mich, ein Buch über sein Leben zu schreiben, so dass ich irgendwann tatsächlich den Stift zur Hand nahm und begann, alles zu notieren, was er mir während unserer stundenlangen Gespräche anvertraute. Ich

wusste nicht, wohin uns das führen würde, doch schon bald füllte ich Seite um Seite und bemerkte, dass aus Jumas Geschichte unsere Geschichte geworden war.

Das Band zwischen uns wurde so stark, dass wir kurzerhand heirateten, um schließlich zusammen nach Deutschland zu gehen. Dort könnte er sich eine einträgliche Arbeit suchen, die ihn seinem Lebenstraum ein Stück näher bringen würde: ein einfaches Haus in Tansania, in dem er einen Laden eröffnen könnte. Und tatsächlich: Nach nur wenigen Monaten Schichtarbeit in Deutschland hatte Juma bereits genügend Ersparnisse, so dass wir uns in Tansania ein Haus kauften.

Juma war damit grenzenlos glücklich und zufrieden. Ich aber fragte mich manchmal, ob nicht die Zeit gekommen war, ein bisschen loszulassen. Mit Juma war meine Lebensplanung vollkommen durcheinandergeraten. Ich wollte schließlich noch mehr von der Welt sehen und für Kinder in Not da sein, nur so fühlte ich mich lebendig und erfüllt. Obwohl Juma die Liebe meines Lebens war, merkte ich, dass ich für eine andere Aufgabe bestimmt war, als nur Ehefrau zu sein.

Trotz allem tat es so gut, zusammen zu sein, und es schien, als würde erst die Zukunft zeigen, was die Liebe noch mit uns vorhatte. Wir mussten ja auch von etwas leben, und so hatte es uns schließlich nach Österreich auf die Almhütte gezogen, wo uns leider der ausbeuterische Hüttenwirt einen Strich durch die Rechnung gemacht hatte.

Aber nach dem Alptraum auf der Hütte kam uns wieder einmal der Zufall zu Hilfe. Wir brauchten immer noch dringend Geld, und so hatte ich spontan im größten Campingforum Österreichs ins Blaue hinein gepostet: »Deutsch-afrikanisches Paar sucht Putzjob auf Campingplatz«. In Wirklichkeit wusste ich überhaupt nicht, wie große Campingplätze strukturiert waren und wie man uns beide dort einsetzen konnte. Ich hatte mir einfach nur vorgestellt, dass anstelle von Bergen eine andere Alternative hermusste, die genauso viel Abenteuer und außergewöhnliche Erfahrungen versprach. Auf mein Inserat hin hatten innerhalb einer halben Stunde tatsächlich drei Camper geantwortet und uns eine Firma empfohlen, die auf Campingplätzen Wohnwagen und Mobilheime an Urlauber vermietete, und so hatte ich ohne viel Hoffnung eine kurze E-Mail mit einem Foto von uns beiden losgeschickt.

Prompt meldete sich jemand von der Firma. Sie bräuchten dringend Personal für einen Campingplatz in Italien, da dort kurzfristig ein Gästebetreuerpaar abgesprungen sei. Es war perfekt: Ich stellte mir einen sonnigen Arbeitsplatz am Meer vor, und Juma war alles recht, solange er nicht in die Berge zurückmusste.

Das Campingdorf befand sich inmitten eines duftenden Pinienwaldes. Bereits bei der Ankunft hatten uns italienische Songs und Vogelgezwitscher empfangen. Die paradiesische Anlage schien trotz der Arbeit genau der richtige Ort zum Erholen zu sein.

Unsere Aufgaben bestanden vorwiegend darin, die Wohnwagen zu reinigen, neue Gäste zu empfangen und Willkommensgeschenke wie Wasserbälle und Malbücher an die Kinder zu verteilen.

Die Sommermonate auf dem Campingplatz wurden dann zwar arbeitsreicher als erwartet, aber doch ein voller Erfolg. Juma blühte richtig auf, die Arbeit lag ihm, schon alleine deswegen, weil wir sehr viel Kontakt zu Gästen aus den verschiedensten Ländern hatten. Und es tat uns natürlich gut, so viel Zeit zusammen verbringen zu können, auch wenn es überwiegend keine Freizeit war.

Die gute Laune der Urlauber wirkte auch auf uns ansteckend. Ich spürte, wie die großen Anspannungen der letzten Monate, ja sogar der letzten zwei Jahre, seit ich mit Juma gemeinsam Schritt für Schritt ein neues Leben aufgebaut hatte, sich langsam lösten. Nun hatte ich die Gewissheit, dass wir es endgültig geschafft hatten und auch Juma einen inneren Frieden genießen konnte, wie er ihn vielleicht noch nie zuvor in seinem Leben verspürt hatte. Wir brauchten uns keine Sorgen um die Zukunft machen – wir hatten Arbeit gefunden und konnten jedem Tag mit Freude entgegenblicken.
Juma hatte schon bald viele Freunde auf dem Campingplatz. Mit Kindern hatte er stets eine Engelsgeduld, er konnte sich stundenlang mit ihnen beschäftigen und mit ihnen spielen. Mit dem achtjährigen Julian beispielsweise, der ihn jeden Tag zu gemeinsamen Erlebnissen abholte, stieg Juma zum ersten Mal in seinem Leben in ein Tretboot. Wie jauchzte er auf, als er auf der integrierten knallgelben Wasserrutsche direkt ins Meer platschte! Es schien, als lösten sich auch in ihm die vielen Anspannungen, die er seit seiner frühesten Kindheit mit sich herumtrug, indem er nun am sorgenfreien Leben der Kinder im Campingdorf teilhaben konnte. Wenn er hingegen die Afrikaner am Strand beobachtete, die meist vergeblich versuchten, Handtücher und Sonnenbrillen an die Urlaubsgäste zu verkaufen, wurde er stets an sein hartes Leben in Tansania erinnert, wo er ebenfalls kaum eine Möglichkeit gehabt hatte, sein täglich Brot zu verdienen.
Natürlich war auch hier nicht alles nur Sonnenschein. Besonders durch die Zeit, die ich in Tansania und Indien verbracht hatte, konnte ich mit den Nörgeleien und der Unzufriedenheit mancher Urlaubsgäste nur schwer umgehen, und manchmal wünschte ich mich in solchen Situationen gleich wieder nach Afrika. Eine besonders besorgte Mutter beispiels-

weise beobachtete ich dabei, wie sie die Matratzen aus dem Stockbett ihres Wagens holte und draußen mit einem Besenstiel abklopfte. Natürlich hatte ich Verständnis dafür, als sie mir erklärte, ihr Sohn habe eine Stauballergie. Doch nie im Leben hätte ich erwartet, dass gerade diese Familie eine Woche später den Wohnwagen so schmutzig hinterlassen würde – mit Erdklumpen auf dem Boden und völlig verklebten Tischen –, wie ich es noch bei keiner anderen Familie erlebt hatte.
Ein anderer Familienvater hingegen klopfte nahezu täglich wild an unsere Wohnwagentür, besonders während der Ruhezeit. Irgendetwas gab es immer, was ihn störte. Mal waren ihm die Nachbarn zu laut, mal die Sanitäranlagen zu verschmutzt, und wie wenn er das Negative geradezu anziehen würde, brach eines Tages ausgerechnet bei ihm das Abflussrohr des Waschbeckens auseinander. Zum Glück gehörten solche Gäste zu den Ausnahmen, und manchmal mussten Juma und ich im Nachhinein darüber schmunzeln.
Wenn wir nicht mit unseren Aufgaben beschäftigt waren, fand ich genug Zeit, um in Ruhe an unserem Buch weiterzuschreiben, das sich seit unserer stundenlangen Gespräche zu Beginn unserer Liebe Seite um Seite füllte. Während des Sommers hatte ich das Manuskript fast fertiggestellt, und nun erkundigte ich mich über das Internet, wie wir einen Verlag finden sollten. Wie es der Zufall wollte, befand sich unter den Campinggästen eine Verlagslektorin, die uns mit vielen Ratschlägen zur Seite stand. Zwar hatte der Verlag, in dem sie tätig war, keine authentischen Lebensgeschichten im Programm, aber sie gab uns viele Tipps, wie wir unser Manuskript in einem Verlag unterbringen konnten.
Mit ihrer Abreise nahte auch bereits das Ende der Campingsaison. Die Gäste wurden von Tag zu Tag weniger, und

schließlich begann ich mit Juma Mitte September, alle Vorzelte zu reinigen, abzubauen und sie bis zur nächsten Saison in den Wohnwagen zu verstauen. Nachdem wir mit dem letzten Zelt fertig waren, lag ich am Abend in unserem gemütlichen Caravan in Jumas Armen und blickte mit ihm auf die glückliche Zeit zurück, die wir hier gemeinsam verbringen durften. Morgen würden wir mit dem Zug nach Deutschland fahren, und bald würde es weiter nach Tansania gehen.

»Nicky, ich werde sicher die leckere Pizza vermissen«, meinte Juma.

»Und ich werde die vielen netten Kontakte vermissen. An Abwechslung hat es uns hier garantiert nicht gefehlt. Obwohl jeder von uns nur fünfhundert Euro pro Monat bekommen hat, haben wir so viel ansparen können, dass es wieder für ein Jahr in Tansania reichen wird.«

Für Juma waren fünfhundert Euro eine Menge Geld. Zudem hatten wir auch noch einiges an Trinkgeld bekommen, und oft mussten wir uns nichts zu essen kaufen, weil uns die Urlauber mit Steaks, Würstchen und anderem leckeren Essen versorgten, das sie im Überfluss gekauft hatten.

»Trotzdem, ich freue mich richtig auf meine Heimat«, fügte Juma noch wehmütig hinzu.

»Ich mich ehrlich gesagt auch. Mir gefällt das intensive Leben in Tansania. Trotz der Armut lachen die Menschen dort, kleine Probleme werden nicht gleich zu Tragödien, und selbst mit Krankheit und Tod wissen sie umzugehen, denn sie akzeptieren es als Teil des Lebens«, antwortete ich.

»Stimmt, deshalb sage ich doch immer: *Maisha ni furaha!* – Das Leben ist Freude!« Daraufhin drückte mich Juma liebevoll an sich – ein Zeichen, dass er gerade unendlich glücklich war.

Es freute mich so sehr, zu sehen, wie Juma immer weiter aufblühte. Kaum zu glauben, dass er noch vor wenigen Jahren auf der Straße gelebt hatte, ohne jemals Hoffnung darauf zu haben, ein geregeltes Einkommen und ein Dach über dem Kopf zu haben. Jetzt hatte er nicht nur ein eigenes Haus, sondern auch genügend Geld, um sich in seiner Heimat eine Existenz aufzubauen. Mit dem Lohn vom Campingplatz konnte Juma im vorderen Teil seines Hauses endlich einen Friseursalon sowie einen kleinen Laden eröffnen.

Es war so einfach in Tansania, sich mit wenig Geld selbständig zu machen. Für den Friseursalon ließ Juma ein beidseitig aufklappbares Metalltor in die Hauswand einbauen, und für die Innenausstattung beschaffte er sich zwei Drehstühle, eine Spiegelwand, zwei Haarschneidemaschinen und noch andere Utensilien wie zum Beispiel Puder, Schere und Tücher. Zwei Monate lang besuchte er täglich einen Salon in der Nachbarschaft, um sich praktische Fähigkeiten anzueignen, und dann konnte es endlich losgehen. Zur Sicherheit stellte er noch einen Friseurgehilfen an, mit dem er sich die täglichen Einnahmen teilte. Eine Lizenz brauchte er für den Salon nicht, und auch sonst musste er sich mit keinerlei Formalitäten herumschlagen.

Auch der kleine Laden auf der rechten Seite seines Hauses, in dem unsere Freundin Sofia, die aus einem Dorf am Kilimandscharo kam, fortan Milch, Mangosaft, Soft Drinks, frisches Gebäck, Biscuits und Popcorn verkaufte, war schnell eingerichtet. Dazu brauchten wir nur einen Kühlschrank und eine tischgroße Vitrine zu kaufen und auf Kunden zu warten, die wir am Eröffnungstag mit bunten Luftballons anlocken wollten.

Nachdem diese Hürde bravourös gemeistert war, insistierte Juma wieder, endlich in Sachen Buchveröffentlichung aktiv

zu werden. Er hatte wirklich recht: Seine, ja, unsere Geschichte war so unglaublich, so spannend und bewegend, es musste sich einfach ein Verlag dafür interessieren.
Als wir wieder einmal zu Besuch bei meinen Eltern in Deutschland waren, ging ich das Thema Verlagssuche an. Ich schickte zwanzig Bewerbungen an Verlage los, die derartige Lebensgeschichten in ihrem Programm hatten. Nun hieß es abwarten, ich wusste schließlich, dass eine Prüfung sehr lange Zeit in Anspruch nehmen konnte. Juma indes heiterte mich auf: »Komm, Nicky, es wird sich bestimmt jemand melden. Wir haben schon so viel zusammen geschafft, dann schaffen wir auch das!«
Wenige Monate später war es tatsächlich so weit: Der Droemer Knaur Verlag hatte meine Leseprobe interessant gefunden und bat darum, das komplette Manuskript prüfen zu können. Das war zumindest schon mal ein Anfang, hatten wir doch über die Zeit bereits einige Absagen erhalten. Doch es sollte noch einmal ein paar Monate und einen weiteren Sommer auf dem Campingplatz dauern, bis es dann richtig ernst wurde: Eine Lektorin von Droemer Knaur lud uns in den Verlag ein, damit man sich gegenseitig kennenlernen und das Buchprojekt gemeinsam planen könne.
Juma und ich waren aufgeregt: ein eigenes Buch! Wir konnten unser Glück kaum fassen und stürzten uns in die Arbeit. Das Manuskript musste gemeinsam mit der Lektorin komplett redigiert und überarbeitet, Cover, Titel und Texte mussten abgestimmt werden. Und schließlich, knapp ein Jahr später, machten wir uns zum Erscheinen des Buches auf nach Deutschland, um ordentlich dafür zu trommeln. Zusammen mit dem Verlag organisierten wir Fernsehauftritte, Radiobeiträge, Lesungen, Ausstellungen und vieles mehr, was das Buch bekannt machte.

Es war eine aufregende Zeit! Wir pendelten zwischen Europa und Afrika, vermarkteten unser Buch; währenddessen arbeitete Juma in seinem Salon, und ich kümmerte mich in Tansania um einige bedürftige Kinder, die in Dar es Salaam auf der Straße lebten und dringend Hilfe benötigten. Dank unserer Saisonjobs auf dem Campingplatz und den Erlösen aus dem Buchverkauf konnte ich ihnen beispielsweise in Internaten ein Dach über dem Kopf bieten, wo sie neben der Bildung auch noch rundum versorgt wurden.
Auch die vielen positiven Reaktionen auf unser Buch, die auf den Lesungen oder immer noch per E-Mail an mich herangetragen wurden. Sie alle ermutigten mich stets, mich in meinen Zielen nicht beirren zu lassen und weiter für die Ärmsten der Armen zu kämpfen, auch wenn mich die Liebe zwischenzeitlich auf einen anderen Weg geführt hatte und es nicht immer einfach war, beides miteinander zu vereinbaren.
Immer wieder gab es auch Zuschriften von Lesern, in denen sie mich fragten, wie sie meine Projekte unterstützen könnten. Anfangs wusste ich nicht so recht, wie ich ihnen antworten sollte, denn schließlich brauchte es meist nicht viel Geld, um einzelnen Menschen in einem armen Land helfen zu können. Aber schließlich machten mich ihre Anfragen nachdenklich. Ich dachte an Ganesh und die anderen Kinder in Indien zurück, denen es damals so schlecht gegangen war. Und nun stieß ich auf so viele gute Herzen und konnte ihre Hilfe für Kinder in Not nicht einmal annehmen.
Durch die positiven Reaktionen der Leser schlich sich langsam ein Gedanke bei mir ein, der sich mit jedem neuen Hilfsangebot zu verfestigen begann. Und dann stand es eines Tages einfach fest: Ich würde nach Indien zurückgehen und ein Heim für voll pflegebedürftige Kinder errichten. Wie dieses

Heim aussehen sollte, wusste ich längst. Statt der kalten Atmosphäre in einer mit vierzig Kindern und mehr überfüllten Institution stellte ich mir ein warmes Zuhause mit einer Pflegemama für maximal acht Kinder vor. Ein Familienhaus wie jedes andere auch, aber mit qualifiziertem Personal und spezieller Einrichtung.

Noch wusste ich zwar nicht, was damit alles auf mich zukommen würde, doch ich wollte meinen Plan nicht bereits am Anfang durch zu viele Fragen und Sorgen im Keim ersticken. Ich wusste, dass es ein langer Weg werden würde, den ich nur Schritt für Schritt gehen konnte. Das Erste, was ich in Angriff nahm, war die Gründung eines gemeinnützigen Vereins, um den legalen Rahmen für ein derartiges Projekt zu schaffen.

Es war Weihnachten 2009, als ich mit Freunden in einem Café in Schwäbisch Gmünd saß und nebenbei erwähnte, ich hätte darüber nachgedacht, einen Verein zu gründen. Ich stieß sofort auf offene Ohren, und im nächsten Augenblick befanden wir uns bereits mitten in der Planung. Einen Vereinsnamen und ein Logo mussten wir uns ausdenken, und eine Homepage würden wir ebenfalls brauchen. Wir planten, die Gründungsversammlung auf Januar zu legen und vorher noch mehr Informationen zum Thema Vereine zu sammeln.

Über die Weihnachtstage überlegte ich fieberhaft, welcher Name zu unserem Verein passen könnte. Es ging um Menschen und um Träume – den Traum, wieder gesund zu werden, geliebt zu werden, eine neue Familie zu bekommen oder auch zurück ins Leben geholt zu werden. Und dann hatte ich es: Human Dreams e. V., das war der perfekte Name für uns. Sofort rief ich meine Freundin Moni an, die ebenfalls begeistert war.

In den nächsten Tagen nahm ich immer wieder den Stift zur Hand und skizzierte verschiedene Motive. Kinder waren wichtig, am besten ein Mädchen und ein Junge, die sich an der Hand hielten. Auch sollte das Logo strahlen, und weil ich vermutlich durch die Weihnachtszeit etwas beeinflusst war, skizzierte ich über dem Schriftzug einen Stern mit Kindern darauf. Als meine Mutter mein Meisterwerk am Abend betrachtete, zeigte sie sich nicht sonderlich begeistert. Ich war enttäuscht und setzte mich erneut daran. Schließlich musste ich ihr aber recht geben, der Stern war völlig fehl am Platz. Eine Sonne musste her, und schon war auch unser Logo geboren.

Was die Homepage betraf, halfen mir meine Erfahrungen aus meinem Praxissemester in Tansania, und wir hatten Glück, dass auch die Domain humandreams.org noch zu haben war. Während meines dreimonatigen Besuchs in Deutschland hatte ich genug Zeit, mich mit den anderen Vereinsmitgliedern um die formellen Dinge zu kümmern, wie die Satzung zu erstellen, die Gemeinnützigkeit zu beantragen und den Verein zu registrieren. Selbst Juma befürwortete meine Indienpläne, auch wenn wir nicht wussten, was das für uns als Paar bedeuten würde.

Manchmal fragte ich mich schon, warum es ausgerechnet Indien sein musste, schließlich gab es auch in Tansania hilfsbedürftige Kinder. Aber dann sah ich immer wieder die Bilder der abgemagerten, vor sich hin vegetierenden Kinder in den indischen Heimen vor mir und zweifelte keinen Augenblick länger an meiner Entscheidung. Zudem erkannte ich zusehends, dass Juma mit seinem neuen Leben zwar glücklich war, er aber immer noch Zeit brauchte, um zu wissen, wo er im Leben stand. Ich erinnerte mich weit zurück an unsere erste Begegnung, als er wie ein hilfloses Kind gesagt hatte, er habe keinen Vater und keine Mutter mehr, dabei war er ja bereits ein junger Mann gewesen. Aufgrund der zerstörten Jahre seiner Kindheit hatte er lange gebraucht, um sich als erwachsenen Menschen wahrzunehmen, und auch heute noch wollte er sich immer wieder selbst beweisen, dass er auf eigenen Füßen stand. Durch meine Abwesenheit würde er die Gelegenheit haben, sich zu reflektieren und selbst besser kennenzulernen. War ich bei ihm, überließ er Entscheidungen oft mir und versteckte sich auch ein bisschen hinter mir. So kamen wir beide überein, dass es unserer Beziehung auf keinen Fall schaden, vielleicht sogar sehr guttun würde, wenn wir auch einmal längere Zeit räumlich voneinander getrennt waren.

Wie fremd unsere Beziehung oft auf andere wirkte, hatten wir auch an den Reaktionen auf unserer Buch-PR-Tour gemerkt. War es Ignoranz, Zeitmangel oder einfach Desinteresse, was viele Redakteure dazu verleitete, uns in die Schublade »Weiße Frau – schwarzer Mann« zu stecken? Zweimal hätten wir zu einer beliebten Abendtalkshow ins deutsche Fernsehen eingeladen werden sollen, doch vermutlich hatten die zuständigen Redakteure unser Buch nicht einmal aufgeschlagen. Denn das Thema der Sendung sollte sein: »Wie käuflich ist die Liebe?« Ich war geschockt, schließlich ging es in unserer Beziehung nicht um »käufliche Liebe«, sondern um ein echtes Gefühl, das uns trotz unserer völlig unterschiedlichen Herkunft und Lebensgeschichten miteinander verband. Natürlich sagte ich unseren Auftritt in der Sendung ab.

Wenige Wochen später kam erneut ein Anruf des Senders, Thema: »Wie viel Leidenschaft braucht die Liebe?«. Im blinden Vertrauen, dass die Redakteure es nur gut mit uns meinten, stellte ich mir bereits vor, wie ich den Zuschauern von unserer Leidenschaft erzählte, mit der wir für unsere Liebe

gekämpft hatten. Der Kampf mit dem Tod – in Hinblick auf Jumas weit fortgeschrittene Tuberkulose damals –, gegen das Straßenleben, die Drogen, die Probleme mit den Ämtern im Hinblick auf unsere Hochzeit: Das alles gab mehr als genug Stoff, um Einblick in eine leidenschaftliche Paarbeziehung zu geben.
Doch ich sollte mich täuschen. Kurz vor der Aufzeichnung kam die Absage der Redaktion, sie hätten sich für ein anderes Paar entschieden. Als ich später die Ausstrahlung der Sendung sah, wusste ich, dass uns in letzter Minute ein peinlicher Auftritt erspart worden war. In der Sendung wurde »Leidenschaft« in einem anderen Sinne diskutiert, und so erzählten die geladenen Gäste freizügig von ihren One-Night-Stands und anderen Bettgeschichten.
Es war nicht nur für Juma ein absolutes Tabu, in der Öffentlichkeit über solche Themen zu reden, auch hatten wir beide völlig andere Vorstellungen von Liebe und Respekt. Gleichzeitig dachte ich daran, dass wir uns in der Öffentlichkeit nicht einmal an der Hand hielten oder berührten, weil das einfach nicht üblich war in Tansania. Nie im Leben hätten wir vor laufender Kamera über unser Intimleben gesprochen.
Ein andermal wollte ein Filmemacher für einen bekannten Privatsender eine Reportage über uns drehen, in der es um Beachboys gehen würde – junge afrikanische Burschen, die für Europäerinnen für Geld alles taten. Der Filmemacher hatte wohl nur unsere unterschiedlichen Hautfarben gesehen und darüber ganz die zarten Anfänge unserer Liebe übersehen. Oder war es die Maschinerie der Medien, die gar kein anderes Bild zulassen wollte?
Mit so manchem Radiosender machten wir ähnlich schlechte Erfahrungen. Ein junger Hörfunkautor meldete sich gleich

für ein ganzes Wochenende bei uns an, denn schließlich wollte er sowohl Juma und mich als auch meine Mutter interviewen. Wir versprachen uns zumindest ein wenig Werbung für das Buch und eine gute Gelegenheit, vor breiterem Publikum von meinem Indienprojekt erzählen zu können.
Leider wurden wir wieder einmal schwer enttäuscht. Bei Juma bohrte der Hörfunkautor so lange in dessen trauriger Kindheit und in seinen Gefühlen herum, dass er am Ende nur noch patzige Antworten gab. Meine Mutter fragte er, ob ich an einem Helfersyndrom litt. Ein Begriff, der mir bereits in so vielen Interviews begegnet war.
Helfersyndrom schien in der Mediensprache zu heißen, man musste irgendwie psychisch krank sein, nur weil man seinen Lebenssinn darin sah, anderen zu helfen. Was konnte daran schlecht sein, seine Energie dafür einzusetzen, denjenigen zu helfen, die keine Möglichkeit hatten, Armut und Krankheit aus eigener Kraft zu entkommen? War es etwa »normaler«, Kranke dem Tod zu überlassen, obwohl sie geheilt werden konnten? War es nicht eine natürliche Reaktion, dass man Freude empfand, wenn es einem kranken Kind wieder besserging?
Es begegnete mir immer wieder in Medienberichten, dass das Gute im Menschen schlechtgeredet wurde und echte Vorbilder mit tiefen moralischen Vorstellungen des Öfteren mit der abwertenden Bezeichnung »Gutmensch« etikettiert wurden. Im Gegenzug dazu schienen Schlagzeilen wie etwa »Justin Bieber popelt in der Nase« auf den Nachrichtenseiten im Internet und in vielen Zeitschriften begehrt zu sein. Für meine Begriffe war ein Gutteil der Medien voll mit überflüssigen Meldungen. War es da noch ein Wunder, dass ich meine Zeit lieber den wahren Problemen der Menschen widmen wollte

und mir jede andere Tätigkeit, durch die ich ja doch nur nutzlose Konsumgüter anhäufen würde, sinnlos erschien?

Trotzdem, obwohl wir manchmal nur knapp einem skandalträchtigen Medienauftritt entgangen waren, machten wir auch gute Erfahrungen. Herr Dassel beispielsweise, ein ehemaliger Fernseh- und Hörfunkmoderator, lud uns nach Leutkirch ein, wo uns bei einem netten Talkabend nahezu zweihundert Gäste interessiert zuhörten. Herr Dassel glaubte an unser Indienprojekt und überwies uns die 800 Euro, die an diesem Abend von den Gästen gespendet worden waren, als Startkapital auf unser Vereinskonto. Zwar war es jetzt schon sechs Jahre her, dass ich das letzte Mal in Indien gewesen war, so dass ich nur vage Vorstellungen hatte, wie viel Geld ich für die Gründung eines Kinderpflegeheims brauchen würde, aber diese erste große Spende war ein Anfang und ein Segen.

Und damit nicht genug mit Herrn Dassels Engagement. Ehe wir es uns versahen, waren wir durch ihn zu einem weiteren Talkabend eingeladen worden, dieses Mal organisiert von der DEKRA in Stuttgart. Ein Moderator führte die zahlreichen Gäste, darunter vorwiegend Geschäftsmänner und Banker, durch den Abend, indem er mich eine Stunde lang interviewte. Es war ein seltsames Gefühl, den Herren in Anzügen von meinem einfachen Leben in Afrika und Indien zu erzählen, wo man mit wenig Geld bereits so viel bewegen kann und mir hundert Euro im Monat zum Leben ausreichten. Doch ihr Interesse machte mir Mut, weiterzuerzählen, und am Ende hörte ich sogar mache sagen, dass sie bedauerten, im Hinblick auf ihre Träume nicht ebenso mutig wie ich gewesen zu sein, als sie noch jung waren.

Ein Gast aber meinte, dass die Hilfe für solche Länder einem Tropfen auf dem heißen Stein gleiche. Ein Satz, den ich schon so viele Male zuvor gehört hatte und den ich am liebsten aus dem deutschen Vokabular streichen würde. Schließlich musste man ja nicht gleich die Armut komplett aus der Welt schaffen, um nicht dennoch das Leben einzelner Menschen wieder lebenswerter zu machen. Derartiger Pessimismus passt nicht zu meinem Denken. Würde man selbst in Not sein, erwartete man schließlich auch nicht, dass die ganze Menschheit gerettet werden muss, ehe man selbst Hilfe annehmen kann.

Auch die DEKRA unterstützte unser Projekt finanziell, und ich versprach, im nächsten Jahr von unseren Fortschritten zu berichten.

Wenige Monate nach unserer Buchveröffentlichung wurden wir schließlich zur Sendung *Plasberg Persönlich* ins WDR-Studio eingeladen. Juma freute sich unbändig, das erste Mal Köln zu sehen, und war neugierig auf das Filmstudio und die Kameras. Er würde jedoch nur unter den Zuschauern sitzen, während ich mit Skispringer Sven Hannawald, Schauspieler Armin Rohde und anderen in einer einstündigen Talkrunde über das Thema »Rollentausch – Mein zweites Leben« sprechen sollte.

Bereits bei der Anreise prallte unser spartanischer Lebensstil auf eine Welt, in der Geld keine Rolle zu spielen schien. Ich war entsetzt, als ich den Preis der Tickets sah, welche die Fernsehredaktion für uns gebucht hatte. Für eine sechsstündige Zugfahrt erster Klasse könnten wir bereits wieder ein Vierteljahr in Afrika leben. Sofort griff ich zum Hörer, um uns in die zweite Klasse umbuchen zu lassen. Sicher, es war nicht mein Geld, das dafür ausgegeben wurde, aber Verschwendung und Luxus sind unvereinbar mit meiner Lebenseinstellung.

Auch die Übernachtung in einer Suite im Domhotel hätte ich am liebsten gegen ein kleines Zimmer in einem günstigen

Hostel getauscht, aber alle anderen Talkgäste waren im selben Hotel untergebracht, wo wir schließlich von einem Fahrer zur Sendung abgeholt werden sollten.
Obwohl ich vor der Sendung ziemliches Lampenfieber hatte, klappte am Ende alles wunderbar. Bald darauf war auch die erste Auflage von *Sternendiebe* ausverkauft, und die zweite Auflage wurde gedruckt. Wenn ich mich mit Juma daran zurückerinnerte, wie ich damals mit ihm, dem Straßenjungen, vor über fünf Jahren in der lauten Kantine mitten im Stadtzentrum Dar es Salaams beim Essen saß und er unverhofft davon begonnen hatte, dass sein großer Traum ein eigenes Buch war, dann konnten wir kaum glauben, was wir seither alles erreicht hatten.

Und nun war aus diesem Traum Human Dreams e. V. entstanden, der Verein für menschliche Träume, um noch viel mehr notleidende Menschen glücklich zu machen. Die ersten ehrenamtlichen Helfer ließen nicht lange auf sich warten. Eine begeisterte Leserin aus Nürnberg telefonierte sämtliche Stadtbüchereien und Volkshochschulen ab, um für mich Termine für meine Fotoausstellung zu arrangieren. Eine andere Frau verhalf uns zu einer Lesung in Wien, auf der ich den Besuchern meine Pläne für Indien vorstellen konnte. Sogar die Kinder aus meinem Heimatort veranstalteten eine Spendenaktion und gaben den Erlös komplett an Human Dreams e. V.
Obwohl ich erst ganz am Anfang stand und der Verein noch neu und unbekannt war, vertrauten mir die Menschen. Jetzt hatte ich es auf einmal richtig eilig, endlich wieder in Indien zu sein und loslegen zu können. Es kribbelte mir in den Fingern, und natürlich wollte ich meiner Verantwortung so schnell wie möglich gerecht werden. Manchmal hatte ich

schon schlaflose Nächte, in denen mir der Umfang des geplanten Projekts und die damit verbundenen Erwartungen den Schlaf raubten.

Indien war immer noch Neuland für mich. Ich hatte damals ein halbes Jahr vorwiegend im Ashram oder mit Ganesh im Krankenhaus verbracht und kannte mich weder mit den Gesetzen im Land aus, was das Gründen eines Kinderheims betraf, noch hatte ich eine Vorstellung davon, welche Mietkosten ich für ein Haus in Delhi einplanen musste. Und wo sollte ich überhaupt mit der Haussuche beginnen? Das Internet konnte mir dabei keine Hilfe sein. In besonders düsteren Nächten fragte ich mich, ob ich mir dieses Mal vielleicht nicht doch ein wenig zu hohe Ziele gesteckt hatte.

Eines Tages musste ich an Rajnie denken, meine indische Freundin, die seit fünf Jahren mit ihrem italienischen Mann Angelo in Rom lebte. Spontan griff ich zum Hörer, um mich nach ihrem Wohlergehen zu erkundigen und ihr dabei auch von meinen Indienplänen zu erzählen.

Wie war ich überrascht, als mir Rajnie erzählte, sie würde mit ihrem Mann und ihren beiden Söhnen zur selben Zeit wie ich in Indien sein. Damit hatte ich nun wirklich nicht gerechnet. Rajnie meinte, bevor ihr ältester Sohn eingeschult werden würde, wolle sie noch ein halbes Jahr in Indien verbringen. Welch ein Zufall, dass sich unsere Reisepläne zusammenfügten!

Rajnie bot mir sofort an, die erste Zeit bei ihnen in Gurgaon wohnen zu können, denn ihr Bruder habe bereits eine Zweizimmerwohnung für sie gefunden. Zudem versprach sie mir, ihren Bruder damit zu beauftragen, ein geeignetes Mietshaus zu suchen, das wir als Kinderheim nutzen könnten.

In dem nur wenige Minuten dauernden Telefongespräch

schaffte es Rajnie, mir meine größten Sorgen zu nehmen. Wir überlegten hin und her, welches Stadtviertel für das Kinderheim wohl am besten geeignet war, denn laut Rajnie war mit den Mietpreisen in Delhi nicht zu spaßen. Mit einem Blick auf die Karte entschieden wir uns schließlich für den Stadtteil Najafgarh im Südwesten Delhis. Najafgarh war ein noch geringer entwickeltes Randgebiet, in dem die Mietpreise noch nicht dermaßen in die Höhe geschossen waren wie in den meisten anderen Stadtteilen Delhis.

Drei Wochen später konnte mir Rajnie bereits von einem Haus berichten, das ab Januar frei sein würde, für umgerechnet 250 Euro monatlich. Ich wollte mir noch nicht allzu viele Hoffnungen machen, schließlich hatte Rajnie das Haus selbst noch nicht gesehen und musste sich auf die Angaben von Bekannten verlassen. Auch der Stadtteil Najafgarh war für mich bisher nur ein Fleck auf der Karte. Aber es war ein Anfang, und es half, sich daran festzuhalten, bis ich in Indien ankommen würde.

Schließlich flog ich mit Juma nach Tansania, um von dort im November allein nach Mumbai weiterzureisen. Dieses Mal fiel mir der Abschied besonders schwer, denn ich wusste nicht, was die Zukunft mit sich bringen würde. Wann würde ich Juma das nächste Mal wiedersehen, und würde ich bis dahin tatsächlich ein Kinderpflegeheim zum Laufen gebracht haben? Für Zweifel und Ängste blieb nicht viel Zeit. Da musste ich jetzt durch, denn was ich angefangen hatte, das brachte ich auch zu Ende.

5.

Auch der längste Weg
beginnt mit dem ersten Schritt.
Sprichwort aus China

Am 5. November 2010 landete ich am frühen Morgen am Chhatrapati Shivaji International Airport in Mumbai. Fernflüge nach Mumbai waren grundsätzlich um einiges billiger als nach Delhi, und so zog ich es vor, von Mumbai aus den Zug nach Delhi zu nehmen. Immerhin eine knapp dreißigstündige Fahrt für umgerechnet sieben Euro. So hatte ich auch genügend Zeit, um mich wieder an Indien zu gewöhnen, denn gerade neben den Bahngleisen sah man oft die weniger schöne Seite des Landes – Menschen, die sich in notdürftigen Zelten, zusammengenagelten Bretterhütten oder unter zerfetzten Plastikplanen um die Bahnhöfe herum angesiedelt hatten. Meist waren sie von weit her gekommen auf der Suche nach Arbeit und einem besseren Leben, doch letztendlich endeten sie wie viele andere auch im Slum, lebten vom Müll der anderen und verzweifelten oft daran, ihre Familie mit meist mehreren Kindern durchzubringen.

Was das Elend betrifft, kann Indien die Hölle auf Erden bedeuten. Nicht nur in den Städten, auch in einem Großteil der Dörfer sind die Lebensbedingungen dermaßen schlecht, dass manch einer gar den Freitod wählt, wenn Schulden und andere finanzielle Probleme überhandnehmen. Nach Angaben von UNICEF sterben in Indien jährlich über zwei Millionen Kinder vor dem fünften Lebensjahr. Eine Zahl, die man sich kaum vorstellen kann. Aber es ist nicht nur eine Zahl, es sind zwei Millionen Einzelschicksale. Und dabei sind die Kinder über fünf Jahre noch gar nicht dazugezählt, die aufgrund von Krankheit oder Behinderung ebenfalls kaum Überlebenschancen haben.

Selbst wenn wir nur einem Kind davon das Leben retten könnten, dann würden sich bereits alle Mühen lohnen. Nur deshalb war ich hierhergekommen, um mit Hilfe der Spenden dem Leid einzelner Kinder und der Unmenschlichkeit, mit der sie in ihrem Leben täglich konfrontiert werden, ein Ende zu setzen. Ihnen in unserem zukünftigen Kinderpflegeheim Liebe und Geborgenheit schenken zu können, damit ihre trostlosen Augen vor Glück und Freude wieder glänzten.

Mir lag nichts an Palästen, prächtigen Tempeln und anderen Sehenswürdigkeiten, die scharenweise Touristen aus allen Ländern nach Indien ziehen. Die Fotos und Beschreibungen dazu waren schließlich in zahlreichen Reiseführern und Broschüren abgebildet. Aber wenn ich ein Kind in Not sah, erweckte das augenblicklich mein Interesse.

Vielleicht war es gar ein Wink des Schicksals, dass ich noch am Tag meiner Ankunft in Delhi dem kleinen Milap begegnete. Rajnie und Angelo hatten mich herzlich in ihrer Zweizimmerwohnung in Gurgaon empfangen, doch dann mussten wir gleich los. Father Damian, der frühere Superior des Ashrams, in dem ich damals auf Ganesh und Raju gestoßen war, war aufgrund seines hohen Alters verstorben, und die Beerdigung fand bereits in einer halben Stunde statt.

Wir nahmen eine Fahrradrikscha, ein niedriges, überdachtes Dreirad mit schmalen Sitzbänken vorne und hinten, um die drei Kilometer zum Ashram zurückzulegen. Früher hatte ich mich immer dagegen gesträubt, mich wie eine Königin durch die Gegend kutschieren zu lassen, doch Rajnie lud schnurstracks den Kinderwagen von Mattia, ihrem Kleinsten, auf und wies mich an, mit ihnen beiden vorne Platz zu nehmen, während ihr Mann Angelo mit Vittorio an der Hand hinten aufstieg. Für den ausgemergelten Inder, der nun kräftig in die Pedale treten musste, schien es völlig normal zu sein, drei Erwachsene mit Kindern auf unebenen Straßen bis ans Ziel zu bringen. Aber nicht nur er war zu bemitleiden, auch wir mussten aufpassen, uns nicht bei jedem Schlagloch die Köpfe am Dachgestell anzustoßen.

Als wir beim Ashram ankamen, hatte die Messe bereits begonnen. Ich versuchte, bekannte Gesichter zu erhaschen, aber viele der Brüder waren neu. Die Kinder hingegen erkannte ich sofort wieder, auch wenn manche von ihnen innerhalb der letzten sechs Jahre fast schon zu jungen Männern geworden und andere hinzugekommen waren.

Wie gerne hätte ich auch heute schon Ganesh und Raju wiedergesehen, doch Ganesh war mittlerweile in einem anderen Heim des Bruderordens untergekommen, und um Raju zu besuchen, würde ich bis nach Bhopal fahren müssen. Wie sie wohl mittlerweile aussahen? Ich rechnete aus, dass Ganesh bereits siebzehn war und Raju etwa sechzehn sein müsste, junge Teenager also. Noch musste ich mich ein wenig gedulden, aber ich plante, sie so bald wie möglich zu besuchen.

Nach der Messe, als sich die Kirche und der Hof nach und nach leerten, kam Father Timo auf mich zu. Ich hatte schon von einem Bruder erfahren, dass er der neue Superior sein sollte, der das Heim nun leiten würde. Die große Überraschung dabei

war, dass Father Timo Deutscher war. Auch er hatte schon von mir gehört und versicherte mir sogleich, dass es Ganesh gutging. Ich erzählte Father Timo direkt von meinen Plänen mit dem Kinderpflegeheim, denn sicher hatte er in den letzten Jahren reichlich Erfahrungen in Indien sammeln können, um mir Tipps zu geben. Er forderte mich daraufhin auf, ihm zu folgen, und führte mich geradewegs in den Schlafsaal der Kinder.
Es war wie ein Déjà-vu, das mich dort erwartete, nur dass dieses Mal nicht Ganesh abgemagert im dunklen Bettensaal lag, sondern ein Junge namens Milap. Father Timo musste sich wieder den Trauergästen zuwenden, weshalb ich allein bei Milap zurückblieb.
»Hello Didi«, sagte er mit seiner kindlich klaren Stimme zu mir – »Hallo Schwester«.
»Hello, your name is Milap?«, fragte ich, als ich mich zu ihm auf die Bettkante setzte.
»Yes, and what is your name?«
»Oh, you can speak English!«, stellte ich verblüfft fest.
»Yes, where are you from, Didi?«
Im Nu war ich mit ihm in ein Gespräch verwickelt und erfuhr Dinge, die mich mitten ins Herz trafen.

Milap war zwar nicht wie Ganesh zum Skelett abgemagert, wog aber dennoch deutlich zu wenig. Er erzählte mir, dass letzten Monat eine Operation an seinen Beinen vorgenommen worden war, damit er aufrecht gehen könnte. Doch bisher sei er viel zu schwach, um überhaupt aufstehen zu können, außerdem habe er starke Schmerzen.
Bereits vor vier Jahren hatten die Eltern ihn einfach abgegeben, da sie nicht für ihn sorgen konnten. Sie hatten ein Papier unterschrieben, seine körperliche Behinderung und ihre finanzielle

Lage mache eine Betreuung des Sohnes zu Hause unmöglich. Doch hinter den Zeilen steckte noch viel mehr. Milaps Vater war Alkoholiker, er schlug ihn, weil er wegen seiner angeborenen Behinderung nicht aufstehen konnte, und hatte ihn einmal sogar mit kochend heißem Wasser übergossen.
Milaps Stimme zitterte nicht einmal, als er mir den ganzen Horror aus seiner Familie erzählte und sich zur Seite drehte, um mir die vernarbten Verbrennungen auf seinem dürren Körper zu zeigen. Es war kaum vorstellbar, was der Kleine mit seinen zwölf Jahren schon alles hatte durchmachen müssen. Es berührte mich, wie tapfer er sein Schicksal akzeptierte, und es tat mir unheimlich leid, dass er in seinem schlechten Zustand in einem anonymen Schlafsaal mit teils geistig behinderten Kindern liegen musste, anstatt bei seiner Mama zu Hause sein zu können.
Schließlich winkte Milap einen Pfleger herbei, denn er wollte mir unbedingt sein Fotoalbum zeigen. Auf einem Bild sah man ihn mit runden Bäckchen und einem anthrazitfarbenen Kapuzenpullover, wie er keck von einem Tisch die Beine herunterbaumeln ließ. Ein anderes zeigte ihn, wie er mit einem Walker erste Gehversuche machte. Es schien, dass er vor der Operation in einer deutlich besseren Verfassung gewesen war, nun aber etliche Kilos verloren hatte und aufgrund der Schmerzen nicht einmal mehr sitzen konnte.
Ich nahm mir vor, Milap von nun an regelmäßig zu besuchen. Für einen Moment dachte ich auch daran, dass er vielleicht sogar eines unserer ersten Kinder sein könnte, wenn wir erst einmal mit dem Pflegeheim fertig sein würden. Doch da ich davon ausging, dass es ihm nach Ausheilen der Operationswunden sicher schnell wieder bessergehen würde, tat ich den Gedanken zuerst einmal ab.

Bevor ich mich um mein eigentliches Projekt kümmern konnte, musste ich mich in den ersten Wochen jedoch mit ganz anderen Problemen herumschlagen. Bereits in Deutschland hatte mich die Sorge um das richtige Visum geplagt, denn wie sollte ich als Touristin, der nur Sightseeing erlaubt ist, mit den amtlichen Angelegenheiten umgehen, mit denen ich früher oder später zwangsläufig bei der Gründung des Heims zu tun haben würde? Zudem würde ich nach sechs Monaten bereits ausreisen müssen und dürfte erst nach einer Sperre von zwei Monaten wieder ins Land. Was, wenn ich zu dem Zeitpunkt noch mitten in den Vorbereitungen stecken würde oder ich gar ein krankes Kind zu versorgen hätte?

Die einzige Lösung sah ich darin, ein Volunteer Visa zu beantragen, das einer beschränkten Arbeitsgenehmigung entsprach. Wieder war mir Rajnie zu Hilfe gekommen, denn ein guter Freund von ihr, Ananta, hatte vor ein paar Jahren eine NGO, eine Non-Governmental Organization, gegründet. Rajnie hatte noch in Italien mit Ananta Kontakt aufgenommen, der sich sofort bereit erklärt hatte, mir anhand seines Vereins das nötige Einladungsschreiben für den Visumsantrag aus Indien zuzuschicken.

Mit viel Überredungskunst hatte mir die indische Botschaft in München schließlich ein einjähriges Visum ausgestellt, also hatte ich gedacht, dass damit die erste Hürde aus dem Weg geräumt wäre. Als ich mich jedoch zur Ausländerbehörde aufmachte, um mich, wie bei einem längeren Aufenthalt vorgeschrieben, registrieren zu lassen, wurde ich eines Besseren belehrt.

»You cannot work here, you go to Orissa«, sagte der zuständige Polizist harsch, schob mir meinen Pass unverrichteter Dinge über den Tisch und wandte sich dem nächsten Ausländer zu.

»But …«, mir blieben die Worte im Hals stecken. Gerade mal frisch angekommen, und schon sollte es vorbei sein mit meinem Traum vom Kinderpflegeheim in Delhi? Was sollte ich um alles in der Welt in Orissa tun, einem mir fremden Bundesstaat im Osten Indiens, wo man nicht einmal Hindi sprach? Warum mir der Polizist die nötige Visumsregistrierung für längeren Aufenthalt verweigerte, stand in der Tat schwarz auf weiß in meinen Papieren aus Deutschland. Mein Visum war allein auf das Gebiet begrenzt, in dem Anantas Verein registriert war, und das lag nun mal eben 1700 Kilometer entfernt von meinem ursprünglichen Ziel. Ich fühlte eine Ohnmacht in mir aufsteigen, doch dann fasste ich mich wieder, verließ das Ausländerbüro und nahm mir vor, meine Bekannte Sandra anzurufen.

Sandra stammte aus Italien, hatte aber vor einigen Jahren mit ihrem Ehemann Saji, einem früheren Bruder des Ashrams, ein Kinderheim in der Nähe Gurgaons gegründet. Sie hatte schon viele Erfahrungen mit der indischen Bürokratie gesammelt. Und immerhin hatte sie sich damals gegen die katastrophalen Zustände im Ashram gestellt, in dem sie vor meiner Zeit jahrelang ausgeholfen hatte. Sie war an die Zeitung gegangen, um die Zustände im Ashram öffentlich bekannt zu machen, und hatte am Ende auch noch Bruder Saji den Kopf verdreht, der daraufhin den Orden verließ. Ich wusste, dass Sandra mit dem Polizisten Subash, der für alle Ausländerangelegenheiten in Gurgaon zuständig war, befreundet war, und so vereinbarten wir, dass sie ihn zu sich einladen würde, um herauszufinden, welche Wege mir offen blieben.

Wenige Tage später saß ich tatsächlich Subash bei einer heißen Tasse *Chai* gegenüber. Seine Uniform hatte er ganz locker gegen eine Jogginghose getauscht, so dass er gleich nicht mehr so

streng wie in seinem Büro wirkte. Sandra erklärte ihm nochmals die verzwickte Lage und wies ihn darauf hin, dass ich niemanden in Orissa kannte und es dort gefährlich für mich als Ausländerin sei. Erst kürzlich hatten dort radikale Hindus christliche Einrichtungen angezündet. Sie könnten glauben, ich wäre ebenfalls eine Christin und würde das Kinderheim nur gründen, um Hindus missionieren zu wollen.
Schließlich warf ich noch ein, dass ich von den vielen Naturkatastrophen in Orissa gelesen hatte – Erdbeben, tödlichen Wirbelstürmen und Überschwemmungen. Fakt jedoch war, ich wollte nicht nach Orissa.
Subash biss an und meinte, ich könne beim Ministry of Home Affairs in Delhi eine spezielle Genehmigung beantragen. Beim Hinausgehen jedoch, als Sandra sich gerade mit ihrem Mann unterhielt, drückte er mir eine Telefonnummer in die Hand und murmelte, dass mir ein Mr. Gaurav sicher helfen könne. Ohne ihn ständen die Chancen 50:50, dass mein Antrag genehmigt würde.
Sobald Subash weg war, berichtete ich Sandra von diesem merkwürdigen Verhalten. Mit einem vielsagenden Blick bestätigte sie mir, dass sie mit Subash zwar gut auskommen würde. Geld und Korruption seien jedoch eine andere Sache. Spontan griff sie zum Hörer und wählte die Nummer von Mr. Gaurav, der tatsächlich 150 Euro für seine Dienste forderte. Sandra legte auf und riet mir, die Sache alleine in die Hand zu nehmen und einfach darauf zu hoffen, dass es klappt.

Mit einem flauen Gefühl im Bauch betrat ich zwei Tage später frühmorgens den Gebäudekomplex, in dem das Ministry of Home Affairs untergebracht war. Was indische Ämter betraf, war ich noch vollkommen unerfahren, konnte mir aber vorstellen, dass es ähnlich chaotisch und korrupt zuging wie in Afrika. Aber zu meiner Überraschung lief hier alles ganz anonym ab. Ich bekam eine Nummer, musste ein Formular ausfüllen und sollte am Abend wiederkommen, um den versiegelten Brief mit der alles entscheidenden Antwort später der Polizei in Gurgaon – mit anderen Worten: Subash – zu überbringen. Ich hatte also nicht einmal die Gelegenheit, mit dem Beamten, der die Entscheidung treffen würde, persönlich zu sprechen.

Am Abend wartete ich mit zahlreichen anderen Ausländern aus allen möglichen Ländern auf den Aufruf unserer Nummern. Einem Franzosen war während der Diskussion mit einem Beamten bereits der Kragen geplatzt, und so ließ er nun vor unseren Augen seinem Unmut über die bürokratischen Hindernisse freien Lauf. Das konnte ja schon mal nichts Gutes heißen, und als ich dann aufgerufen wurde, um den versiegelten Brief zu empfangen, wurde ich gefragt, ob ich tatsächlich kein Gehalt von der NGO erhalten würde.

Ich bestätigte dem Beamten, dass ich auf rein freiwilliger Basis arbeiten würde, doch daraufhin meinte er doch glatt, warum ich ein Jahr meiner Zeit verschwenden würde, wenn ich doch dafür sowieso nichts bekäme. Im ersten Moment war ich baff, antwortete ihm aber dann, dass es in Deutschland viele Leute gebe, die sich für einen sozialen Zweck ehrenamtlich einsetzten.

Von meiner Antwort augenscheinlich nicht sehr überzeugt, händigte er mir wortlos den Brief aus und rief die nächste Nummer auf.

Als ich am nächsten Tag Subash den Brief überreichte, teilte er mir knapp mit, der Antrag sei zwar nicht abgelehnt worden, doch bevor die Genehmigung durch wäre, würde die lokale

Polizei erst noch eine Hausvisite vornehmen, um sowohl meine angegebene Wohnadresse als auch die Legalität der NGO, die mich eingeladen hatte, auf Richtigkeit zu überprüfen.
Nun befand ich mich wahrlich in einer Zwickmühle. Mittlerweile hatte ich nämlich erfahren, dass nicht nur mein Visum auf den Bundesstaat Orissa beschränkt war, sondern auch auf die Tätigkeiten von Anantas Verein. Registrierte man in Deutschland einen Verein, musste man sich über die verschiedenen Bundesländer keine Gedanken machen, aber in Indien herrschten freilich andere Gesetze.
Nun mussten wir schnell handeln, denn ohne die Kooperation mit einem heimischen Verein durfte ich in Indien sowieso nichts beginnen. Wegen der vielen Bombenanschläge in den vergangenen Jahren waren die indischen Behörden besonders streng, was ausländische Einwirkungen betraf. Hinter jeder Organisation könnten schließlich auch Terroristen stecken.

Schon jetzt lagen mir so viele Steine im Weg, doch wie gut, dass ich meine indischen Freunde hatte. Ich erinnerte mich zurück, wie ich bei meinem ersten Indienbesuch noch keine Menschenseele gekannt hatte. Aber durch meine Zeit im Ashram waren nun genau die richtigen Freunde an Ort und Stelle. Neben Rajnie und Sandra war auch Ananta damals eine Zeitlang mit dem Ashram verbunden gewesen. Er hatte die Kinder gebadet und sie gefüttert und war seither ein enger Vertrauter von Rajnie, ihrem Mann Angelo und den anderen Italienern, die jährlich einige Wochen dort aushalfen.
Mit seinem befreienden Lachen nahm Ananta einem im Nu alle Anspannungen, und mit seinem Lieblingsspruch »All is well« bekam man sogleich das Gefühl, dass wir für alles eine Lösung finden würden. Und in der Tat, innerhalb einer Wo-

che beschaffte er sämtliche Dokumente, die wir dazu brauchten, einen neuen Verein mit demselben Namen zu gründen, der dieses Mal den Vermerk »All India« auf dem Registrierungszertifikat trug.

Ananta war an Zuverlässigkeit nicht zu übertreffen, und er war ein absolutes Arbeitstier. Von morgens bis mittags war er in einer Grundschule angestellt, nach dem Mittagessen setzte er sich stets auf sein Motorrad, um bis zum Abend als Kurier Briefe an Haushalte zu verteilen. Dazu beherbergte er mit seiner Frau Ranjita immer wieder Italiener, die für wenige Wochen den Ashram besuchen wollten. Für die indische Gastfreundschaft konnte es kaum ein besseres Beispiel geben, denn sobald Besuch anstand, zog er mit seiner Frau und seinen beiden Kindern, acht und zehn Jahre alt, in das Wohnzimmer um, so dass er das zweite Zimmer seiner Wohnung den Gästen anbieten konnte. Zu mehr reichten seine Mittel nicht, trotz seines Fleißes und der vielen Arbeitsstunden, die er täglich absolvierte.

Leider schien Anantas hervorragende Arbeitsdisziplin mit der der Behörden nicht zu vergleichen zu sein. Woche um Woche verging, doch niemand kam, um die angekündigte Hausvisite durchzuführen. Alle paar Tage stattete ich Subash einen Besuch auf dem Polizeirevier ab, aber jedes Mal bekam ich nur die gleiche Antwort, dass er immer noch keinen Polizeibericht erhalten habe. Nun hatten wir zwar einen ordentlichen Verein gegründet, doch es war immer noch in der Schwebe, ob ich bleiben konnte oder ob die Ausländerbehörde mich nach Orissa schicken würde.

Und selbst wenn ich bleiben könnte, dann würden schon die nächsten Komplikationen auf mich warten. Mittlerweile hatte ich nämlich das Child Welfare Department aufgesucht, das hiesige Jugendamt, um unser Projekt vorzustellen. Die Dame dort hörte mir zwar aufmerksam zu, meinte jedoch, um eine Lizenz für ein Kinderheim zu bekommen, müsse unsere NGO bereits drei Jahre registriert sein. Sie schlug vor, bis dahin Medical Camps oder Aufklärungskampagnen zu veranstalten und danach erst wiederzukommen.

Das war wie ein Schlag ins Gesicht. Ich war nach Indien gekommen, um ein Kinderpflegeheim zu gründen – und nun sollte ich drei Jahre warten, um damit anfangen zu können? Das konnte nur ein schlechter Witz sein. Ich hatte zwar schon im Vorfeld von Sandra gehört, dass es schwierig sei, in Delhi eine Genehmigung zu bekommen, aber dass es unmöglich sein sollte, das hörte ich nun zum ersten Mal.

Völlig entmutigt und doch auch etwas herausfordernd erwiderte ich, dass ich das Heim dann eben in einem anderen Bundesstaat gründen würde, denn ich wusste, dass ich zum Beispiel in Haryana, dem an Delhi angrenzenden Bundesstaat, keine Lizenz brauchte, um mein Vorhaben zu verwirklichen. Das schien der Dame dann aber auch nicht recht zu sein, schließlich hatte sie vorhin selbst gesagt, dass Sozialarbeiter täglich bis zu dreißig Kinder an Delhis Bahnhöfen auflasen, und sie nicht mehr wussten, wohin mit ihnen.

»Okay, you start and then we will see«, sagte sie knapp, um mich loszuwerden.

Das war ja wieder einmal ganz toll. Ich sollte das Projekt zum Laufen bringen, Möbel, Personal und alles, was man dazu brauchte, beschaffen, ohne zu wissen, was hinterher werden würde? Ich beschloss, noch am selben Tag das Child Welfare Committee aufzusuchen, um eine zweite Meinung einzuholen. Dieses Komitee spielt ebenfalls eine entscheidende Rolle bei der Lizenzvergabe, wie ich nämlich dem Juvenile Justice

Care and Protection Act, einem Gesetz, das alle Vorschriften bezüglich der Leitung eines Kinderheims auflistet, entnommen hatte.
Um dorthin zu gelangen, wollte ich die erst vor wenigen Jahren neu eröffnete Metro ausprobieren, deren Netz vom Zentrum aus in alle Himmelsrichtungen führt. Im Vergleich zum Dauerstau, der auf Delhis Straßen normalerweise herrscht, ist die Metro ein wahrer Traum und ein riesiger Fortschritt für die Stadt. Klimatisierte Waggons in freundlichem Design befördern im Zweiminutentakt eine Masse von Menschen.
Das Beste daran ist der jeweils erste Wagen, der komplett für Frauen vorgesehen ist. Bereits auf dem Bahnsteig weisen Schilder darauf hin, dass Männer dort nichts zu suchen haben, denn leider passiert es in den Bussen des öffentlichen Nahverkehrs immer wieder, dass Frauen belästigt werden, indem Männer sich an sie drücken, sie »versehentlich« ihre Brüste berühren oder eine Hand auf ihren Schenkel rüberwandern lassen. Das hatte mich schon oft zur Weißglut getrieben, aber mit der neuen Metro ist diesem Übel nun ein Ende gesetzt. Im ersten Waggon trifft man stets auf fröhliches Geschnatter, bunte Saris und Salwar Kamiz, Glitzer und Pailletten, Farben von Smaragdgold bis Azurblau.
Darüber hinaus ist die Metro ein Vorzeigepropjekt für das neue Indien. Sowohl Bahnsteige als auch Waggons sind peinlich sauber, was vor allem Verbotsschildern wie »Spitting is prohibited« zu verdanken ist. Keiner würde es wagen, sein *Pan Masala* hier auszuspucken, denn es droht schließlich eine Strafe von drei Euro, was für manchen schon den Tageslohn bedeutet.
Nicht jeder Inder findet sich jedoch gleich im »neuen« Indien zurecht. Manch einer begegnet in den Metrostationen zum

ersten Mal im Leben einer Rolltreppe und entscheidet sich nach reiflicher Überlegung und gründlicher Beobachtung der sich bewegenden Stufen nicht selten für den Fahrstuhl. Aber auch Europäer müssen stutzen, wenn sie vor der Gepäckkontrolle darauf aufmerksam gemacht werden, dass es verboten ist, menschliche Körperteile zu transportieren. Eine Regelung, die wohl vor allem auf die zahlreichen Geisterbeschwörer abzielt, die für ihre schwarze Magie ausgegrabene Leichenteile benötigen.

Trotz der verhältnismäßig angenehmen Fahrt hätte ich mir den Weg zum Child Welfare Committee sparen können. Die Antwort war dieselbe wie auf dem Jugendamt, nur noch eine Spur unfreundlicher. Ich hatte kein gutes Gefühl, als ich das Gebäude verließ, und dennoch musste ich eine Entscheidung treffen. Es war riskant, aber ich würde an meinen Plänen festhalten, das Kinderpflegeheim in der Landeshauptstadt Delhi zu gründen. Sollte es dennoch schiefgehen und ich die Genehmigung letzten Endes nicht bekommen, würde ich die finanzielle Verantwortung dafür übernehmen, damit die Spendengelder nicht davon betroffen sein würden.

Die vielen Ungewissheiten lasteten schwer auf mir. Dazu kam, dass ich mich nicht so leicht an das Land und die Zustände gewöhnen konnte, wie ich gedacht hatte. Vor allem der Lärm, das stete Gehupe und Getöse, das mich auf meinen Wegen in den ratternden Autorikschas umgab, zehrte an meinen Nerven. Und dazu sah ich überall Not und Armut: Bettler, die in Lumpen gehüllt an Straßenkreuzungen Passanten aufhielten, Kinder, die scheinbar völlig auf sich allein gestellt auf der Straße lebten, und die vielen herrenlosen Hunde, die sich vor lauter Flöhen das Fell vom Leibe kratzten.

Die indische Tourismusbranche wirbt mit dem Slogan »Incredible India« für ihr Land, und dies trifft in der Tat den Nagel auf den Kopf, denn vieles, was man in Indiens Alltag zu sehen bekommt, ist im wahrsten Sinne des Wortes unglaublich. Mitten auf dem Gehweg eröffnet so mancher Inder seinen eigenen mobilen Friseursalon, indem er einfach einen Stuhl hinstellt, einen Spiegel mit einem Nagel an eine Mauer hämmert und auf Kunden wartet. Was das Geschäftemachen betrifft, fehlt es den Indern sicherlich nicht an Kreativität. So tauchen zum Beispiel die Uhrenverkäufer ihre Waren stets in einem bunten aufblasbaren Kinderschwimmbecken unter, das sie ebenfalls mitten auf dem Gehweg plazieren, um so deren Wasserresistenz unter Beweis zu stellen.
Über vieles muss man als Europäer einfach schmunzeln, aber es gibt neben den erheiternden Kuriositäten auch jede Menge bedauerliche. Arme Familien beispielsweise, deren Zuhause ein Zelt neben dem Bordstein ist, hängen ihre Wäsche zum Trocknen einfach in langen Reihen über den Zaun, der die staubigen Fahrbahnen der Hauptstraße voneinander trennt. Und Geisterfahrer begegnen einem mindestens ebenso häufig wie Kühe mitten auf der Fahrbahn oder am Straßenrand.
Manchmal wünschte ich mir, mit der nächsten Maschine nach Tansania zurückzufliegen. Vielleicht war ich nicht mehr so offen für das Chaos und die Eigenheiten des Landes wie bei meinem ersten Besuch, oder vielleicht lag es daran, dass ich mich so sehr an das Zusammensein mit Juma gewöhnt hatte.
Und doch wusste ich tief im Inneren, dass Indien viel mehr war als das, was ich täglich auf den Straßen sah. Ich musste an Ganesh und Raju denken, und ich sehnte mich nach ihnen.

Wozu also noch länger warten, wo ich der Fremde und dem Kulturschock, die mich immer noch fest im Griff hatten, ein Ende setzen konnte? Ich war mir sicher, ein Wiedersehen mit den beiden würde mich auch mit Indien wieder versöhnen.

So machte ich mich nach den ersten entmutigenden Behördengängen erst einmal auf, meine Schützlinge zu besuchen. Ob Ganesh mich wiedererkennen würde? Ich konnte es kaum erwarten, ihn unter all den anderen Kindern zu entdecken.
Das Heim, in dem er nun untergebracht war, war nur schwer zu erreichen. Es lag am Rande eines Dorfs, umgeben von Feldern, weitab von öffentlichen Transportmitteln, und selbst als ich vor dem Tor stand, entdeckte ich weit und breit niemanden, der mir aufmachen könnte. Eine Klingel gab es nicht, und zu allem Überfluss hatte die indische Telefongesellschaft aus Schlamperei meine erst neulich eingerichtete Handynummer gesperrt. Ich musste den Fahrer der Autorikscha, mit der ich gekommen war, bitten, so lange zu hupen, bis mich jemand bemerkte.
Endlich wurde das Schloss umgedreht und ich von einer Mitarbeiterin empfangen. Als wir uns auf dem sauber geharkten Schotterweg Richtung Hauptgebäude aufmachten, konnte ich die ersten Kinder sehen. Sie spielten auf der gepflegten Rasenfläche und genossen sichtlich die letzten warmen Sonnenstrahlen des Novembers. Sie alle schienen geistig behindert zu sein, aber manche reagierten auf den Besuch und kamen zu mir herübergelaufen. Mir gefiel der Gedanke sofort, dass Ganesh hier die letzten Jahre seiner Kindheit verbracht hatte und in einer so schönen Atmosphäre groß geworden war. Die Kinder trugen ordentliche Kleidung und hatten auf dem riesigen Gelände ihren Freiraum.

Und dann sah ich ihn. Seine Arme hielt er steif an seinen Körper gepresst, doch ansonsten bewegte er sich völlig normal. Sein kindliches Gesicht hatte männliche Züge angenommen, und er war unheimlich in die Höhe geschossen. Ganesh machte ein paar Schritte auf mich zu, blieb stehen und drehte sich verlegen weg. Dann ging er wieder ein Stück in meine Richtung, bis ich ihn bei seinem Namen rief: »Ganesh, *tum kaise ho?*« – »Wie geht es dir?«

Ganesh begann, über das ganze Gesicht zu strahlen, hüpfte und kreischte vor Freude, drehte sich dann aber wieder verlegen weg. Ich war mir sicher, er hatte mich wiedererkannt, und doch lag unsere letzte Begegnung so viele Jahre zurück, dass ihn mein plötzlicher Besuch wahrscheinlich völlig verwirrte. Sobald ich mich ihm näherte, grinste er und versteckte sein Gesicht hinter seinen Handflächen.

Ich blieb eine ganze Weile in der Nähe, bis er schließlich seine Verlegenheit ablegte. Wir setzten uns zu den anderen Kindern auf den Rasen und kitzelten uns gegenseitig mit Grashalmen. Es tat so gut, ihn wiederzusehen! Von Father Benedikt, der das Heim leitete, erfuhr ich, dass Ganesh sich vollkommen selbständig anziehen konnte und auch beim Essen keinerlei Unterstützung bedurfte. Als ich Father Benedikt dann ein altes Foto von Ganesh zeigte, konnte er gar nicht glauben, welche Wandlung dieser seit damals durchgemacht hatte.

So gerne hätte ich Ganesh erzählt, dass unser Kinderpflegeheimprojekt durch ihn entstanden war. Denn ohne ihn wäre mir das unvorstellbare Leid mancher Kinder in indischen Heimen verborgen geblieben. Doch aufgrund seiner geistigen Behinderung konnte ich mit ihm kein Gespräch führen.

Genau eine Woche später fuhr ich mit dem Zug Richtung Bhopal, damit ich endlich Raju wiedersehen könnte. Ich fuhr die ganze Nacht durch und kam zur Frühstückszeit im SOS-Kinderdorf an. Die stille Anlage, umgeben von friedlicher Natur, wirkte auf mich wie ein Urlaubsresort – ganz im Gegensatz zum lauten, stinkenden Delhi. Zwei Tage würde ich bei Raju verbringen können, und ich hoffte so sehr, dass er mich nicht ganz vergessen hatte.

Trisha, eine Mitarbeiterin, wollte mich gleich nach meiner Ankunft zu Rajus Familie führen, aber als wir an den ersten SOS-Häusern vorbeigekommen waren, sah ich Raju mit seiner Mami bereits auf mich zukommen. Raju hielt seine Mami an der Hand, war aber schon einen ganzen Kopf größer als sie. Er blinzelte durch seine dicken Brillengläser hindurch und rief schon von weitem: *»Meri didi, meri didi, a gayi.«* – »Meine Schwester, meine Schwester ist gekommen.«

Wir fielen uns in die Arme, und ich hob ihn trotz seiner Größe in die Höhe. Mein Raju, immer noch hatte er eine genauso süße Stimme wie damals, auch wenn sie nun etwas tiefer geworden war. Wie hatte ich ihn nur vermisst! Und wie schön war es zu sehen, dass auch er mich nicht vergessen hatte! Rajus Mami freute sich ebenfalls unbändig über unser Wiedersehen. Außer einzelnen grauen Strähnchen im Haar hatte sie sich kaum verändert und strahlte immer noch dieselbe Wärme aus wie damals.

Als die beiden mich in ihr Haus führten, sah ich, dass das Baby, das Raju auf unserem letzten gemeinsamen Foto auf dem Arm gehalten hatte, mittlerweile zu einem lieben siebenjährigen Mädchen herangewachsen war. Ich konnte sie nur wiedererkennen, da sie ohne Augen auf die Welt gekommen war.

Ich verbrachte zwei wundervolle Tage mit Rajus fröhlicher Familie, die mich am Ende gar nicht mehr gehen lassen wollte. Natürlich wäre ich am liebsten viel länger geblieben, aber ich musste los. Die tolle Arbeit des SOS-Kinderdorfs hatte mich nur noch mehr inspiriert, mit unserem geplanten Heim schon bald auch anderen Kindern ein Leben voller Sonnenschein zu ermöglichen.

Wie sehr die vielen anderen Kinder Unterstützung brauchten, erfuhr ich wieder einmal, als ich in Delhi aus dem Zug stieg. Sofort heftete sich ein kleines Mädchen mit einer Blechdose in der Hand an meine Fersen. Sie folgte mir so lange, bis ich ihr schließlich anbot, ihr am nächsten Kiosk etwas zu essen zu kaufen. Im Nu witterten zwei andere Kinder ihre Chance. Sie klammerten sich an mich, damit auch sie etwas abbekämen.
Es war immer dasselbe in Delhi, gab man einem etwas, kam gleich eine ganze Schar angerannt. Ich sagte den Kindern, sie sollten vor dem Kiosk warten, und kaufte drei kleine Flaschen Mangosaft und eine Handvoll *Mathis,* ein keksähnliches Gebäck. Der Kioskbetreiber packte alles in eine Plastiktüte, doch ehe ich mich versah, kam ein älteres Mädchen mit verfilzten Haaren, stieß die Kleinen rücksichtslos zur Seite, riss mir die Tüte, deren Inhalt ich eben gerecht an alle verteilen wollte, aus der Hand und rannte blitzschnell davon.
Eine Szene, die mir wieder einmal verdeutlichte, wie hart der Überlebenskampf in der Metropole Delhi war, wo siebzehn Millionen Menschen Nahrung und ein Zuhause brauchten. Angaben zufolge lebte etwa die Hälfte davon auf engstem Wohnraum, ohne Zugang zu sauberem Wasser oder sanitären Einrichtungen. Aus Not wurden Kinder statt zur Schule oft in Fabriken geschickt, um ein zusätzliches Einkommen zu haben.

Gleichzeitig fand man in derselben Stadt den größten Luxus, den man sich vorstellen konnte. Riesige Shopping-Malls mit exklusiven Läden waren oft nur durch eine Mauer von den Slumhütten derer abgetrennt, die entlang eines dreckigen Bachs oder in einer müllüberladenen Gasse hausten. Jeden Winter hüllte sich die Stadt in ein schmutziges Grau, wie wenn man einem Farbfoto die Sättigung nahm.

An einem dieser trüben Nebeltage suchte ich erneut Subash auf. Dieses Mal gab ich nicht eher nach, bis ich den für die Hausvisite zuständigen Polizisten gegenübersaß. In dem schäbigen Raum, in dem keinerlei Büroausstattung zu sehen war, stach besonders die *Shisha* ins Auge. Der Dickere der beiden zog gerade genüsslich an dieser Wasserpfeife, während sein Kollege mit einschläfernder Geduld versuchte, mit dem offensichtlich kaputten Tastentelefon eine Verbindung aufzubauen. Hier schien keiner ernsthaft bei der Arbeit zu sein, und so wunderte mich rein gar nichts mehr, als man mir sagte, sie hätten wochenlang die Adresse nicht gefunden, unter der ich gemeldet war. Mit einem zufriedenen Grinsen fügte der Polizist an der Wasserpfeife hinzu, im Übrigen könne man sich die Visite ja nun sparen, da ich bereits vor ihnen säße.

Eine Stunde später hielt ich tatsächlich ein handgeschriebenes Dokument mit einem Stempel darauf in der Hand, das bestätigte, dass ich nichts mit Prostitution oder gar der Mafia zu tun hatte. Ich musste unwillkürlich auflachen, wenn ich darüber nachdachte, dass dies nun die Gründe für das ganze Theater mit meinem Visum gewesen sein sollten.

Aber was kümmerte mich das jetzt noch? Endlich konnte ich aufatmen. Ich durfte hierbleiben, und auch das Haus, das Rajnie für das Heim in Aussicht gehabt hatte, war mittlerweile leer geräumt und konnte von uns besichtigt werden.

In Wollpullover und Schal gehüllt, brach ich gleich am nächsten Morgen mit Rajnie zum Stadtteil Najafgarh auf. Er lag nur zehn Kilometer vom Flughafen entfernt, trotzdem brauchten wir von Gurgaon aus knapp eine Stunde mit dem Bus. Sahib Singh, Rajnies Bekannter, holte uns mit dem Motorrad von der Haltestelle ab. Während mir bereits drei Personen auf einem Motorrad viel vorkamen, schafften es die Inder, selbst eine fünfköpfige Familie darauf zu befördern. Was die Sicherheit betraf, brauchte ich mich also nicht zu wundern, dass auch auf Helme kein Wert gelegt wurde.
Ich war erleichtert, als ich nach zehn Minuten wieder absteigen konnte. Wir waren in einer ruhigen Wohnsiedlung mit Einfamilienhäusern und sauber gefegten Gehwegen angekommen. Welches Haus war es wohl, und würden die Zimmer für unseren Zweck ausreichen?
Sahib Singh holte die Vermieterin, Mrs. Bhardwaj, herbei, eine junge blasse Frau mit auffallend dunklen Schatten unter den Augen. Von Rajnie hatte ich im Vorfeld bereits erfahren, dass ihr Mann wenige Monate nach der Geburt ihres Sohnes Selbstmord begangen hatte. Zwischen den beiden Familien soll es aufgrund der niederen Kaste, der ihr Mann angehörte, Konflikte gegeben haben. Genaueres wusste Rajnie jedoch auch nicht, denn die Vorfälle lagen schon sechs Jahre zurück. Solch ein Schicksal sei aber kein Einzelfall in Indien, fügte sie noch hinzu. Mrs. Bhardwaj stellte sich uns vor und erklärte, sie selbst wohne nur wenige Meter entfernt, zusammen mit ihrer Mutter und ihrem Sohn.
Gemeinsam bogen wir um die nächste Straßenecke, und schon standen wir vor einem wunderschönen, mintgrün gestrichenen Haus. Ich konnte kaum glauben, dass das zweistöckige Gebäude für nur 230 Euro monatlich zu haben sein sollte. Das

Balkongeländer war reich mit Ornamenten verziert, und die bogenförmigen Fenster und Türen waren aus dunklem Holz. Statt einer Haustür bestand der Eingang aus einem auberginefarbenen, aufwendig verzierten Tor, wie ich es auch schon bei anderen Häusern in der Nachbarschaft gesehen hatte. Und tatsächlich meinte Mrs. Bhardwaj, dass das Tor mit der Rampe aus Marmor extra dafür gebaut sei, dass man sein Auto im Inneren des Hauses parken konnte.

Von draußen wirkte das Gebäude schon fast majestätisch, so dass mir kurz Zweifel aufkamen, ob es nicht etwas zu groß und zu edel für unser Kinderpflegeheim war. Aber als wir die einzelnen Stockwerke besichtigten, merkte ich, dass der Platz schnell ausgefüllt sein würde. Im Erdgeschoss erstreckte sich etwas erhöht vom Eingangsbereich eine kleine Empfangshalle, von der eine Küche, zwei Zimmer und ein Bad abgingen. Das linke Zimmer würde sich der Größe und Helligkeit wegen ideal als Büro eignen, und das andere stellte ich mir bereits als unseren Physiotherapieraum vor.

Der erste Stock hatte einen ähnlichen Grundriss, mit dem Unterschied, dass hier der Küche ein Vorratsraum angeschlossen und das Bad um einiges länger war. Die beiden weiteren Räume würden sich wunderbar als Kinderzimmer eignen. Vom Wohnzimmer aus hatte man zum Balkon Zugang, der um zwei Seiten des Eckhauses herumführte. Und schließlich befand sich im obersten Geschoss noch ein Einzelzimmer, ein Bad und eine große Sonnenterrasse, auf der sich die Kinder frei bewegen würden können.

Ich brauchte nicht lange zu überlegen, schließlich war ja auch am Preis nichts auszusetzen. Das Haus war ein echter Glücksgriff. Wir berieten uns kurz und legten dann die Schlüsselübergabe zwei Wochen später auf Neujahrsbeginn fest.

Die ersten großen Schritte waren damit getan. Unser Kinderpflegeheim hatte ein Gesicht bekommen, und durch Ananta war es mir möglich, alle Fäden des Projekts selbst in den Händen zu halten. Im Hintergrund verwaltete ich nun Anantas neuen Verein, den wir der indischen Bürokratie wegen hatten gründen müssen. Und dabei war Ananta innerhalb kürzester Zeit zum besten Projektpartner geworden, den man sich wünschen konnte. Brauchte ich ihn, war er sofort an Ort und Stelle, um seine Unterschrift unter ein Dokument zu setzen oder mir Ratschläge zu geben. Ansonsten ließ er mich machen, was auch immer ich plante. Trotz der Hindernisse und Komplikationen gingen wir zielstrebig den Weg, der sich vor uns ausbreitete.

6.

Wenn die Hoffnung aufwacht,
legt sich die Verzweiflung schlafen.
Asiatische Weisheit

Die Nächte waren richtig kalt geworden. Nachts musste ich mich in drei Wolldecken wickeln, um mich in dem kahlen Zimmer vor der Kälte, die durch die unisolierten Wände kroch, zu schützen. Ich hatte mir eine Matratze besorgt, auf der ich nun im obersten Zimmer des zukünftigen Heims schlief, und Sahib Singh hatte mir seinen kleinen Gaskocher geliehen, damit ich mir in einer Pfanne zumindest etwas Warmes zu essen zubereiten konnte. Ansonsten war das Haus komplett leer geräumt und leider völlig verdreckt. Es würde sicher einige Zeit dauern, die verstaubten Räume, die mit Spinnennetzen bedeckten Fensterläden und die verkalkten und mit roter Betelspucke befleckten Badezimmer auf Hochglanz zu bringen. Erst danach würde ich mich um das Beschaffen der Einrichtung und Möbel kümmern können.

Der Abschied von Rajnie war mir nicht leichtgefallen. Ich hatte mich in den letzten zwei Monaten bei ihr bereits wie ein Familienmitglied gefühlt, und es war schön gewesen, die Entwicklung ihrer beiden Söhne miterleben zu können. Mein Umzug nach Najafgarh war dagegen wie ein Stoß ins kalte

Wasser. Mit Rajnie und Angelo hatte ich stets Englisch gesprochen, mit ihren Kindern etwas Italienisch, weshalb meine Hindikenntnisse immer noch in den Anfängen steckten. In meiner Nachbarschaft in Najafgarh würde wohl kaum jemand Englisch sprechen, aber das war auch gut so.

Es kostete mich zwar Überwindung, für die Vorbereitungen eine Zeitlang allein in dem großen Haus zu wohnen und mich an die fremde Umgebung zu gewöhnen, aber schließlich war es die beste Gelegenheit, um endlich richtig in Indien anzukommen.

Von der Sonnenterrasse aus konnte ich direkt über die Dächer zum *Shri Shyam Mandir,* einem kleinen Tempel mit Turm blicken, wo manche Hindus aus der Nachbarschaft allmorgendlich ihr *Puja*-Ritual ausführten. Zum ersten Mal wurde ich auf diesen religiösen Brauch durch die Hunderte von Fliegen aufmerksam, die dort einen Baum umschwirrten. Unter dem »heiligen« Baum waren zur Verehrung der Götter Butterlichter und Räucherstäbchen aufgestellt und bestimmte Blüten verteilt. Am Baumstamm klebte ein Mischmasch aus Speisen, die als Opfergabe dienen sollten.

Der Hinduismus ist im Alltag der Gläubigen stets präsent. Viele Hindus praktizieren auch zu Hause vor einem Schrein mit einem Götterbild die *Puja.* Dabei schwenken sie die Räucherstäbchen oder Butterlichter unter dem Klang einer kleinen Glocke vor dem Bildnis, das aus einem farbenreichen Pappkarton mit darauf abgebildeten Göttern wie Shiva, Vishnu oder auch anderen besteht.

Als Atheist hielt sich mein Interesse an den unzähligen Göttern in Grenzen, der traditionellen Hauseinweihung jedoch konnte ich mich nicht entziehen. Meine Vermieterin, die das Gebäude erst wenige Wochen zuvor gekauft hatte, besuchte mich eines Morgens, um mir mitzuteilen, dass sie am nächsten

Tag um vier Uhr in aller Früh mit ihrer Mutter, ein paar Verwandten und einem Priester kommen würde, um eine spezielle *Puja* vorzunehmen, welche böse Götter vertreiben sollte. Der Priester hatte diesen Tag und diese Stunde als besonders glückverheißend errechnet, und so solle ich ihnen aufmachen, wenn es so weit wäre.

Hätte ich vorher gewusst, wie das Ritual ablaufen würde, wäre ich sicher für zwei Tage wieder zu Rajnie gezogen. Als der Tag gekommen war, öffnete ich allen wie vereinbart um vier Uhr die Tür, um mich danach gleich wieder hinzulegen. Nur wenig später wurde ich ein zweites Mal geweckt. Rauch war in meinem Zimmer, und ich dachte schon, das Haus würde in Flammen stehen.

Voller Schrecken eilte ich ins Erdgeschoss hinunter. Dort sah ich, wie der Priester und die anderen in ihre Meditation vertieft mitten im Hausflur um ein Feuer saßen, das sie für ihr Ritual mit Holzscheiten auf dem Marmorboden entfacht hatten. Um das Feuer waren Blüten und ein gelbes Pulver ausgestreut. Die Luft war bereits so stickig, dass es mir schwerfiel zu atmen. Meine Augen brannten, und aufgrund von Weihrauch, geschmolzener Butter und anderen Zutaten, die ins Feuer geworfen worden waren, hatte der Rauch einen äußerst unangenehmen Geruch entwickelt. Obwohl die Fenster bereits offen standen, hatten sich die beißenden Rauchschwaden bis in alle Stockwerke und Zimmer ausgebreitet.

Und dann ließ mir unsere Vermieterin vom Priester auch noch ausrichten, dass der Rauch aufgrund von flammenerhaltenden Samenkörnern bis morgen andauern würde und wir die Feuerstelle keinesfalls entfernen durften. So musste ich wohl oder übel den Gestank zwei Tage lang ertragen, um Mrs. Bhardwaj nicht zu verärgern.

Nachdem die Hauseinweihung überstanden war, begann ich mit der Grundreinigung. Ich hatte die Arbeit ein wenig unterschätzt, denn nicht nur der Staub machte mir zu schaffen. Die Zimmerwände waren dermaßen verschmiert, dass ich dem Verzweifeln nahe war. Im Bad halfen auch Schwamm und Bürste nicht. Hier kratzte ich den Schmutz mit einer kleinen Metallplatte von den Kacheln. Das Haus war zwar noch gar nicht so alt, aber keiner schien es für nötig gehalten zu haben, es sauber zu halten.
Als ich mir vom Balkon aus die Fensterläden vornahm, pfiff der Wind wieder einmal eisig um das Haus. Und trotzdem hatte ich sofort eine Beobachterin. Eine Nachbarin beobachtete meine Aktion eine Zeitlang staunend. Dann rief sie mir von ihrem Balkon aus zu, wieso ich niemanden anstellte, der das Putzen für mich übernehmen könnte.
Ich schüttelte den Kopf. Wozu Geld für etwas ausgeben, das ich selber erledigen konnte? Außerdem war ich es nicht gewohnt, Angestellte zu haben, auch wenn das nach der Beschaffung der Möbel zwangsläufig der nächste Schritt sein würde. Im Moment jedoch hätte ich mir nur ein paar Freunde herbeigewünscht, um schneller voranzukommen. Aber Rajnie und Angelo waren mit ihren Kleinkindern vollauf beschäftigt, und Ananta musste schließlich jeden Tag zur Arbeit, während Ranjita sich um den Haushalt kümmerte. Meine Freunde in Deutschland waren ebenfalls gebunden und konnten nicht einfach mal spontan nach Indien fliegen, um mir bei unserem Projekt unter die Arme zu greifen.
Zwar hatte ich mich schon mit ein paar Nachbarn im Smalltalk auf Hindi unterhalten, doch das hatte nicht ausgereicht, um die Leute zum Mithelfen zu motivieren. Eine Frau amüsierte mich mit ihrer Frage, ob ich Ausländerin sei. Und ein

alter Mann, der stets in einer Männergruppe am Abend vor seinem Haus Karten spielte und erfahren hatte, dass ich aus Deutschland kam, begann eines Tages, mir davon zu erzählen, dass die Arier ein Urvolk aus Indien waren.
Die meisten Leute wussten vermutlich nicht so recht, was sie von mir halten sollten, einer jungen fremden Frau, die allein ein großes Haus bewohnt. Immerhin gab es drei Mädchen aus der Nachbarschaft, Jyoti, Sweetie und Tara, die die Bekanntschaft mit mir ungezwungener angingen und immer wieder mal bei mir vorbeikamen, um Fotos aus Afrika und Deutschland anzuschauen oder sich im Englischen zu üben.
Die Fenster musste ich also wohl oder übel alleine putzen. Ein paar Tage später hatte ich dann noch mit einem viel größeren Problem zu kämpfen: Im unteren Stockwerk waren plötzlich alle Wände nass – ein Wasserrohrbruch. Eine ganze Woche lang kamen Handwerker ins Haus, um nach der undichten Stelle zu suchen. Dafür musste der Boden sowohl im Bad als auch im Wohnzimmer entlang des Wasserrohrs aufgerissen werden. Der Alptraum wollte kein Ende nehmen, und ich zuckte bei jedem Schlag des Meißels, der die Räume zusehends in ein Schlachtfeld verwandelte, zusammen.
Als sie endlich fündig geworden waren und die Wände langsam wieder trocknen konnten, standen bald die nächsten Handwerker vor der Tür. Schließlich musste der Boden nun wieder schön sauber geschlossen werden. Darüber hinaus wollte ich auch das Balkongerüst sicherer machen. Dieses war mit nur einem Meter Höhe nicht nur für Kinder lebensgefährlich, auch ein Erwachsener musste schwindelfrei sein, um sich überhaupt auf den Balkon zu wagen. Mrs. Bhardwaj hatte noch bei Vertragsabschluss versprochen, dies zu ändern, und nun waren zwei Schmiede mit den ersten Geländerteilen ge-

kommen, um die Brüstung an beiden Stockwerken höherzuziehen.
Zumindest waren die Kinderzimmer, die ich bereits fertig geputzt hatte, von all den Handwerksarbeiten nicht betroffen, weshalb ich hier gleich mit der Möblierung beginnen konnte. Nachdem ich alle Räume vermessen und skizziert hatte, kaufte ich als Erstes dünne Teppichböden in zwei Meter langen Rollen, die ich jeweils mit einer Fahrradrikscha vom Möbelmarkt in Najafgarh bis nach Hause transportierte.
Marmor als Bodenbelag ist in Indien sehr beliebt, und so war Mrs. Bhardwaj bei ihrem nächsten Besuch überrascht, als sie die dunkelroten Teppichböden in den Kinderzimmern und den blauen Teppich im Physiotherapieraum sah. Sie fand zwar auch, dass das die Zimmer gleich viel freundlicher machte, fügte aber hinzu, dass diese Teppichrollen in Indien in der Regel nur für einen festlichen und einmaligen Anlass im Freien verwendet würden, da man sie nicht so einfach reinigen könne. Als ich den Staubsauger hervorholte, den ich nach stundenlanger Suche in einem Laden gefunden hatte, war sie allerdings begeistert.
Bei der Suche nach geeigneten Betten zeigte sich erneut, wie sehr sich die indische von der deutschen Einrichtung unterscheidet. Schon in Anantas und Ranjitas Wohnung hatte ich gesehen, dass ihre Betten aus einer Sperrholzplatte, die auf runden Holzstelzen auflag, bestanden. Statt auf Matratzen schliefen die Inder einfach auf einer dünnen Quiltdecke, die kaum etwas von der Härte der Holzplatte nahm. Oft waren diese Betten zu einer Kiste umfunktioniert worden, was zwar in Bezug auf den Stauraum äußerst praktisch sein mochte. Meiner Vorstellung von einem massiven deutschen Bett mit einer weichen Matratze darauf entsprachen sie aber nicht.

Die Hoffnung auf ein großes und günstiges Möbelgeschäft à la IKEA, in dem ich alle Einkäufe mit einem Mal erledigen könnte, hatte ich schon lange aufgegeben. Und in den lokalen Möbelgeschäften glich ein indisches Bett dem anderen. Schließlich fand ich auf einem Großhändlermarkt doch noch einen Inder, der meine Wünsche verstand und mir versprach, innerhalb von zwei Wochen acht Betten nach deutscher Art zu schreinern. Aufgrund meiner Erfahrungen mit Ganesh sollten vier davon extra niedrig gebaut sein, damit sich die kranken oder behinderten Kinder nicht verletzen würden und einfacher aufstehen könnten.

Nach zwei Wochen hatte der Schreiner jedoch gerade mal mit dem ersten Bett begonnen und mich auf die nächste Woche vertröstet – ein eiliger Auftrag sei dazwischengekommen. Das nächste Mal zog ich es vor, erst telefonisch nachzuhaken, bevor ich die Strecke mit dem Bus und der Metro wieder umsonst auf mich nahm. Doch wieder meinte er, ich solle mich nochmals um eine weitere Woche gedulden, bis dahin würde dann aber wirklich alles fertig sein. Wie nicht anders zu erwarten, war es auch diesmal Fehlanzeige. Als ich ihm am versprochenen Termin meinen nächsten Besuch abstattete, waren statt acht nur vier Betten fertig. Trotzdem war ich froh, wenigstens die Hälfte nach Hause schaffen zu können, und wartete auf den Transporter, den der Schreiner für mich bestellt hatte.

Währenddessen begann der Schreiner mir bei einer Tasse *Chai* zu erzählen, er sei in seinen jungen Jahren eine Zeitlang in Amerika gewesen, doch es habe ihm nicht so gut gefallen. In Amerika würden sich viele Leute scheiden lassen, meinte er, in Indien hingegen funktionierten die arrangierten Ehen wunderbar. In einer sogenannten *Joint Family* lebt dabei die Ehefrau mit ihren Schwiegereltern im selben Haus, wo sie unweigerlich auf die Großfamilie ihres Mannes trifft. Dessen Großeltern, Brüder mit deren Ehefrauen und Kindern, unverheiratete Schwestern und Cousinen teilen sich denselben Haushalt. Für die meisten deutschen Frauen wohl ein Alptraum, aber das behielt ich lieber für mich.

»Are you married?«, fragte der Schreiner, um nun auch meinen sozialen Status abzuklären. Eine Frage, die mir von anderen Indern meist bereits im ersten Satz eines Gesprächs gestellt wurde.

»Yes, my husband is in Africa«, erwiderte ich.

»Love marriage?«

Ich versuchte ihm zu erklären, dass auch die Deutschen keine arrangierten Hochzeiten kannten und man bei uns in der Regel aus Liebe heiratete. Ehe ich mich versah, glitt das Gespräch in Themen über, die ich nicht unbedingt mit einem mir fremden alten Inder diskutieren wollte. Als er begann, von freiem Sex zu reden und wie sündhaft es war, vor der Ehe zusammenzuwohnen, zog ich es vor, draußen auf den Transporter zu warten.

Mein »Transporter« kam schließlich in Form eines Fahrrads mit Ladefläche, mit dem ein dürrer Inder nun vollbeladen die drei Stunden bis nach Najafgarh radeln würde. Mit zweihundert Rupien, umgerechnet etwa drei Euro, die günstigste Transportmöglichkeit, wie der Fahrer mir versicherte. In Indien wunderte mich schon lange nichts mehr, deshalb willigte ich in den abenteuerlichen Möbeltransport ein, der über schlechte, verstopfte Straßen im Feierabendverkehr unser Kinderpflegeheim erreichen sollte.

Es war bereits acht Uhr, als der Radfahrer mit seiner Fracht völlig erschöpft eintrudelte, sich zwei starke Männer aus der Nachbarschaft schnappte, um die Betten an Seilen über unseren Balkon hochzuziehen. Ich konnte gar nicht hinschauen, wie die alten zusammengeknoteten Stricke unsere schweren Betten tragen sollten. Jeden Moment glaubte ich, sie könnten reißen. Aber die Männer schienen genau zu wissen, was sie taten, denn es ging alles glücklich über die Bühne. Ab sofort schlief ich nicht mehr auf dem Boden, sondern in einem weichen »deutschen« Bett.

Die Liste der Besorgungen wollte hingegen kein Ende nehmen. Nachdem die großen Möbel wie Schränke, Tische, Regale und die Couch endlich im Haus verstaut sowie eine Waschmaschine, ein Kühlschrank und zwei Kinderrollstühle angekommen waren, ging es mit Decken, Vorhängen, Geschirr und anderen Dingen weiter. Jeden Abend kam ich meist erst im Dunkeln mit vollen Tüten und Taschen nach Hause, nur um gleich darauf todmüde ins Bett zu fallen. Strich ich etwas auf meiner Liste durch, fiel mir schon der nächste wichtige Gegenstand ein, der noch fehlte. Ich hetzte von Geschäft zu Geschäft, von einem Stadtteil zum anderen und bedauerte, dass solche Besorgungen nicht so einfach waren wie in Deutschland. Zu Hause würde ich mich ins Auto setzen und vermutlich in einem einzigen großen Kaufhaus die meisten Artikel auf Anhieb finden.

Ein Trost in dieser Zeit waren mir die Telefonate mit Juma. Am Valentinstag rief er besonders früh am Morgen an, um mir zu sagen, dass er mich vermisste. Wieder einmal lagen Tausende von Kilometern zwischen uns, aber das Band zwischen uns war so stark, dass uns das nicht wirklich etwas anhaben konnte.

Bei einem anderen Telefongespräch erzählte Juma mir stolz, dass er mit seinem Vater ein Grundstück in dessen Heimatort besichtigt hatte. Schließlich war es ihm seit langem ein Anliegen gewesen, seinem Vater eines Tages etwas bieten zu können, egal, was er ihm früher auch angetan hatte. Und tatsächlich, wenige Tage später berichtete Juma mir stolz, dass er das Grundstück für 300 Euro gekauft habe, um es seinem Vater zu schenken.

Gerne wäre ich bei ihm gewesen, aber bevor mein Projekt nicht abgeschlossen war, versuchte ich, so gut es ging, alle anderen Gedanken beiseitezuschieben, um zügig voranzukommen.

Langsam wurde es wohnlich in dem mintfarbenen Haus. Von einem Straßenhändler am Connaught Place kaufte ich eines Tages große Micky-Mouse-, Donald-Duck- und Puh-Bär-Aufkleber für die Kinderzimmerwände, und in einem Spielzeugladen gab es große aufblasbare Kindersitze in Form von Affen und Teddys. Unsere Dachterrasse mit dem groben Zementboden wurde durch die freundliche Geste eines Teppichgeschäfts in Delhi mit einem künstlichen Grasteppich in eine Spielwiese verwandelt, für die ich ein buntgestreiftes Plastikbecken zum Planschen besorgte.

Es war bereits Ende Februar, als ich mich an die Liste des Child Welfare Departments setzte, die vorgab, was alles in einem Kinderheim vorhanden sein musste. Ich ging immer noch davon aus, dass wir erst Kinder aufnehmen durften, nachdem wir die Lizenz erhalten hatten, also besorgte ich Kinderkleidung in verschiedenen Größen, Bettlaken und Kissen, um mich auf die Inspektion durch das Amt vorzubereiten. Auch brauchten wir zwei Feuerlöscher, einen Erste-Hilfe-Kasten, Wasserfilter und Moskitonetze.

Als auch dies geschafft war, fehlte nur noch eins: etwas Leben ins Haus zu holen. Ich hatte gehört, dass es gegenüber des *Red*

Forts, einer sandsteinfarbenen Palastanlage aus der Epoche des Mogulreiches und damit einer der beliebtesten Sehenswürdigkeiten in Delhi, einen Tiermarkt geben sollte. Dort fand ich tatsächlich, was ich suchte: zwei knallgelbe *African Lovebirds* mit hochrotem Kopf, in Deutschland auch »Unzertrennliche« genannt.

Die kleinen Papageien musste ich nun aber noch in einer zweistündigen Fahrt in einem typisch indischen Bus und unter großem Staunen der anderen Fahrgäste nach Hause bringen. Aber das war es mir wert. Außerdem war es mir mittlerweile egal, wenn ich in der Öffentlichkeit Aufmerksamkeit erregte. Schließlich hatten mir gerade die Inder gezeigt, dass nichts unmöglich war, weshalb ich mir keinen Kopf machte, was sie von meinem etwas ungewöhnlichen Vogeltransport hielten.

Die bunten Papageien würden unseren Kindern etwas Fröhliches zwitschern. Dazu wollte ich unbedingt noch ein Aquarium haben. Wie ich schon im Ashram gesehen hatte, war das für die Kinder eine große Attraktion. In einem Fischgeschäft fand ich schließlich ein passendes Aquarium, das bereits mit bunten Steinen und künstlichen Pflanzen ausgestattet war. Als Bewohner des Aquariums wählte ich fünf Fischpaare in verschiedenen Farben, Formen und Größen aus.

Bei den Zimmerpflanzen kam mir dann noch der Zufall zu Hilfe. Einmal hörte ich, wie ein Mann mit einer Karre vor unserem Haus vorbeizog und dabei in regelmäßigen Abständen rief: *»Phauda le lo! Phauda le lo!«* – »Kauf Pflanzen!« Gleich lief ich hinaus, um vier Grünpflanzen zu erstehen, die ich im Eingangsbereich und im Wohnzimmer plazierte.

Mittlerweile war auch unser metallenes Hausschild mit unserem Logo und der Aufschrift *»Human Dreams India – Family*

Home for abandoned Children in severe Conditions« angefertigt worden. Ich selber hantierte mühsam mit Bohrmaschine, Dübel und Schrauben, bis ich es neben unserem Tor angebracht hatte. Doch als ich sah, wie mich drei Tagelöhnerinnen beobachteten – während sie selber Steine und Sand zu einer Baustelle schleppten –, war die ganze körperliche Arbeit, die ich in die Renovierung des Hauses gesteckt hatte, sofort vergessen.

In dieser Nacht, als die letzten Vorbereitungen im Haus vollendet waren, musste ich zwangsläufig an die Anfänge zurückdenken. In Deutschland hatte ich nur eine Karte von Delhi vor mir gehabt und eine Vision, dass das Kinderheim in Najafgarh sein sollte. Und jetzt war es tatsächlich so weit. Hier lag ich nun auf der Dachterrasse des grünen Hauses und blickte in den sternenübersäten Himmel über mir. Aus meiner Vision war Wirklichkeit geworden: Unser Kinderpflegeheim Human Dreams India war bereit für den nächsten Schritt: die Personalsuche.

»Ich weiß, wie man einem Kind Mutterliebe gibt, ich bin ehrlich, ich bin gottesfürchtig, ich arbeite hart, ich bin flexibel, ich kann den IQ von Kindern lesen, ich habe den Preis für die beste Sozialarbeiterin vom Staat gewonnen, ich gehöre einer Familie mit königlichem Hintergrund an, ich besitze weitreichende Erfahrungen als Teamleiterin, ich kann fünfzig Angestellte auf einmal leiten … ich … ich … ich.«

Die Ich-Sätze in Mrs. Nusrats Schreiben, das dem Lebenslauf beigelegt war, schienen kein Ende zu nehmen. Mrs. Nusrat war bereits 49 Jahre alt und die erste und einzige potenzielle Hausmutter, die sich auf mein Inserat, das ich in einem indischen Online-Stellenmarkt aufgegeben hatte, gemeldet hatte. Nach Absprache mit Ananta wollten wir den Fokus auf ver-

witwete Frauen in Not richten. Eine Frau, die entweder verstoßen worden war oder keine Familie hatte, würde bei uns Anschluss finden. Schließlich wollten wir nicht einfach nur eine Angestellte, die während ihrer Arbeit mit den Kindern die Stunden zählt, sondern eine liebe Ersatzmami.
Solch ein Frauentyp schien jedoch nicht unbedingt Anzeigen auf Englisch im Internet zu lesen. Die Gebildeteren unter ihnen fanden vermutlich selbst einen Weg aus ihrer Not, und die Frauen in den Dörfern, denen oft kein Ausweg aus ihrer Misere blieb, sprachen meist nur die lokalen Dialekte, allenfalls Hindi.
Deshalb verabredete ich mich notgedrungen mit Mrs. Nusrat am Connaught Place. Sie nannte mir das Restaurant »Host« als Treffpunkt, das sich im Inneren des Kreisverkehrs auf der gegenüberliegenden Seite des Central Park befand.
Bereits als ich die Goldgriffe an der schweren Türe sah, die von einem Türsteher in steifer Uniform stets im Auge behalten und wie auf Knopfdruck von ihm aufgehalten wurde, sobald ein Gast sich näherte, wäre ich am liebsten umgedreht. Das Restaurant war augenscheinlich eines der oberen Klasse, und es lag auf der Hand, dass zwischen meinen und Mrs. Nusrats Gehaltsvorstellungen wohl Welten liegen würden.
Von der Decke hingen Kronleuchter, und die Speisen wurden den Gästen auf Silbertabletts serviert. Wie immer, wenn ich mit Luxus konfrontiert werde, sträubte sich alles in mir, zugleich war ich neugierig, wer Mrs. Nusrat denn nun war.
Mit einer halben Stunde Verspätung kam sie schließlich angestöckelt. Ihre Goldohrringe und das aufwendige Make-up passten perfekt zum Ambiente des Restaurants. Aber was waren schon Äußerlichkeiten, sagte ich mir. Mrs. Nusrat war freundlich, das stand außer Frage. Und selbst als ich die Fotos

von Ganesh und den anderen abgemagerten Kindern hervorholte, um ihr verständlich zu machen, dass wir schwerkranke und mehrfach behinderte Kinder zu versorgen hatten, zeigte sie Mitgefühl und Interesse. Sie meinte, sie würde ihre freie Zeit so gerne armen Kindern widmen, schließlich waren ihre eigenen Töchter schon längst erwachsen und ihr Mann vor einigen Jahren verstorben.

War Mrs. Nusrat am Ende das Gehalt vielleicht gar nicht so wichtig? Ich musste noch mehr über sie erfahren. Ich fragte sie, wie sie sich in unserem Heim einbringen könnte. Aus ihrer Antwort jedoch ließ sich schnell erahnen, dass sie nur für das Babysitten Interesse zeigte. Essen kochen, die Kinder baden oder Windeln wechseln schien sie für niedere Arbeiten zu halten, für die wir ihrer Meinung nach sicher andere Angestellte hätten.

Ich hatte das Gefühl, zu einem Ende kommen zu müssen, und eröffnete ihr frei heraus, dass wir uns für den Anfang ein Gehalt von 100 Euro monatlich plus Unterkunft und Verpflegung vorgestellt hatten – ein Gehalt, wie es auch in anderen Heimen bezahlt wurde und dem indischen Standard entsprach.

Mrs. Nusrat bemühte sich, sich durch rhythmisches Kauen ihrer Pastete den Schock nicht anmerken zu lassen, und meinte anschließend mit einem verlegenen Lächeln, dass sie einst in Texas als Au-pair 1000 Euro monatlich verdient habe und dort jetzt erneut ein ähnliches Angebot auf sie warte.

Sie tupfte die Krusten aus ihren Mundwinkeln, erhob sich und meinte, sie würde sich bald melden, doch nun habe sie es eilig.

Das Kapitel Mrs. Nusrat war damit erledigt. Ich glaubte ihr zwar nur allzu gerne, dass sie ein Herz für Kinder hatte, aber sie war einfach in einer reichen Welt aufgewachsen, während wir nur das allgemein übliche Gehalt zahlen konnten. Uns würde nichts anderes übrig bleiben, als auf einem anderen Weg eine liebe Mami für die Kinder zu finden. Online-Stellenanzeigen waren allenfalls für die Suche nach einer Sozialarbeiterin geeignet.

Denn bei dieser Stellenbeschreibung hatte ich online mehr Glück. Nachdem ich die Suchanzeige »Sozialarbeiterin für Kinderpflegeheim in Najafgarh« ins Web eingestellt hatte, dauerte es nicht lange, und mein Posteingang füllte sich mit einer Bewerbung nach der anderen. Was für ein Unterschied zur Hausmuttersuche!

Am Ende hatte ich die Auswahl zwischen dreißig Bewerbern, von denen ich allerdings die allermeisten gleich wieder aussortieren musste. Zuerst diejenigen, die weder Foto noch Begleitschreiben aufwiesen. Andere wiederum hatten eine Standardbewerbung geschickt und sich nicht einmal die Mühe gemacht, die anderen sozialen Stellen, bei denen sie sich bewarben, aus der Empfängerzeile zu löschen. Und dann gab es noch ein paar, die mir lediglich »Ich suche einen Job« schrieben, in der Erwartung, ich würde mich bei ihnen vorstellen und nicht umgekehrt.

Erst mit der Mail der jungen Rashmi sah ich einen Hoffnungsschimmer am Horizont. Ihre Bewerbung war beispielhaft. Mit einem überzeugenden Motivationsschreiben in sorgfältig gewählten Worten, einem Masterabschluss in Sozialarbeit und einem ansprechenden Passfoto weckte sie sofort mein Interesse. Auch hatte sie bereits für eine international bekannte Hilfsorganisation und *Childline,* die landesweite Notrufstelle in Indien für Kinder in Not, gearbeitet. Und das Beste war: Rashmi kam sogar aus Najafgarh.

Ich lud sie zu einem Gespräch ein und glaubte bereits, eine geeignete Sozialarbeiterin in ihr gefunden zu haben. Doch leider sagte Rashmi eine Woche später ab. Ihre Eltern strebten eine Beamtenkarriere für sie an.

Die Personalsuche bereitete mir mit jedem Tag, der verstrich, mehr Kopfzerbrechen, bis ich schließlich auf Ajita stieß. Auch Ajita war eine MSW, hatte also einen Master in Sozialer Arbeit, nur leider mit ihren siebenundzwanzig Jahren noch keine Berufserfahrung. Auch würde sie jeden Morgen zwei Stunden brauchen, um von Nord-Delhi zu uns in den Südwesten der Stadt zu kommen. Dennoch versicherte mir Ajita am Telefon, dass ihr die Entfernung nichts ausmachen würde. Zwei Tage später besuchte sie uns mit ihrer Mutter, was ich begrüßte. Schließlich gab es genug schwarze Schafe unter den Organisationen, und Delhi war für junge, unverheiratete Frauen nicht ganz ungefährlich, besonders was sexuelle Belästigung in Bussen, auf offener Straße oder am Arbeitsplatz anging. Wenn Ajita schon so weit fahren musste und dann auch noch Vollzeit für uns arbeiten würde, war es sicher auch sinnvoll, dass ihre Eltern über ihren zukünftigen Arbeitsplatz Bescheid wussten.

Ajita schaffte es tatsächlich, mich von ihrer Arbeitsmoral und Motivation zu überzeugen. Ihr gehe es nicht um die Stunden oder das Geld, sie würde gern mit vollem Herzen bei uns dabei sein, versicherte sie mir mit Nachdruck. Auch ihre Mutter schien von unserem Kinderpflegeheim begeistert zu sein, und so unterschrieben wir noch an Ort und Stelle den Vertrag über eine 35-Stunden-Woche.

Es gab vieles, um das wir uns nun gemeinsam kümmern konnten. Zum einen wollte ich Kontakte zu anderen Heimen aufnehmen, um aus deren Erfahrungen zu lernen und um Kinder in Not ausfindig zu machen. Zum anderen musste ich unser Büro zum Laufen bringen. Noch standen die Regale leer, aber nun war es an der Zeit, dass ich mich mit der indischen Buchhaltung vertraut machte. Cash Book, Stock Book, Attendance Register, Budget Statement File, Admission Register, Individual Case File, Medical File Report … mir schwirrte allein schon der Kopf, wenn ich einen Blick auf die Liste warf, über welche Dinge in einem Kinderheim Buch geführt werden muss.

All das war neu für mich, und selbst Ajita konnte nur teilweise weiterhelfen. Schließlich stellte es sich am einfachsten heraus, in Schreibwarengeschäften die verschiedenen Registerbücher zu beschaffen und bei der Gelegenheit gleich den Geschäftsinhaber über deren genaue Handhabung zu befragen. Gleichzeitig erhielten wir teilweise in anderen Organisationen ein paar Einblicke in die Administration, und auf diese Weise arbeiteten wir uns so Schritt für Schritt ein.

Am Ende eines Finanzjahrs würden wir dann, wie es in Indien üblich ist, einen *Chartered Accountant,* einen geprüften Buchhalter, beauftragen, den Jahresabschluss für uns zu machen. Da Ananta bereits ein Büro kannte, das diese Dienstleistung anbot, waren diese Sorgen erst einmal aus der Welt geschafft.

Das Drama um die Hausmuttersuche ging stattdessen weiter. Der Höhepunkt dabei war, als sich einmal sogar ein Mann auf unsere Online-Anzeige bewarb, schließlich suchten wir eine Hausmutter und keinen Hausvater. So konnte es wirklich nicht weitergehen. Ananta schlug vor, es über Vermittlungsagenturen zu probieren. Ich musste nicht lange suchen, Agenturen gab es in Delhi wie Sand am Meer. Aber sollte es tatsächlich so einfach sein? Ging man nach dem, was die Agenturen im Internet alles versprachen, musste es Nannys, Hausmütter und Krankenschwestern in Hülle und Fülle geben, die nur darauf warteten einen Live-in-Job zu ergattern.

Schließlich stieß ich auf eine Agentur mit einer besonders ansprechenden und professionellen Homepage. Wie der Leiter der Agentur in der Einleitung schrieb, gingen die Anfänge daraufhin zurück, dass er einst an Krebs erkrankt und selbst auf die Hilfe anderer angewiesen gewesen war. Nach seiner Genesung wollte er nun Menschen helfen, die sich in ähnlichen Situationen befanden und Hilfe brauchten. Mit einem gutgemachten Layout und eingescannten Zeitungsartikeln als Referenz für die Bekanntheit und Glaubwürdigkeit, vermittelte die Agentur einen äußerst seriösen Eindruck. Wo war bloß der Haken an der Sache? Und wie hoch würden wohl die Vermittlungsgebühren und die Gehälter der Frauen sein?

Ich war neugierig geworden und wählte kurz entschlossen die angegebene Nummer. Ein Herr meldete sich, und nachdem ich ihm von unserem Heim erzählt hatte, machte er mich mit den Konditionen vertraut. Er könne uns eine Frau aus dem Bundesstaat Madhya Pradesh schicken, die genau zu unserem Profil passen würde. Die Vermittlungsgebühren von 100 Euro müssten wir erst bezahlen, wenn sie bei uns angekommen war, und ihr monatliches Gehalt würde nur 50 Euro betragen. Keinerlei weitere Kosten würden anfallen, und sollten wir mit ihr nicht zufrieden sein, könnten wir sie jederzeit zurückschicken und er würde eine andere Hausmutter für uns finden.

Das hörte sich ja schon fast wie Menschenhandel an. Diese Frauen schienen tatsächlich in Not zu sein, wenn sie so sehr unterbezahlt waren. Ich überlegte hin und her. Vielleicht hatte die Agentur ja tatsächlich eine geeignete Hausmutter für uns? Am Ende könnten wir dieser ja doch unser ursprünglich geplantes Gehalt von 100 Euro zahlen.

Der Mann von der Agentur wollte sich in ein paar Tagen wieder bei mir melden, um die genaue Ankunftszeit in Delhi zu besprechen, wo wir die Bewerberin vom Bahnhof abholen könnten. Aber es sollte nie so weit kommen. In der Zwischenzeit hatte ich viele negative Erfahrungsberichte im Internet gefunden, was derartige Vermittlungsagenturen betraf. Es war oft nur eine Masche: Sobald die Vermittlungsgebühr bezahlt war, würden die Frauen Reißaus nehmen und zur Agentur zurückkehren, die ihr böses Spiel mit dem nächsten Kunden weitertrieb. Tatsächlich war auch auf einmal die Homepage der besagten Agentur gesperrt, und der Mann, mit dem ich am Telefon alles besprochen hatte, nahm den Hörer nicht mehr ab. Offensichtlich waren ihre Betrügereien aufgeflogen, und ich hatte gerade noch einmal Glück gehabt, dass ich nicht auf sie hereingefallen war.

Schließlich kamen wir doch noch auf anderem Wege zu einer lieben Mami. Bei einem meiner Besuche in anderen Kinderheimen Delhis lernte ich Sozialarbeiter Wilson kennen. Ihm vertraute ich meine Schwierigkeiten bei der Personalsuche an, und er versprach mir, die Augen nach jemand Geeignetem offenzuhalten. Schon wenige Stunden nach meinem Besuch klingelte das Telefon. Wilson hatte sich in die Sache reingehängt und sprach von einer Clara, vierzig Jahre alt und verwitwet, die seit über einem halben Jahr Arbeit suchte.
Ich bat Ajita, gleich bei Clara anzurufen, damit wir mehr von ihr erfahren würden. Sie schien perfekt zu uns zu passen, also luden wir sie gleich für den nächsten Tag zu einem Vorstellungsgespräch ein.
Clara reichte mir gerade mal bis zu den Schultern. Auf den ersten Blick eine liebe, etwas pummelige Mami mit wachen

Augen. Ihr schwarzes Haar war zu einem Pferdeschwanz zusammengebunden und wogte sanft hin und her, als sie die Treppe zum Wohnzimmer hinaufging. Zwar stützte sie sich dabei mit einer Hand am Geländer, mit der anderen am Knie ab, aber insgesamt wirkte sie dennoch alles andere als schwerfällig. Clara hatte eine frische Art, und man merkte auf den ersten Blick, welche Energie in ihr steckte.

Sie begann von ihren beiden Töchtern zu erzählen, Hanni, achtzehn, die sie adoptiert hatte, und Rini, die siebzehn war. Beide gingen in einer anderen Stadt auf ein Internat und würden nur in den Schulferien bei ihr wohnen. Ihr Mann war vor elf Jahren verstorben, und sie hatte bereits viele pflegebedürftige Menschen versorgt, sowohl privat als auch in einer Klink. Und dann hatte sie auch noch zwei Jahre in einer Kantine gearbeitet.

Obwohl Clara nur Hindi sprach und Ajita mir so manches Mal bei der Übersetzung helfen musste, kam das Gespräch schnell in Gang. Schließlich fragte ich sie noch nach der Höhe ihres vorherigen Gehalts und stellte fest, dass es sogar niedriger gewesen war als das, was wir ihr bieten würden.

Wir wurden uns noch am selben Tag einig. Da Clara von der anderen Seite der Stadt kam, wollte sie ein kleines Zimmer in unserer Nachbarschaft anmieten, in dem sie ihr Hab und Gut verstauen konnte. Sie würde zwar rund um die Uhr bei uns wohnen, aber sie wollte dennoch einen kleinen Rückzugsort haben, vor allem auch für die Besuche ihrer Töchter. Wir fanden schnell ein günstiges Zimmer im Haus gegenüber und halfen Clara wenige Wochen später beim Umzug.

Als die Formalitäten erledigt waren, erfuhr ich noch, dass Clara aufgrund ihrer langen Arbeitslosigkeit monatelang mit ihrer Miete im Rückstand gewesen war. Wir zahlten den vorhe-

rigen Vermieter aus und boten ihr an, die Schulden von ihrem Gehalt langsam abzuzahlen.
Clara blühte mit einem Male richtig auf und drückte mir zum Dank fest die Hand. Sie meinte, nun brauche sie sich keine Sorgen mehr zu machen, wovon sie als Alleinerziehende die Schulbildung ihrer Töchter finanzieren sollte. Sie war glücklich, dass plötzlich alles gut werden sollte.

Es ist mir im Leben schon öfter passiert, dass sich viele Probleme, die mich länger beschäftigt hatten, auf einen Schlag alle zusammen lösen. Vielleicht braucht man nur Mut, und dann wendet sich automatisch alles zum Guten. Auch was unsere finanzielle Lage betraf, ist es so gewesen. Als ich meinen Verein im Januar 2010 gegründet hatte, vergingen Monate, in denen sich kaum etwas auf unserem Vereinskonto bewegte. Vor allem meine Mutter hatte Bedenken, dass ich mein geplantes Projekt auch finanzieren könnte, doch ich hatte immer darauf vertraut, dass ich es schaffen würde.
Und tatsächlich, ohne überhaupt die Spendentrommel gerührt zu haben, hatten wir im November 2010 nach langer Durststrecke 5300 Euro auf dem Vereinskonto. Durch Medienberichte und mein Buch waren plötzlich Firmen und Privatleute auf Human Dreams e. V. aufmerksam geworden. Der Betrag mag sich aus deutscher Sicht lächerlich ausnehmen, aber er hatte bei weitem ausgereicht, um mit der Einrichtung des Heims zu starten und die ersten Monatsmieten zu bezahlen.
Und nun, wo wir schon bald die ersten Kinder aufnehmen würden, hatten uns wieder herzensgute Menschen geholfen, so dass wir auch das kommende halbe Jahr überstehen würden. Ich rechnete mit maximal 1000 Euro monatlich für die Unterhaltskosten des Heims, inklusive aller Gehälter, Miete,

Essen, ärztlicher Behandlung, Transport und allem, was sonst noch dazugehörte, um den Kindern eine qualitativ hohe Versorgung gewährleisten zu können.
Um die Kosten im Rahmen zu halten, hatte ich bereits das ISIC Hospital im Stadtteil Vasant Kunj, wo Ganesh zuvor eine hervorragende Behandlung zuteilgeworden war, im Auge. Längst hatte ich gemerkt, dass der Chefarzt Dr. Chhabra ein großes Herz besaß. Damals schon hatte es ihn sehr berührt, dass ich mich während der drei Monate, die Ganesh im Krankenhaus lag, täglich um ihn gekümmert hatte. Und nun hoffte ich, dass er unser Kinderpflegeheim vielleicht unterstützen würde.
Die Freude war groß, als ich ihn nach all den Jahren in seinem Arztzimmer besuchen ging und ihm aktuelle Fotos von Ganesh zeigte. Ich musste Dr. Chhabra nicht einmal fragen, ob er uns helfen würde. Als er unseren frisch gedruckten Flyer über unser Pflegeheim las, sicherte er unseren Kindern von sich aus kostenlose Behandlung im ISIC Hospital zu und beauftragte sogleich seine Sekretärin, einen Brief aufzusetzen. Ich hätte Dr. Chhabra um den Hals fallen können, denn sein großes Geschenk an uns traf mich auch noch genau an meinem Geburtstag.

Es war erst März, und obwohl ich noch zwei Monate zuvor einen Heizlüfter gebraucht hatte, kletterte das Thermometer bereits auf 37 Grad. Ich hatte schon viel gehört über die unerträglichen Sommermonate in Delhi, wo es sogar bis zu 50 Grad haben sollte, auch wenn ich mir das nicht vorstellen konnte. Aber so langsam ahnte ich, was noch auf uns zukommen würde. Schon jetzt quälten wir uns mit der Hitze ab, und das war erst der Anfang.

Eine nasse und bunte Abkühlung gab es dann Ende März mit *Holi,* dem Fest der Farben, das zu Ehren von Krishna und dem Liebesgott Kama gefeiert wurde. Ich verbrachte *Holi* mit Anantas Familie und staunte von ihrem Balkon aus nicht schlecht, wie sich die sonst so finster dreinblickende Nachbarschaft in ausgelassene Menschen verwandelte, die sich gegenseitig mit Pulvern in knalligen Farben bewarfen und von den Fenstern aus Wasserbomben zu den Nachbarn auf die Terrassen schmissen. Linderung und Spaß bot auch der Brauch, sich gegenseitig mit bunt eingefärbtem Wasser zu übergießen.

Holi war ein Fest, das alle Schranken aufhob. Alter, Kaste, Geschlecht oder gesellschaftlicher Status spielten auf einmal keine Rolle mehr. Jeder machte mit, ob freiwillig oder unfreiwillig. Ich bedauerte, dass Juma den Spaß nicht miterleben konnte. Sicher hätte ich ihn mit seiner dunklen Haut von Kopf bis Fuß wie einen Indianer bemalt.

Ich sehnte mich nach ihm, und doch, obwohl wir schon öfter darüber gesprochen hatten, dass er bald nach Indien nachkommen würde, mussten wir uns noch gedulden. Er traute sich nicht, alleine so weit zu fliegen, denn das Organisieren der Reise und das Umsteigen in einem fremden Land würde ihm als Analphabeten erhebliche Probleme bereiten. Mittlerweile telefonierten wir täglich miteinander, und ich versprach ihm, so bald wie möglich nach Tansania zu kommen, um ihn zu holen.

Erst einen Monat nach dem *Holi*-Fest konnte ich den Antrag für die Lizenz für unser Kinderpflegeheim bei den beiden zuständigen Ämtern einreichen. In der Zwischenzeit hatte ich noch eine sehr nette Physiotherapeutin, Jyoti, eingestellt und Rajbeer, die jeden Nachmittag unentgeltlich eine Stunde lang kommen würde, um unsere Kinder medizinisch zu versorgen.

Der Antrag für die Lizenz war nahezu hundert Seiten dick geworden, und das Zusammentragen der einzelnen Bestandteile hatte mich stark an meine Diplomarbeit zurückerinnert. Ich hatte in den letzten Wochen viel recherchieren müssen, um die Hausregeln, die Sicherheitsbestimmungen, die Personalvereinbarungen und die Versorgung der Kinder, einschließlich eines geregelten Tagesablaufs, der Ernährung und der spielerischen Beschäftigung, aufs Papier zu bringen.
Mittlerweile hatten wir auch noch eine Bescheinigung vom Noble Hospital, dem Krankenhaus, in dem Rajbeer angestellt war, erhalten, dass auch dort unsere Kinder kostenlos behandelt werden würden. Die *Holy Child School,* die nur wenige hundert Meter von unserem Kinderpflegeheim entfernt war, bot uns zudem kostenlose Schulbildung an und versprach, einen Fahrer mit Bus bereitzustellen, sollten wir einmal zu einem Picknick ins Grüne fahren oder einem Erlebnispark einen Besuch abstatten wollen.
Mit all dem, was nun zusammengekommen war, hoffte ich, die Ämter zufriedenstellen zu können, damit wir schon bald die Lizenz in den Händen halten würden. Ich wollte nur noch auf die Inspektion warten, die für die Erteilung der Lizenz unerlässlich war, um danach dann kurz nach Tansania zu fliegen. Ich hatte Juma nun schon ein halbes Jahr nicht mehr gesehen, und auch bei den 43 Grad, auf die das Thermometer täglich stieg, würde mir das Klima in Tansania guttun.
Die Hitze und die Ungewissheit, wie lange es noch dauern würde, bis die Leute von der Inspektion kommen würden, begannen an mir zu nagen. Auf dem ersten Amt, dem Department of Women & Child Development, hatte man mich erst wieder abwimmeln wollen, da unser Verein eben noch keine drei Jahre existierte. Aber dann erkämpfte ich mir doch eine

Sondergenehmigung und man hatte mir versprochen, in ein oder zwei Tagen ein Schreiben an das zweite Amt, das Child Welfare Committee, zu senden, um die Inspektion zu beauftragen. Doch dann, als ich zehn Tage später bei Letzterem nachhakte, hieß es, dass sie immer noch nichts erhalten hatten. Ich hätte platzen können. Die Unzuverlässigkeit der Behörden war genau so, wie es mir diverse Heimleiter erzählt hatten. Bis die Lizenz erteilt wurde, konnte es Monate dauern, da die indischen Beamten berüchtigt dafür sind, gerne auf der faulen Haut zu liegen.

Die Anspannung des letzten halben Jahres, alles möglichst schnell fertigzubekommen, um meinen Traum zu verwirklichen und den Spendern so schnell wie möglich Fortschritte melden zu können, machte sich auf einmal bemerkbar, indem ich zunehmend gereizter auf die Behörden reagierte. Die Ungewissheit machte mich wahnsinnig, so dass ich spontan beschloss, zu Juma zu fliegen. Ich wusste, wenn die Ämter selbst eine Woche für einen simples Schreiben brauchten, dann würden sie noch um einiges länger für einen Besuch brauchen.

Mein Kinderpflegeheim war fertig, doch Juma fehlte noch an meiner Seite. Das wollte ich nun so schnell wie möglich ändern.

7.

Erfolg ist, zu erreichen, was man sich wünscht;
Glück ist, sich zu wünschen, was man erreicht.
Sprichwort aus Indien

Es war bereits Mitternacht, als ich in Dar es Salaam landete. Zu spät, um noch die Fähre nach Kigamboni zu nehmen. Aber das spielte keine Rolle. Das Wichtigste war: Juma wartete am Flughafen auf mich. Endlich war es so weit, nach einem halben Jahr waren wir wieder vereint. Ich fühlte mich ein wenig wie bei meiner ersten Begegnung mit ihm. Das Kribbeln war sofort wieder da. Wie hatte ich es nur so lange ohne ihn ausgehalten?

Juma freute sich mindestens genauso wie ich, dass die lange Zeit der Einsamkeit vorüber war, und meinte, dass er mich sehr vermisst habe. Er war wieder recht dünn geworden, wie immer, wenn er eine Zeitlang alleine lebte. Zwar hatte er immer genug zu essen, aber irgendwie hatte er alleine wohl keinen rechten Appetit. Ihm fehlte die Freude.

Woran lag es nur, dass es manchmal so kompliziert zwischen uns war und wir uns immer wieder voneinander entfernen mussten, um erneut zueinanderzufinden? Das Leben konnte doch so schön sein zu zweit!

Und das war es in der Tat während meines kurzen Aufenthaltes

in Tansania. Mir blieb zwar nur eine Woche, um Jumas Flugticket zu buchen, ihm bei der indischen Botschaft ein Touristenvisum zu beschaffen und ein paar alte Freunde wiederzusehen. Trotzdem fanden wir auch Zeit für uns, gingen zum Mikadi Beach, um am Strand zu relaxen, im Meer zu baden und uns gegenseitig unsere Erlebnisse der letzten Monate zu erzählen.
Wie schön ruhig war es doch hier. Keine Menschenmassen, kein Straßenlärm, einfach nur Natur um uns herum. Wie es Juma wohl in Delhi gefallen würde? Ich hatte ihm schon viel von der bitteren Armut dort berichtet, aber er konnte kaum glauben, dass es vielen Indern aufgrund der Überbevölkerung noch schlechter ging als den Armen in Tansania. Slums gab es in Tansania nicht. Die Armen lebten hier allenfalls in Lehmhütten, aber nicht wie Millionen von Indern in Zelten aus Abfall.
Zum Glück machte uns die indische Botschaft keinen Strich durch die Rechnung. Ich hatte mir schon Sorgen gemacht, ob Juma wirklich so einfach ein Visum bekommen würde, denn selbst mit Deutschland hatten wir immer wieder Visaprobleme, obwohl wir verheiratet waren.
Sogar nach sechs Jahren Ehe war es uns nicht erlaubt, länger als ein halbes Jahr Deutschland zu verlassen. Jedes Mal brauchten wir eine Sondergenehmigung, damit Jumas Aufenthaltsberechtigung nicht erlosch. Und einmal, als wir von Tansania aus eine neue Einreisegenehmigung beantragen wollten, hieß es, ohne einen bestandenen Deutschtest würden sie nichts für uns machen können. Dass Juma Analphabet war und laut seiner Deutschlehrerin aus dem Integrationskurs auch Legastheniker ist, zählte nicht. Nur mit Mühe und Not und durch die Hilfe eines netten Beamten in der Ausländerbehörde in Deutschland klappte es dann doch noch.
Derartig diskriminierende Gesetze ärgern mich. Meine Frei-

heit, dort zu leben, wo ich wollte, ließ ich mir deswegen bestimmt nicht nehmen.

Als Juma das Visum für Indien in der Tasche hatte, wuchs meine Aufregung. Auch wenn ich das schöne Tansania nun wieder für einige Zeit zurücklassen musste, freute ich mich darauf, Juma endlich alles zeigen zu können, was ich in Indien aufgebaut hatte.

Anfang Mai landeten wir an einem 47 Grad heißen Nachmittag in Delhi, was selbst Juma beinahe umhaute. Heißer Wind vermischt mit Staub und Sand blies uns ins Gesicht, während wir den klapprigen Bus von der Metrostation nach Najafgarh nahmen.

»Um Gottes willen«, sagte er immer wieder auf Deutsch, begleitet von einem ungläubigen Kopfschütteln. »Das ist Katastrophe!«, meinte er und kicherte in sich hinein. Juma lacht immer sehr viel, besonders wenn er Dinge erlebt, die neu für ihn sind. Gerade Indiens buntes Chaos bot ihm jetzt genug Stoff zur Erheiterung.

Das, was er auf den Straßen beobachten konnte, hatte er in seinem ganzen Leben noch nicht gesehen. Häuserfassaden, die bis auf den letzten Zentimeter mit Dutzenden von Werbeschildern zuplakatiert waren, Stromkabel, die in einem Wirrwarr zwischen den Masten hingen, ein alter Sadhu mit aufgetürmten Dreadlocks vor einem Hindutempel, dessen Haut mit heiliger Asche beschmiert war. Er war lediglich in ein orangenes Tuch gehüllt und stützte sich auf einem hölzernen Stock ab.

»Die Sadhus sind die heiligen Männer Indiens«, erzählte ich Juma. »Sie sind meist heimatlos, haben sich von allem Weltlichen gelöst und ziehen auf der Suche nach Erlösung mit einer Almosenschale auf Pilgerpfaden umher.«

»Und warum hat das Baby diesen großen schwarzen Fleck auf der Stirn?«, fragte er mich und zeigte dabei auf eine Frau, die in einer Rikscha neben uns im Stau stand und ein Baby auf dem Arm trug.
»Rajnie hat mir einst erklärt, dass die Inderinnen diesen Fleck aufmalen, um den bösen Blick abzuwenden, so dass keine neidische Person oder teuflische Macht ihren Babys schaden kann.«
Juma nickte, auch in Tansania waren die Leute noch so sehr vom Aberglauben beherrscht, dass er sich nicht weiter darüber wunderte.
Nach einer halben Stunde erreichten wir das Kinderpflegeheim, und Juma war augenblicklich begeistert. Besonders unser Büro gefiel ihm, und so ließ er sich wie der Chef persönlich in den Sessel fallen und breitete dabei seine Arme breit auf den Lehnen aus. Das war wieder typisch Juma. Schon früher hatte er mir einmal gesagt, hätte er die Möglichkeit gehabt, zur Schule zu gehen, dann würde er heute am liebsten in einem Büro arbeiten.
Was die Büroarbeit betraf, erwartete mich jedoch gleich eine böse Überraschung. Nachdem Clara uns ein Glas Wasser gereicht hatte, begann sie zu erzählen, dass es mit unserer Sozialarbeiterin Ajita Probleme gab. Während meiner Abwesenheit habe sie einfach zwei Tage Urlaub genommen, obwohl wir sie doch gerade erst vor ein paar Wochen eingestellt hatten. Zwar sollte Ananta als Projektleiter stellvertretend während meiner Abwesenheit nach dem Rechten schauen, doch dem hatte sie einfach erzählt, dass sie alle Arbeiten bereits erledigt habe. Wie ich jetzt feststellen musste, entsprach das nicht den Tatsachen. Viele Dinge, die ich Ajita auf einer Liste notiert hatte, waren liegengeblieben, und auch ein sehr wichtiger Brief, den sie für mich zum Jugendamt hätte bringen sollen, lag immer noch unberührt auf dem Schreibtisch.

Schon vor meiner Abreise gab es ein paar Zwischenfälle, die Zweifel in mir geweckt hatten, ob Ajita vertrauenswürdig war. Wie an jenem Tag, an dem wir einen Termin bei einer Ärztin hatten, um unser Projekt vorzustellen, Ajita mich dann aber versetzt hatte. Auf dem Weg zum Krankenhaus war sie anscheinend Freunden begegnet, und dann hatte sie einfach die Zeit vergessen. Ajita schien von ihrer Studentenzeit noch zu verwöhnt und alles andere als reif für diesen verantwortungsvollen Job zu sein. Was, wenn erst mal Kinder da wären?

Ich beriet mich mit Ananta, und wir waren uns einig, dass es so nicht weitergehen konnte. Aber Ajita kam uns zuvor und kündigte per E-Mail, weil sie plötzlich eine andere Stelle gefunden hatte. Mir war das gerade recht, auch wenn nun die Suche nach einer Sozialarbeiterin wieder von vorne losgehen würde und es ein eher ungeeigneter Zeitpunkt war, so kurz vor der Inspektion.

Wie froh war ich nur, dass mit Clara alles wunderbar klappte und wir uns gut verstanden, auch wenn sie nur Hindi konnte. Durch den täglichen Umgang mit ihr sprach ich immer besser und fließender. Auch Rajbeer, unsere Krankenschwester, konnte kein Englisch, dafür aber die Physiotherapeutin Jyoti, deren Vertrag erst mit der Aufnahme unseres ersten Kindes beginnen würde.

Ich hoffte, dass Milap unser erstes Kind sein durfte. Ich hatte ihn in den letzten Monaten regelmäßig im Ashram besucht, doch sein Zustand war leider wieder schlechter geworden. Er war spindeldürr und aß kaum etwas. Erst vor drei Monaten hatten die Ärzte eine Knochentuberkulose bei ihm festgestellt, die aufgrund der späten Diagnose nun bereits weit vorangeschritten war und ihm starke Schmerzen bereitete. Seit unserer ersten Begegnung vor einem halben Jahr war er bettlägerig, konnte weder sitzen noch aufstehen. Milap freute sich jedes Mal, wenn ich ihn besuchte, und fragte stets, wann ich wieder kommen würde. Mit seinem »I missed you!«, das er mir bei jedem Besuch schon von weitem zurief, hatte er längst mein Herz erobert.

Eines Tages lud er sich einfach selbst zu uns ein: »I come on Monday to visit you«, sagte er mit fester Stimme. Offenbar hatte er bereits Superior Father Timo damit beauftragt, ihn zu uns zu bringen. Ich hatte Milap schon längst von unserem Kinderpflegeheim erzählt und ihm Fotos und den Flyer gezeigt, und nun war er Feuer und Flamme. Auch über Knochentuberkulose hatte ich mich im Internet erkundigt. Man konnte die Krankheit zwar behandeln, aber wenn Milap weiterhin so wenig aß, stand es kritisch um ihn, denn dann würden die Medikamente keine Wirkung zeigen.

Milap war viel zu schwach. Er wog gerade einmal fünfzehn Kilo, und das mit seinen zwölf Jahren. Aber das Faszinierende an ihm war, dass er es mit seinem starken Willen dennoch vom Bett aus schaffte, anderen zu sagen, wo es langging. Kapil beispielsweise, einen taubstummen Jungen, beauftragte er per Handzeichen, wenn er etwas aus seinem Schließfach brauchte. Von Munu, einem jungen Mann, der ebenfalls nicht sprechen konnte, ließ er sich stets seine Kleider waschen, und Sonu, der im Rollstuhl saß, holte ihm augenblicklich seine Geldbörse herbei, sollte er wieder einmal einen Besucher dazu gebracht haben, sein kleines »Vermögen« aufzustocken.

Bereits im Antrag für die Lizenz hatte ich Milap erwähnt und auf seine kritische Lage hingewiesen, aber den Ämtern schien es egal zu sein, dass es hier um ein Menschenleben ging. Auch nach drei Wochen waren sie nicht zur Inspektion erschienen, trotz mehrmaligen Bittens. Wieder einmal war ich genervt. Was waren das für Gesetze, die verlangten, dass inklusive Personal alles parat stand, und dann wurde man wochenlang im Stich gelassen? Schließlich musste ich die Gehälter und die Miete bezahlen, und Jyoti, die noch darauf wartete, anfangen zu können, würde sich sicher einen anderen Job suchen, wenn es nicht bald losginge.

Zuerst beschwerte ich mich beim Department of Women and Child Development und bekam zur Antwort, dass sie es den Einrichtungen in der Regel empfehlen würden, vor der Erteilung der Lizenz keine Kinder aufzunehmen. Das hörte sich ja schon einmal gleich ganz anders an als bei meinem ersten Besuch. Damals war es noch einen Anordnung gewesen, und jetzt auf einmal sollte es nur noch eine Empfehlung sein. Auch andere Heime hatten mir schon geraten, einfach anzufangen, denn ohne Kinder würden die Ämter sowieso keinen Finger rühren. Mit diesen Informationen machte ich mich also auf zum zweiten Amt, dem Child Welfare Committee. Was war das nur für ein Hin- und Hergehetze mit stets langen Wartezeiten! Und den hohen Qualitätsstandard, der von den Ämtern immer lautstark eingefordert wurde, suchte man bei den Behörden selbst vergeblich. Die verwahrlosten Kinder, die von der Polizei auf der Straße aufgegabelt wurden, wurden in einen kahlen Raum mit einer Holzbank gesteckt und mussten dort manchmal stundenlang ohne Wasser ausharren, bis sie von den Mitgliedern des Komitees zum Verhör aufgerufen wurden.

Auch dieses Mal versprachen sie mir, bald zur Inspektion zu kommen, aber das Wichtigste war: Sie erlaubten mir, Milap aufzunehmen! Ihr plötzlicher Sinneswandel überraschte mich ziemlich. War es wirklich wahr, dass es nun losgehen konnte? Sicherheitshalber fragte ich nach, ob es dann später nicht heißen würde, ich würde illegal Kinder halten.

Aber die zuständige Dame schüttelte den Kopf. Sie könnten

mir zwar noch keine Kinder aus anderen Heimen zuteilen, aber ich könne selber aktiv werden und müsse bis zu ihrem Besuch nur stets die Liste aktualisieren, wie viele Kinder bei uns untergebracht waren.

Das war wieder einmal typisch Indien, die aussichtslosesten Dinge wurden plötzlich ganz einfach. Aber aus eigener Erfahrung wusste ich, dass es auch genau andersherum sein konnte. Jetzt aber galt es, keine Zeit mehr zu verlieren. Bereits am nächsten Tag saß ich mit Superior Father Timo im Ashram zusammen, um Milaps Transfer zu besprechen. Wir einigten uns darauf, dass ich bis nächste Woche eine gegenseitige Einverständniserklärung vorbereiten würde und sie Milap dann mit ihrem Ambulanzwagen zu uns bringen würden. Ich war ja so aufgeregt und stürmte mit der frohen Nachricht gleich in den Schlafsaal zu Milap.

»Oh, really?«, fragte er mit seiner zuckersüßen Stimme.

»Yes, really!«

Milap strahlte übers ganze Gesicht und meinte, er habe schon so lange auf diesen Tag gewartet. Dann rief er den anderen Kindern im Saal zu: »I am going! I am going!«

Milap hatte es in der Tat eilig, vom Ashram wegzukommen. Er hatte mir einst anvertraut, dass die anderen Kinder, die geistig behindert waren, sich gegenseitig schlugen und auch er immer wieder etwas abbekommen hatte. Und einmal hatte ihn sogar der Physiotherapeut geschlagen, weil er vor Schmerzen seine Übungen nicht hatte machen wollen.

Milap war eitel, legte viel Wert auf gute Kleidung und darauf, gut zu riechen, weshalb er sich jeden Morgen mit einem Männerspray einsprühte. Doch im Ashram stanken seinen Aussagen nach die Bettlaken, und auch die Kleidung wurde nie richtig sauber beim Waschen.

All dies würde ihm bei uns mit Sicherheit erspart bleiben, und trotzdem war ich mordsmäßig nervös. Es war schließlich das erste Mal, dass wir ein Kind versorgen würden. Würde Milap sich bei uns wohl fühlen, oder würde er am Ende doch seine Freunde aus dem Ashram vermissen und zurückwollen? Und was, wenn es ihm bei uns langweilig wäre, weil er momentan noch das einzige Kind war?

Mir kam es vor, als stünden wir vor einem alles entscheidenden Test. Würden wir es schaffen, Milap glücklich zu machen?

Ich hatte noch eine Woche Zeit, um mich auf sein Kommen vorzubereiten, und überlegte fieberhaft, wie wir ihm einen möglichst schönen Empfang bereiten konnten. Ein Willkommensgeschenk musste her, etwas, das er auspacken konnte. Mit Juma besuchte ich dafür den *Palika Bazar,* einen unterirdischen labyrinthartigen Markt am Connaught Place, wo sich knapp vierhundert Geschäfte befinden. Dennoch war der Basar nicht gerade ein Einkaufsparadies. Mitten im Gewühl im dämmrigen Licht wurde man ständig von rechts oder links gepackt und in einen Laden gezogen. Für Juma war das wieder einmal ein spaßiges Erlebnis, wie vor kurzem, als er sich am Straßenrand eine Mütze gekaufte hatte und er sogleich eine Schar staunender Inder um sich herum ansammelte. Und auch ich war immer wieder aufs Neue von den vielen Menschen fasziniert.

Schnell fanden wir in einem Musikladen etwas Passendes für Milap. Einen kleinen MP3-Radiokasten mit Boxen, leicht, handlich und erschwinglich. Zu Hause packte ich den Karton in mit Teddybären bedrucktes Geschenkpapier ein und stellte ihn auf Milaps zukünftiges Bett. Dazu bastelte ich noch ein größenverstellbares regenbogenfarbenes Armband. Ich hatte den Plan, ein solches Armband für alle neuen Kinder als Willkommensgeschenk anzufertigen und darauf am Tag der Ankunft ihren Armumfang zu markieren. So konnten unsere Schützlinge selbst verfolgen, ob sie zugenommen hatten. Als Clara Milaps Armband sah, war sie so begeistert, dass ich schließlich auch für alle Erwachsenen im Haus ein solches Band knüpfte.

Noch am gleichen Tag schaltete ich erneut eine Stellenanzeige für eine Sozialarbeiterin. Von den eingehenden Bewerbungen gefiel mir Sangeeta am besten. Sie war achtundzwanzig, hatte einen Bachelor in Sozialwissenschaften und einen Master in Bevölkerungslehre, ihre Abschlussarbeit hatte sie über Kinder mit Behinderung geschrieben. Sangeeta stammte aus Nepal und war nach ihrer Hochzeit vor einem Jahr ihrem Mann Deepak nach Delhi gefolgt.

Dieses Mal saßen wir zu viert beim Vorstellungsgespräch zusammen. Juma hatte sich interessiert neben Deepak gesetzt, und ich unterhielt mich angeregt mit Sangeeta. Beide waren dermaßen sympathisch und hatten eine Natürlichkeit an sich, dass es keine Zweifel gab. Sangeeta passte perfekt in unser Team, und wir einigten uns auf einen sofortigen Arbeitsbeginn und ein Gehalt von monatlich 130 Euro bei einer 20-Stunden-Woche.

Und so half mir Sangeeta am Morgen des großen Tages, an dem wir Milap zu uns nahmen, beim Anbringen der Willkommensgirlande, die wir über der Empfangshalle aufspannten. Im Anschluss daran setzten wir uns in einen Bus nach Gurgaon, um Milap auf seiner Fahrt in ein neues Leben zu begleiten.

Milap hatte bereits seine Tasche gepackt und wurde von einem Pfleger zum Ambulanzwagen gebracht. Man musste Milap ganz flach tragen, denn jede falsche Bewegung verursachte ihm Schmerzen an der Wirbelsäule, wo die Knochentuberkulose sich manifestiert und ausgebreitet hatte. Zwar konnte er mittlerweile eine Zeitlang im Rollstuhl sitzen, aber die schlechten Straßen würden ihm beim Sitzen viele Schmerzen bereiten. Seinen Kopf plazierte ich auf meinem Schoß, und Sangeeta saß an seinem Fußende.

Ich versuchte aus Milaps Gesicht abzulesen, was in ihm vorging. Immer wieder lächelte er tapfer, aber er schien auch aufgeregt zu sein. Seit drei Jahren lebte er schon im Ashram, zuvor war er ein Jahr bei Schwestern vom Mutter-Teresa-Orden gewesen. Zu seinen Eltern, die ihn abgegeben hatten, wollte er nie wieder zurück. Früher war er Hindu gewesen und durch seine Aufenthalte bei den Schwestern und Brüdern Christ geworden. Genauso war es Juma in seinem Leben ergangen, der nun zwischen Islam und Christentum hin- und herschwankte. In unserem Heim würde daher niemand zu einer Religion überredet werden. Selbst unser Team war ein bunter Mischmasch aus verschiedenen Glaubensansichten.

Wir wollten Milap mit unserem Family Home einfach nur ein neues Zuhause geben, ihn nach der Behandlung auf eine spezielle Schule schicken und ihn in seinem Leben unterstützen, wo auch immer er uns brauchte. Das war es doch, was im Leben zählte. Liebe und Sicherheit zu geben, besonders dort, wo die Unmenschlichkeit überhandgenommen hatte.

Juma wartete bereits gespannt am Tor, als wir in Najafgarh eintrafen. »Welcome, Welcome!«, rief er Milap zu, der mittlerweile völlig erschöpft von der anstrengenden Fahrt zwischen uns lag. Bei jedem Schlagloch war er zusammengezuckt, immer wieder fing er an zu stöhnen. Ich war so froh, als wir ihn endlich in sein neues Bett legen konnten, mit einem Puh-Bär-Stofftier an seiner Seite.

Clara brachte ihm ein Glas Mangosaft, sein Lieblingsgetränk, wie wir wussten, und ein paar Chips zum Knabbern.

»What is this?«, fragte er und zog das eingepackte Geschenk zu sich heran.
»It's for you, please open it«, ermunterte ich ihn zum Auspacken.
Milaps Augen glänzten, als er das MP3-Radio sah, und ich versicherte ihm, dass das nun ganz allein ihm gehören würde. Wir steckten sogleich eine SD-Karte hinein und ließen indische Musik im Hintergrund laufen, als ich ihm das Regenbogenarmband anlegte.
Es war der 25. Mai 2011. Unser erstes Kind war angekommen!

Milap brachte viel Sonnenschein in unser Heim. Die Lebensfreude, die er ausstrahlte, war etwas ganz Besonderes, und so brauchte ich mir auch gar keine Gedanken mehr darüber zu machen, ob er sich bei uns wohl fühlte. Clara nannte er fortan »Anti« (Tante) und mich »Nicky Didi« (Schwester Nicky). Nicht nur ich hatte ihn ins Herz geschlossen, auch er hing so sehr an mir, dass er stets meine Nähe suchte. Doch auch Clara schaffte es, ihm das zu geben, was er am meisten brauchte: Liebe.
Bei den täglichen Physiotherapie-Übungen, die Milap früher so sehr verabscheut hatte, weil er immer Schmerzen und Schläge damit verbunden hatte, schaute ich Jyoti ein paar Mal über die Schultern, aber alles lief wunderbar. Sie dehnte seine angewinkelten Beine und machte Übungen mit seiner rechten Hand, die durch die frühkindlichen Hirnschädigungen stark behindert war. Am Ende der jeweiligen Stunde legte sie ihm an der Wirbelsäule Elektroden eines TENS-Geräts an, eines elektrischen Nervenstimulators, um seine Schmerzen zu lindern. Nach wenigen Tagen hörte ich stets eine Kinderstimme aus dem Raum schnattern, denn Milap erzählte Jyoti alles, was

er den lieben langen Tag über bei uns gemacht und erlebt hatte.
Am Abend unternahmen wir öfter einen Ausflug, um Milap Najafgarh und die Umgebung zu zeigen. Je mehr sich sein Zustand besserte, desto weitere Strecken konnten wir mit ihm im Rollstuhl zurücklegen, denn die Schmerzen wurden immer weniger. Wir müssen wirklich ein seltsames Bild für die Inder abgegeben haben: ich, die weiße Europäerin, Juma, der Afrikaner, und dann noch der indische Milap im Rollstuhl. Die Leute starrten uns auf der Straße an, als wären wir Außerirdische. Oft kam es vor, dass wir von einem neugierigen Passanten angesprochen wurden, ob das unser gemeinsames Kind sei.
Einmal besuchten wir eine Pizzeria. Es war Milaps erste Pizza in seinem Leben, und als er sah, dass zwei kleine Mädchen draußen mit hungrigen Blicken darauf warteten, dass der Verkäufer ihnen den vollen Müllsack zum Durchwühlen von Essensresten hinausbrachte, gab er ihnen etwas von seiner Pizza ab.
Nur manchmal legten sich kleine graue Wolken über sein Gemüt, nämlich dann, wenn nicht alles so klappte, wie er wollte. Clara hatte ihm beispielsweise einmal versprochen, ihm einen aufblasbaren Ball mitzubringen, als sie in einem großen Basar in Delhis Zentrum einkaufen ging. Doch weil sie an so viele Dinge gleichzeitig denken musste, hatte sie den Ball unglücklicherweise vergessen. Milap war an diesem Abend untröstlich und begann, ein großes Theater zu machen. Alles Zureden half nichts, Milap weinte dicke Tränen.
Manchmal reichten auch schon Kleinigkeiten aus, etwa, wenn einer von uns einen Spaß mit ihm machte, dann schrie er wie am Spieß. Wir lernten, dass wir Milap in solchen Situationen statt ihn zu trösten einfach drei Minuten in Ruhe lassen muss-

ten, erst dann beruhigte er sich wieder. Im Ashram hatten ihn andere Kinder oft bis aufs Äußerste geneckt, so dass er seinen Sinn für Späße verloren hatte. Nachdem Sangeeta ihm aber immer wieder geduldig erklärte, dass wir nur Späße machten, weil wir uns gemeinsam mit ihm freuen wollten, und nicht, um über ihn zu lachen, zogen auch diese Wolken wieder davon.

Besonders als Claras Töchter Hanni und Rini in ihren Schulferien zu Besuch kamen, schallte jeden Tag fröhliches Lachen durchs Haus. Die beiden wussten, wie sie Milap unterhalten konnten, und erteilten ihm Unterricht in Hindi, Mathe und Englisch. Häufig stieß auch noch Ansh, der achtjährige Sohn unserer Vermieterin, zu der lustigen Truppe, um beim täglichen Ballspielen auf der Dachterrasse mitzumachen.

Neben all dem Spaß war natürlich auch die weitere Behandlung wichtig. Nach einem Monat bei uns hatte Milap den nächsten Termin im ISIC-Krankenhaus. Mittlerweile konnte er schon ohne Hilfe eine Zeitlang sitzen, aber das Beste war, dass die Tuberkulose-Medikamente nun zum ersten Mal richtig wirkten, wie der Test im Krankenhaus bewies. Die Entzündungswerte waren drastisch gesunken, während sie im Ashram noch unaufhörlich angestiegen waren.

Milaps Körper reagierte auf die positiven Veränderungen. Im Ashram hatte ihm das Essen nicht geschmeckt, und wegen seiner Appetitlosigkeit hatte er meist bereits nach zwei, drei Löffeln aufgegeben. Unsere Clara versuchte daher stets, sein Lieblingsessen zu kochen, und mit viel Geduld und Zuspruch schafften wir es, dass er langsam wieder zunahm.

Jede Woche konnten wir mitverfolgen, wie es ihm besserging. Da seine Schmerzen kontinuierlich weniger geworden waren, konnte Milap schon bald krabbeln und wenige Wochen später schon mit Unterstützung stehen. Nach zwei Monaten intensiver Physiotherapie machte er die ersten Schritte an Jyotis Hand. Als Nächstes würde das Gehen mit einem Walker folgen, immer mit dem Ziel vor Augen, eines Tages selbständig laufen zu können.

Die letzten Wochen hatten Sangeeta und ich viele Kinderheime kontaktiert und besucht, um andere Kinder ausfindig zu machen, denen wir besser helfen konnten. Dabei stellte sich heraus, dass auch viele andere Heime noch keine Lizenz besaßen oder sogar bis zu einem Jahr warten mussten, bis sie ihnen ausgestellt wurde. Eines Tages würden die Beamten schon kommen, ich zerbrach mir darüber längst nicht mehr den Kopf. Kinder in Not gab es genug, dazu brauchten wir die Ämter nicht, auch wenn die Suche auf eigene Faust nicht ganz unproblematisch war.
Mr. Peter beispielsweise, der ein Kinderheim für Mädchen leitete, erzählte uns von einem dreijährigen Jungen, Pradeep, der bettlägerig war und dessen Eltern angeblich nicht für ihn sorgen konnten. Grundsätzlich prüften wir jeden Fall, aber es musste schon schwerwiegende Gründe haben, wenn wir ein Kind zu uns nehmen würden, das noch Eltern hatte.
Pradeeps Vater rief, kaum nachdem er unsere Nummer erhalten hatte, auch schon bei uns an. Sie kämen aus einer Kleinstadt im Bundesstaat Uttar Pradesh und suchten verzweifelt nach einem guten Heim für ihren Pradeep, der von Geburt an körperlich und geistig behindert war und auch nicht sprechen konnte. Ein klassischer Fall von Zerebralparese – Bewegungsstörungen, die von einer frühkindlichen Hirnschädigung ausgelöst werden. Pradeeps Vater war ganz aufgeregt am Telefon, er behauptete, dass sie keinerlei Mittel besäßen, um Pra-

deep zu versorgen, und es niemanden gäbe, der sich um ihn kümmern würde. Zudem sei seine Frau ebenfalls krank und könne sich daher nicht um den Kleinen kümmern.

Auf Sangeetas Frage, in welchen Verhältnissen sie lebten, wie viele Zimmer und welche Art von Haus sie bewohnten, antwortete der Mann ausweichend. Sangeeta erklärte ihm, dass wir der Familie gerne zu Hause einen Besuch abstatten würden, bevor wir eine Entscheidung treffen konnten. Kommendes Wochenende würden wir die sechsstündige Busfahrt auf uns nehmen, um uns vor Ort ein besseres Bild zu verschaffen. Pradeeps Vater schien das für keine gute Idee zu halten, er hatte es wohl so eilig, seinem Sohn ein gutes Zuhause und ein besseres Leben zu ermöglichen, dass er sich für morgen bei uns anmeldete.

Ich verfolgte das Gespräch, das Sangeeta mit ihm führte, und fuchtelte wild mit den Händen, dass sie seinem Besuch auf keinen Fall zustimmen sollte. Doch egal, was wir ihm auch sagten, der Mann blieb dabei, dass er mit seiner Frau und seinem Kind noch vor dem Wochenende nach Delhi kommen würde, auch wenn er notfalls seinen Sohn wieder mitnehmen musste. Wir gaben nach, auch wenn wir immer noch auf unserem Standpunkt beharrten, im Anschluss daran nach Uttar Pradesh zu fahren. Wir würden auf jeden Fall ihre Angaben auf Richtigkeit überprüfen, auch wenn uns das einige Mühen kosten würde.

Das Drängen des Vaters kam uns sehr seltsam vor, und als die Familie dann bei uns eintraf, war mit einem Male alles klar. Man konnte auf den ersten Blick erkennen, dass die Familie nicht gerade am Hungertuch nagte. Sie sahen wohlgenährt aus, trugen gute Kleidung, und Pradeeps Mutter war reichlich mit Schmuck behangen. Selbst Pradeep war in einem guten

Zustand, trug sogar Pampers, was sich eine arme Familie in Indien nie im Leben leisten könnte.

Der dramatischen Beschreibung nach hatten wir gedacht, Pradeeps Mutter hätte vielleicht eine unheilbare Krankheit. Aber als wir sie jetzt sahen, strotzte sie nur so vor Gesundheit, außerdem erwähnte sie selbst mit keinem Wort, dass ihr etwas fehlte. Im Gegenteil, man hörte heraus, dass Pradeep sie wohl eher am Ausgehen hindere. Trotzdem konnten wir sehen, dass sie sich rührend um ihn kümmerte. Kaum saßen sie bei uns auf der Couch, begann sie ihn liebevoll zu füttern.

Was war es also, das das Ehepaar dazu veranlasste, ihren Sohn abzugeben? Sie konnten sich bestimmt selbst eine Physiotherapeutin leisten, und dann würde Pradeep sicher bald schon Fortschritte machen. Doch die Eltern betonten erneut, nicht für Pradeep sorgen zu können. Schließlich gab der Vater die Lösung des Geheimnisses preis. Pradeep war gar nicht ihr leiblicher Sohn. Sie hatten ihn als Baby adoptiert und zu der Zeit nicht geahnt, dass das Kind behindert war. Jetzt, wo es an der Zeit gewesen wäre, dass Pradeep laufen und sprechen lernte, wollten sie ihn einfach wieder loswerden.

Ein derart eigennütziges Denken machte mich fassungslos. Die beiden hatten nach ihren zwei Töchtern kein weiteres Kind mehr bekommen können, und da sie sich unbedingt einen Sohn gewünscht hatten, entschlossen sie sich zur Adoption. Doch jetzt war ihnen das behinderte Kind zur Last geworden, und sie wollten den armen Pradeep wie eine Ware wieder umtauschen.

Der Kleine konnte einem wirklich leidtun, wie er mit seinem unschuldigen Lächeln zu der Frau aufblickte, die er für seine Mutter hielt. Eine Frau, die lieber ein bequemes Leben haben wollte, anstatt Verantwortung für ihn zu übernehmen.

Für uns stand fest, dass wir ihnen diese Verantwortung nicht abnehmen konnten. Ein Kind aus einer reichen Familie, das trotz der Umstände gut verpflegt wurde und Liebe bekam, entsprach weder unseren Kriterien noch denen des Jugendamts. Pradeeps Vater versuchte vergeblich, uns umzustimmen. Auch Tage nach dem Besuch rief er noch an, denn allem Anschein nach hatten auch die anderen Heime, deren Adressen ich ihm mitgegeben hatte, die gleiche Entscheidung wie wir getroffen.

Eines Tages besuchte uns eine Dame namens Neha. Sie hatte von der katholischen Kirche, bei der wir uns einst nach einer geeigneten Hausmutter erkundigt hatten, von uns gehört. Neha hatte eine eigene kleine Hilfsorganisation gegründet, um Waisenkinder aus der Nachbarschaft kostenlos zu unterrichten. Durch ihren steten Kontakt mit armen Menschen, nicht zuletzt auch durchs Missionieren, waren ihr viele Familien mit pflegebedürftigen Kindern begegnet. Sie erzählte von einem Jungen namens Kamal, der unsere Hilfe brauchte. Kamals Eltern waren verzweifelt und wollten ihn ebenfalls abgeben, also machte ich mich gemeinsam mit Neha und Sangeeta auf den Weg nach Nangli Dairy, einem Viertel von Najafgarh.

Selbst Sangeeta war schockiert, als sie die düstere Hütte von Kamals Eltern sah, die maximal zwei mal drei Meter maß. Sie bestand aus alten übereinandergeschichteten Ziegelsteinen mit einem Wellblechdach obendrauf. Vor dem Eingang musste man aufpassen, nicht über Gesteinsbrocken oder andere lose Gegenstände zu stolpern. Das einzige Fenster war mit einem Kühler zugestellt, der trotz der unerträglichen Hitze außer Betrieb war. Wir störten Kamals Vater beim Mittagsschlaf. Rasch zog er sich eine Hose und ein Hemd über und bat uns dann freundlich hinein. Wie wir erfuhren, arbeitete er als Nachtwächter. Seine Frau putzte tagsüber bei verschiedenen Familien und kam erst am Abend nach Hause. Zusammen verdienten sie etwa 100 Euro monatlich für sich und die vier Kinder, mit denen sie in der kleinen Hütte wohnten. Gerade mal ein Doppelbett, eine Pritsche und ein Fernseher passten in den kleinen Raum hinein. Eine der Töchter, die bereits fünfzehn war, hielt den kleinen Kamal im Arm.

Kamal lächelte, als Sangeeta sich ihm zuwandte, doch der Vater erklärte uns, dass er auf die Laute zwar reagiere, aber die Bedeutung der Wörter nicht verstand. Kamal war etwa fünf Jahre alt, genau konnte sich sein Vater aber nicht erinnern, wann er geboren war. Als Erstes fielen mir Kamals schlechte Zähne auf, die komplett schwarz und verfault waren. Sicher musste er große Schmerzen beim Essen haben. Ich nahm Kamal auf den Schoß, wo er sich zwar abmühte, sich in sitzender Position zu halten, es aber nicht schaffte. Genauso war es, als ich ihn aufrichten wollte. Er spannte seine Beine, aber er konnte nicht alleine stehen. Kamal schien von Geburt an behindert zu sein, denn sein Kopf war auffallend schmal.

Als schließlich auch Kamals Mutter von der Arbeit zurückkam, machten wir den Eltern den Vorschlag, ihn für wenige Monate bei uns aufzunehmen, seine Zähne behandeln zu lassen und täglich mit ihm in der Physiotherapie zu trainieren, bis er stehen und laufen konnte. Selbstverständlich könnten ihn seine Eltern jederzeit besuchen kommen, und er würde sobald wie möglich wieder zu ihnen zurückkönnen. Kamals Vater wandte ein, dass die Zähne schon von allein durchbrechen würden und man sie deswegen nicht behandeln müsse. Doch Sangeeta klärte ihn auf, dass die Karies auch neue Zähne befallen würde und wir den Rat eines Zahnarztes brauchten.

Wir luden sie ein, uns besuchen zu kommen, um sich ein Bild von unserem Kinderpflegeheim zu verschaffen, und verabschiedeten uns.

Neha kannte noch zwei andere Familien in Not, deren Kinder sie uns zeigen wollte. Zuerst gingen wir zu den Geschwistern Ajay und Rakhi, vier und zehn Jahre alt. Ihre Eltern lebten unter ähnlich ärmlichen Verhältnissen wie Kamals, doch es fiel uns sofort auf, mit wie viel Liebe sie ihre Kinder versorgten und pflegten. Sie hatten vier Kinder, zwei darunter, Ajay und Rakhi, litten an der Glasknochenkrankheit.
Der kleine Ajay, der auf einer Pritsche lag, hatte sein langes schwarzes Haar mit einem Gummi zusammengebunden, trug eine weiße Perlenkette um den Hals und ein dünnes Band am Fußgelenk. Seine Schwester Rakhi saß in einem hübschen gelben Kleidchen auf dem Bett, trug viele glitzernde Armreifen und bunte Spangen im Haar.
Rakhi lächelte uns mit ihren neugierigen und wachen Augen an, während man dem kleinen Ajay die Schmerzen bereits am Gesicht ablesen konnte. Sein linker Fuß schien am Oberschenkel gebrochen zu sein, und auch der rechte Arm sah nicht normal aus. Rakhi hingegen schien sich vor längerer Zeit beide Oberarme und Oberschenkel gebrochen zu haben, die nun falsch zusammengewachsen waren.
Der Zustand der beiden war dermaßen schlimm, dass sie sich so gut wie nicht bewegen konnten. Taten sie es doch, litten sie vermutlich unter unsäglichen Schmerzen – oder sie brachen sich womöglich noch mehr Knochen. Rakhis Vater holte für uns die Papiere von ihrem letzten Krankenhausbesuch hervor, der bereits mehr als zwei Jahre zurücklag. Schon damals hatte eine Ärztin im AIIMS, dem wohl bekanntesten staatlichen

Krankenhaus in Delhi, vermerkt, dass diese Kinder unter ernsthaften Schmerzen litten und dringend behandelt werden mussten. Aber die finanziellen Mittel der Eltern hatten wohl nicht ausgereicht, und nun trauten sie sich nicht mehr, mit den Kindern öffentliche Verkehrsmittel zu benutzen, da ihre Knochen dermaßen schwach waren, dass sie auf dem Weg brechen könnten.

Sangeeta und ich waren betroffen von dem Schicksal der beiden. Wir versprachen den Eltern, den behandelnden Arzt aufzusuchen und dazu die alten Papiere aus dem Krankenhaus mitzunehmen. Es gab Medikamente, die die Knochen stärken würden, und gegen die Schmerzen und Brüche ließe sich sicher auch etwas machen. Wir kündigten an, nächste Woche wiederzukommen, nachdem wir uns mit dem Arzt beraten hatten, wie wir mit der Behandlung beginnen konnten. Dazu würden Ajay und Rakhi jedoch nicht bei uns aufgenommen werden müssen. Durch Hausbesuche und die Bereitstellung einer Transportmöglichkeit wie etwa eines Ambulanzwagens, mit dem sie sachte ins Krankenhaus gefahren werden konnten, könnten wir ihnen schon ein großes Stück weiterhelfen.

Unser nächster Hausbesuch lag nur ein paar hundert Meter weiter entfernt. Wir stiegen die schmalen Treppen eines baufälligen Hauses hinauf und gelangten auf dem Dach zu einem Raum, der zwei auf zwei Meter maß. Die Familie, die wir nun besuchten, besaß nicht einmal ein Bett. In der Mitte des Zimmers war eine Decke ausgebreitet, auf der Sahil und Sajia lagen. Beide sahen aus, als wären sie allenfalls zwei Jahre alt. Ihre Augen lagen tief im Kopf versunken und wiesen weiße Stellen auf den Pupillen auf, ihre Brustkörbe stachen weit hervor. In Wirklichkeit war Sahil bereits sechs Jahre alt und Sajia sieben. Es war kaum zu glauben. Beide konnten nicht sprechen, aber Sahil schien mit uns spielen zu wollen. Er verdeckte seine Augen mit der Hand, und immer, wenn ich sie wegnehmen wollte und zu ihm sprach, grinste er.

Ihre Mutter Yasmin, der man ihre Hilflosigkeit ansah, begann zu erzählen und holte ein Familienfoto hervor, auf dem die Geschwister als Kleinkinder zu sehen waren. Zu diesem Zeitpunkt waren sie wohl noch vollkommen gesund und gut genährt. Dann hatte die Krankheit, über die Yasmin nichts wusste, ihren Lauf genommen, und mittlerweile nahmen sie jeden Tag nur noch ein paar Kekse und etwas Milch zu sich. Man sah es ihnen auf den ersten Blick an, dass sie total unterernährt waren, und es schien, dass sie seit Ausbruch der Krankheit mehr und mehr abgebaut hatten.

Yasmin, die Muslimin war, meinte, sie habe früher einmal einen Arzt aufgesucht, aber sie habe die Diagnose nicht verstanden. Sie wusste nicht mehr weiter und hatte die Hoffnung für die beiden bereits aufgegeben. Yasmin und ihr Mann stammten aus Bihar, einem der ärmsten Bundesstaaten Indiens, der um die tausend Kilometer von Delhi entfernt liegt. Den Arztbericht hatte sie damals bei ihrem Umzug leider nicht mitgenommen, so dass wir nicht genau herausfinden konnten, was den beiden fehlte und ob es wirklich keine Behandlung gab, die ihnen helfen konnte.

Yasmin erlaubte mir, Fotos von ihren Kindern zu machen, um sie einem Arzt zeigen zu können und erste Informationen zu bekommen. Solange wir selber noch kein eigenes Transportmittel hatten, wollten wir den Kindern die anstrengende Fahrt in einem überfüllten Bus ersparen. Zuerst mussten wir herausfinden, in welchem Krankenhaus es einen Spezialisten für eine derartige, vermutlich genetisch bedingte Krankheit gab. Wir hofften sehr, dass wir das nächste Mal mit guten Nachrichten zu der Familie kommen würden.

In den ersten Monaten waren wir bereits zu einer eingeschworenen Truppe geworden. Besonders Sangeeta unterstützte mich, wo sie konnte. Sie war eine wundervolle Sozialarbeiterin, die mit Herz und Seele bei der Arbeit war. Aber auch alle anderen Mitarbeiter fügten sich prächtig ein und kümmerten sich vorbildlich um die Kinder.

Ab sofort setzte ich mich einmal monatlich mit Sangeeta, Clara und Ananta zusammen, um vorhandene Probleme, Verbesserungsvorschläge und besondere Vorkommnisse zu besprechen. Für Jyoti und Rajbeer, die nur stundenweise kamen, planten wir vierteljährliche Treffen ein.

Beim ersten dieser Treffen sprachen wir uns eindeutig für die Regel aus, dass keines unserer Kinder jemals geschlagen werden dürfe. Alle hatten sie schlimme Erfahrungen in der Vergangenheit gemacht, aber bei uns sollten sie sich immer sicher fühlen können.

Schläge als Mittel der Kindererziehung schienen in Indien ganz normal zu sein, was wir natürlich nicht dulden wollten. Wir fanden schnell heraus, wie wir unseren Milap auch ohne Gewalt zu seiner morgendlichen Physiotherapiestunde oder zum Lernen überreden konnten, sollte ihm mal nicht die Laune danach sein.

»Cutting pocket money«, war das Zauberwort, denn von den 50 Rupien, die er am jeweils Ersten des Monats von uns als Taschengeld bekam, wollte er unter keinen Umständen etwas verlieren.

Bei unserem zweiten Teammeeting kamen wir überein, dass es höchste Zeit für eine Verstärkung war. Uns fehlte eine *Didi,* eine junge Frau, die für die Kinder da sein würde, wenn uns anderen die Zeit dazu fehlte. Als Projektkoordinatorin und Kinderheimleiterin hatte ich seit Januar ohne Pause durchgearbeitet, Clara war derzeit viel mit Kochen und dem Haushalt beschäftigt, und Sangeeta begleitete mich meist bei den Hausbesuchen und unterstützte mich bei dem steten Kampf, in den überfüllten Krankenhäusern den richtigen Arzt sprechen zu können.

Außerdem würde sich unser Pflegeheim schon bald weiter füllen, so dass wir dann noch mehr personelle Engpässe hätten. Denn ich hatte von einem Bruderorden gehört, der achtzehn bettlägerige Kinder aufgenommen hatte. Sofort machte ich mich zusammen mit Juma auf den Weg dorthin. Doch anders als im Ashram wurden diese Kinder von den vier Brüdern und einigen Helfern hervorragend versorgt, so dass ich keinen Grund sah, eines der Kinder zu uns zu verlegen.

Trotzdem war unsere Fahrt zu dem Orden nicht umsonst gewesen. Ich hatte die Brüder um Hilfe gebeten, eine junge Frau aus einem Dorf für uns zu finden, die bei uns wohnen und arbeiten wollte. Und tatsächlich, eine Woche später kam der Anruf. Urmila, einundzwanzig Jahre alt, die bereits vier Jahre in einem Mutter-Teresa-Heim für Kinder tätig gewesen war, wollte gerne zu uns kommen.

Was für ein Zufall, mal wieder! Mit Urmila hatten wir einen Glücksgriff getan. Schon in den ersten Tagen nach ihrer Ankunft war es eine Freude, zu sehen, wie viel Liebe sie unserem Milap gab. Wieder einmal hatte sich genau zur rechten Zeit eine Lösung für ein Problem aufgetan, denn in der Woche darauf sollte unser Kinderpflegeheim Zuwachs bekommen.

Sister Lilly, eine Nonne, die vor vielen Jahren ein Kinderheim in Gurgaon gegründet hatte, hatte mich angerufen, es gebe da ein Mädchen namens Mary in einem schrecklichen Zustand. Ob wir sie nicht bei einem unserer nächsten Krankenhausbesuche einem Doktor zeigen könnten?

Was ihre Beschreibung von Mary betraf, hatte Sister Lilly vollkommen recht gehabt. Ich war schockiert, als ich sie zum ersten Mal sah. Mary war spindeldürr, hatte eine seltsame Hautfarbe, und ihr gesamter Körper war mit Narben übersät. Ihre Beine hatten eine leichte Fehlstellung, und auch die Finger verliefen nicht gerade. Welche Krankheit konnte das nur sein?

Wir fuhren mit Mary ins ISIC Hospital, wo wir vom Orthopäden zum Herzspezialisten, vom Herzspezialisten zur Kinderärztin und von dort zum Bluttest, Röntgen und zum neuroplastischen Chirurgen geschickt wurden. Keiner wusste so recht einen Rat, und am Ende bekamen wir eine Überweisung, um Mary im AIIMS-Krankenhaus einem Herztest zu unterziehen. Dass Mary uns kaum kannte, machte die ganze Sache nicht unbedingt einfacher, denn sie weigerte sich den ganzen Tag strikt, von uns Essen oder Trinken anzunehmen. Sie vertraute uns nicht und hatte Angst, dass wir sie nicht zu ihren Eltern zurückbringen würden. Schließlich stand sie einfach schnurstracks auf und wollte das Krankenhaus verlassen, um nach Hause zu gehen. Mary war erst dreizehn und kannte sich überhaupt nicht in dieser Gegend aus. Wäre sie uns entwischt, ich wüsste nicht, wo wir sie hätten wiederfinden sollen.

Am Abend, als wir sie gemeinsam mit Sister Lilly nach Hause brachten, stellte sich schnell heraus, woher Marys Ängste rührten. Die Familie wohnte ebenfalls auf engstem Raum, so dass zwei ihrer Schwestern bereits zu Sister Lilly gegeben worden waren, weil sie keinen Platz gehabt hatten. Ihr elfjähriger Bruder verdiente den Lebensunterhalt der Familie, indem er zwölf Stunden täglich in eine Fabrik arbeiten ging und 50 Euro monatlich nach Hause brachte. Sein Vater verdiente mit unregelmäßigen Arbeiten lediglich eine Kleinigkeit dazu. Dann gab es noch Emmanuel, der sechs war und eine Schuluniform trug, obwohl er gar keine Schule besuchte, und Yohan, der fünf war und dieselbe Krankheit wie Mary zu haben schien. Yohan hatte von Geburt an zudem einen laschen Arm und Klumpfüße, eine angeborene Fußfehlstellung, so dass er stets am Boden kriechen musste.

In dem winzigen Raum, der die Behausung der Familie darstellte, war es stickig. Alles fand dort gleichzeitig statt, Wohnen, Kochen, Fernsehen und Schlafen. Eine eigene Dusche gab es nicht, man wusch sich in voller Montur an einem Wasserhahn im Hof, den noch zwanzig andere, ähnlich ärmliche Familien mitbenutzten.

Wir berieten uns mit den Eltern und planten, sowohl Mary als auch Yohan behandeln zu lassen und abends nach den Arztbesuchen immer nach Hause zurückzubringen. Es hätte den Gemütszustand der Kinder nur noch zusätzlich belastet, wenn man sie so abrupt aus ihrer Familie gerissen hätte. Wenige Tage später stellte sich durch den Test im AIIMS-Krankenhaus heraus, dass Mary einen leichten Herzfehler hatte. Und nachdem wir auch in diesem Krankenhaus drei verschiedene Ärzte aufgesucht hatten, wurde das Ehlers-Danlos-Syndrom, eine seltene, durch Vererbung bedingte Hautkrankheit, diagnostiziert, dessen typisches Symptom neben dem Herzproblem eine übermäßig elastische Haut ist, die leicht reißt und Narben hinterlässt.

Je öfter wir mit Mary und Yohan zu tun hatten, umso mehr gewöhnten sie sich an uns. Und dann vertraute uns Mary eines Tages an, dass sie so gerne etwas lernen würde. Ihr ganzes Leben war sie noch nie zur Schule gegangen, und es war ihr größter Traum, sich Bildung anzueignen.
Da sowohl Mary als auch Yohan mangelernährt waren und sich Yohan, sobald er etwas kräftiger sein würde, einer Operation unterziehen musste, um seine Füße zu korrigieren, berieten wir uns mit den Eltern, dass es besser wäre, wenn wir sie temporär bei uns aufnehmen würden. Mit der Aussicht, einen geregelten Unterricht besuchen zu können, war Mary dem auf einmal gar nicht mehr so abgeneigt, und auch ihre Eltern begrüßten unseren Vorschlag. Wir vereinbarten, dass die beiden von Sonntag bis Freitagabend bei uns unterrichtet, medizinisch versorgt und gepflegt werden würden und sie die Wochenenden zu Hause bei der Familie verbringen könnten.
Gleich am Tag der Ankunft gab es einiges zu tun. Zunächst machte ich mich daran, Marys dichtes Haar von Läusen zu befreien. Mit einem Spezialshampoo und einem extradünnem Zackenkamm, machte ich mich an die Arbeit. Im Anschluss daran verarztete unsere Krankenschwester Rajbeer Marys wundgelegene Stellen, die sie sehr plagen mussten. Wir kauften Mary zwei lange Leggings, die ihre vernarbten Beine verdecken würden, und dazu noch nette Kleidchen, in denen sie sich wie eine kleine Prinzessin fühlen konnte.
Yohans kurzes Haar war von Läusen zum Glück verschont geblieben, und auch für seine Haut brauchten wir täglich zum Duschen nur etwas Dettol in einen Wassereimer zu geben, um den Ausschlag und die Bläschen, die sich aufgrund von Hitze und Schmutz am ganzen Körper ausgebreitet hatten, zu behandeln.

Um den Kindern die Eingewöhnung leichter zu machen, unternahmen wir bald schon ein Picknick im Zoo. Alle waren völlig aus dem Häuschen, und Yohan, der in den ersten zwei Wochen fast stumm gewesen war, sang nun mit seiner Schwester ein fröhliches Lied. Milap stimmte dermaßen schrill ein, dass wir uns lachend die Ohren zuhielten. Was hatten wir nur für heitere Kinder, die trotz ihres Leids die Lebensfreude nicht verloren hatten.

Auch Marys Bildungshunger sollte nicht lange ungestillt bleiben. Durch Neha waren wir mit Matrika in Kontakt gekommen, einem jungen Mann, der in Nehas NGO die Waisenkinder unterrichtete. Wir vereinbarten mit ihm, dass er nun auch unsere drei Kinder von Montag bis Freitag bei uns im Heim unterrichten sollte. Mary überraschte uns dabei am meisten. Ihr Lerneifer war unübertrefflich, und selbst der kleine Yohan saß brav mit den Großen am Tisch und füllte in einem Malbuch einen Teddybär und ein Feuerwehrauto gekonnt mit bunten Farben aus.

Milap hatte zwar aufgrund der Spastik in seinen Armen noch Probleme, den Stift zu führen, aber mündlich löste er alle Aufgaben mit Bravour. Sobald seine Knochentuberkulose ausgeheilt sein würde, würden wir für ihn eine Spezialschule suchen. Yohan und Mary könnten in der Holy Child School in unserer Nachbarschaft zur Schule gehen, doch dazu mussten wir das neue Schuljahr abwarten.

Nach all den nervenaufreibenden Monaten konnte ich nun zum ersten Mal richtig aufatmen. Wir hatten gutes Personal gefunden und hatten mit den bereits bei uns wohnenden Kindern bewiesen, dass wir den reibungslosen Ablauf eines Kinderpflegeheims gewährleisten konnten. Dabei sollte das erst

der Anfang sein, denn es war noch genügend Platz vorhanden, um weitere Kinder von ihrem Leid zu befreien und sie angemessen zu pflegen.
Wir würden bis zu acht Kinder gleichzeitig aufnehmen, in Wirklichkeit aber noch einigen mehr helfen können. Manche würden nach einer Behandlung wieder zu ihren Eltern zurückkehren, andere würden für immer bleiben.
Durch die monatlichen Newsletter, in denen ich über unsere Fortschritte und die Entwicklung der Kinder schreibe, finden immer mehr Menschen zu uns, die meinen Verein Human Dreams e.V. mit einer Fördermitgliedschaft unterstützen wollen. Auf diese Weise konnten wir zum Zeitpunkt, als wir die ersten Kinder aufnahmen, zumindest schon ein Viertel der Unterhaltskosten decken. Es waren gerade die kleinen Beträge, die alles andere als ein Tropfen auf dem heißen Stein waren. In Wirklichkeit waren sie der Lebenstropfen für diese Kinder.
Das hiesige Jugendamt war hingegen selbst nach drei Monaten noch nicht zur Inspektion gekommen. Ihr Desinteresse am Wohl der Kinder und die mangelnde Unterstützung zeigten uns umso mehr, wie wichtig unsere Arbeit war. Die Lizenz war nur ein Papier, das wir ohne Zweifel eines Tages bekommen würden. Gerade wenn Inder unser Kinderpflegeheim besuchen kamen, waren sie begeistert von dem hohen Standard, den wir boten.
Wieder hatte ich beweisen können, dass es sich lohnte, für seine Träume zu kämpfen. Am meisten aber freute ich mich, dass auch Juma zu mir nach Indien gekommen war, um aktiv in unserem Kinderpflegeheim mitzuhelfen. Juma war ebenso frei wie ich, und deshalb brauchten wir uns nicht den Kopf über unsere Zukunft zu zerbrechen. Noch dachten wir nicht

an eigene Kinder und waren somit ungebunden, um für längere Zeit in Indien zu leben.
Trotzdem träumten wir beide auch von einem Leben in Tansania. Es stand zwar noch in den Sternen, wann dieser Traum umgesetzt werden würde, aber es konnte gut möglich sein, dass wir auch dort eines Tages gemeinsam Menschen helfen würden. Dabei hatte ich bereits die Frauen im Auge, die man oft verlassen mit ihrem Kind in den Innenstädten betteln sieht. Wenn es so weit wäre, würde unser indisches Kinderpflegeheim mit gutem Personal und der Unterstützung meiner indischen Freunde sicher auch ohne mich zurechtkommen.
Doch das liegt noch in ferner Zukunft. Ich plane aus Prinzip nicht weit voraus, denn ich habe gelernt, dass das Leben daraus besteht, seinen Träumen zu folgen – so wie mich einer dieser Träume bis nach Indien geführt hat.
An manchen Tagen muss ich deshalb unweigerlich an den Mann im Amt zurückdenken, von dessen Entscheidung es damals abhing, ob ich in Delhi bleiben durfte. Ob er wohl immer noch glauben würde, dass ich meine Zeit verschwendete?
Unsere Sonnenkinder könnten ihn mit ihrem fröhlichen Lachen bestimmt schnell vom Gegenteil überzeugen.
Es lohnt sich, gegen das Leid zu kämpfen und an seine Träume zu glauben.
Und deshalb wünsche ich jedem Menschen auf der Erde:

May your dreams come true!
Auf dass Träume wahr werden!

Infos zu Nicole Mtawas Verein

Human Dreams e.V.

www.humandreams.org

Kontakt: mtawa@humandreams.org

Danksagung

In erster Linie geht mein Dank an den Droemer Knaur Verlag, denn erst durch die Veröffentlichung meines ersten Buches »Sternendiebe« und die Reaktionen der Leser darauf wurde der Gedanke an ein Kinderpflegeheim in Indien geboren.
Während ich es aufbaute, schrieb ich an »Sonnenkinder« und kann daher meiner Lektorin, Iris Hechenberger, nicht genug danken, die mir bei diesem Buchprojekt mit viel Interesse und Geduld zur Seite stand.
Mit herzlichen Grüßen nach Leutkirch möchte ich Herrn Dassel von *Talk im Bock* danken, durch dessen beispielhaftes Engagement wir die ersten Spenden aufs Vereinskonto einzahlen konnten, ins WDR-Fernsehen zu *Plasberg persönlich* eingeladen wurden und einen von der DEKRA organisierten Talkabend halten konnten.
Auch die DEKRA trug im Anschluss daran mit einer großzügigen Geldspende einen entscheidenden Teil dazu bei, unserem Projekt auf die Beine zu helfen; gefolgt von der wohl sympathischsten Frauenzeitschrift Deutschlands, *Freundin,*

die nach einem Artikel über unsere Geschichte sagenhafte 1000 Euro für das Kinderpflegeheim spendete.
In meiner Heimat im Schwabenland geht mein Dank besonders an die Zahnradfabrik AG, die auf unser Projekt durch lokale Zeitungsberichte aufmerksam geworden ist, und wie immer an die Firma HAIGIS, die uns bereits viele Male unterstützt hat.
Barbara Nöken und Claudia Kochalski, zwei begeisterte »Sternendiebe«-Leserinnen, zeigten mir, welch großartige Erfolge schon das Engagement Einzelner erzielen kann, indem sie Lesungen und Ausstellungen organisierten, auf denen ich unser Indienprojekt vorstellen konnte.
Auch meinen Nachbarn aus der Schwarzwaldstraße danke ich für ihr Interesse, besonders Frau Röllig, die Juma einen Arbeitsplatz anbieten konnte und durch ihren Freundeskreis unseren Verein regelmäßig unterstützt.
In Indien geht mein Dank an Ananta Charana Das, den besten Kooperationspartner, den ich mir wünschen kann, und das ISIC Hospital in Delhi, das unseren Kindern die beste Behandlung kostenlos zukommen lässt.

Allen Menschen, die Human Dreams e. V. mit einer Spende, einem monatlichen oder einem jährlichen Beitrag unterstützt haben, uns ihr Vertrauen geschenkt haben und so Kindern ein neues Leben geschenkt haben, sei von Herzen gedankt!